उम्मीद

उम्मीद

संजय सिन्हा

प्रकाशक

प्रभात पेपरबैक्स

4/19 आसफ अली रोड, नई दिल्ली–110002

फोन : 23289555 • 23289666 • 23289777 ❖ फैक्स : 23253233

इ–मेल : prabhatbooks@gmail.com ❖ वेब ठिकाना : www.prabhatbooks.com

संस्करण

प्रथम, 2016

मूल्य

दो सौ रुपए

अ.मा.पु.स. 978-93-5186-978-8

मुद्रक

आर–टेक ऑफसेट प्रिंटर्स, दिल्ली

———————— ★ ————————

UMMEED

by Sanjay Sinha

Published by **PRABHAT PAPERBACKS**

4/19 Asaf Ali Road, New Delhi-110002

ISBN 978-93-5186-978-8

₹200.00

उम्मीद

एक महिला ने मुझे बिलखते हुए फोन किया कि उसकी ज़िंदगी में कुछ भी अच्छा नहीं हो रहा। उसने ज़िंदगी से सारी उम्मीदें खो दी हैं। क्या मैं उसे अपने चैनल पर भविष्य बताने वाले पंडित का नंबर दे सकता हूँ?

फोन आने के बाद मैं बहुत परेशान रहा। क्या सचमुच पंडित उसकी समस्या का समाधान कर सकता है? क्या सचमुच पंडितजी उससे यह कह दें कि आप सोमवार को शिवजी को जल चढ़ाइए, तो उसकी समस्या का समाधान हो जाएगा? मैंने पंडितजी से बात की। मैंने उनसे पूछा कि क्या सचमुच आपके बताए उपायों से कुछ होता है?

पंडितजी मुस्कुराने लगे। फिर उन्होंने मुझसे कहा कि आपको समझाने के लिए मुझे विज्ञान का सहारा लेना पड़ता है, बाकियों को तो मैं अंधविश्वास के मार्ग से भी मंजिल तक पहुँचा सकता हूँ, लेकिन आपके लिए मुझे तर्क का मार्ग चुनना पड़ेगा और पंडितजी ने मुझसे 'जादू' की चर्चा की। मैं चुपचाप उन्हें सुनता रहा। उन्होंने पूछा कि क्या आप जानते हैं कि दुनिया में जादू होता है?

"नहीं, जादू नहीं होता। दुनिया में चमत्कार हो ही नहीं सकता।"

"होता है। जादू तब होता है, जब आप उस पर भरोसा करते हैं। जब आप खुद से उम्मीद करना सीख लेते हैं। जब आप खुद पर भरोसा करने लगते हैं।"

"कैसे?"

"मान लीजिए मैं आपको एक पत्थर दूँ या आप खुद ही सड़क से एक पत्थर उठा लीजिए, फिर मन में सोचिए कि मैं कोई भी नया काम करूँगा तो यह पत्थर मेरी मदद करेगा, जब तक यह पत्थर मेरी जेब में है, मेरा हर काम बनेगा। आपको उस पत्थर से उम्मीद बाँधनी होगी। आप देखेंगे कि आश्चर्यजनक रूप से आपके काम बनने लगेंगे। हर काम न भी सही, पर काफ़ी कुछ सकारात्मक होने लगेगा। यही है जादू! मतलब जिस पत्थर को आपने सड़क से उठाया था, वो पत्थर जादू से भरा था। दरअसल, जादू पत्थर में नहीं, मन में होता है। ठीक वैसे ही, जैसे ईश्वर की कल्पना है। ईश्वर

भी मन में होता है। आप सुबह यह सोच कर घर से निकलिए कि आज तो मेरा काम बनेगा ही, तो बहुत उम्मीद है कि आपका काम बन जाएगा। आप सोचकर निकलिए कि आपका काम बिगड़ जाएगा, तो मुमकिन है कि आपका काम बिगड़ जाए। मन का भाव बहुत महत्त्वपूर्ण है। कहने का अर्थ ये कि हम जैसी उम्मीद रखते हैं, वैसा होता है।''

''मतलब, उस महिला की समस्या का समाधान उसी के पास है ?''

''हाँ! पर उसे खुद पर भरोसा नहीं, उसे मुझ पर भरोसा है। उसे खुद से उम्मीद नहीं, मुझसे है। मैं उससे कह दूँगा कि तुम फलाँ पत्थर की अँगूठी पहन लो या फलाँ भगवान की पूजा कर लो, तो तुम्हारा काम हो जाएगा, और अगर उसने पूरे मन से यह सोचकर ऐसा कर लिया कि इतना करने के बाद उसका काम बन जाएगा, तो काफी संभावना है कि उसका काम बन जाए।''

मैं पंडितजी की बातें सुन रहा था। वो बोल रहे थे कि संसार में हर आदमी को जादू पर यकीन करना चाहिए। उसे अपने भरोसे के जादू पर यकीन करना चाहिए। उसे अपने आत्मबल के जादू पर यकीन करना चाहिए। उसे अपनी ज़िंदगी से उम्मीद रखनी चाहिए। पंडितजी सही कह रहे थे। आपकी ज़िंदगी में भी जादू हो सकता है, बशर्ते आप खुद पर भरोसा करना जानते हों। मुझे परम यकीन है कि सचमुच अगर आप किसी चीज पर भरोसा करना सीख जाएँ तो जादू होने लगेगा। अपने आत्मबल को बढ़ाइए और खुद पर यकीन कीजिए। मैं सबकुछ कर सकता हूँ, ऐसा सोचिए और खुद अपनी ज़िंदगी में होनेवाले जादू को देखिए।

मैंने सोच लिया है कि मैं उस महिला को पंडितजी का नंबर दे दूँगा और पंडितजी से कहूँगा कि आप उसे सड़क से एक पत्थर उठाकर उसी में अपने मन का विश्वास बसाने की राय दीजिए। कहिए कि उसका काम होकर रहेगा।

मेरी बहन एक बार हरिद्वार में गंगा में डुबकी लगा रही थी कि अचानक उसे एक पत्थर मिला। नदी की तेज़ धार में घिस-घिसकर पत्थर गोल हो गया था। उसे लगने लगा कि साक्षात् शिवलिंग ही उसे मिल गया है। वह उसे उठा लाई। करीब दस साल हो गए, वह रोज़ उसकी पूजा करती है। उसे विश्वास है कि भगवान खुद चल कर उसके पास आए हैं। मेरा यकीन कीजिए, तब का दिन है और आज का, बहन जो चाहती है, वो कर लेती है। उसे विश्वास हो गया है कि उसकी ज़िंदगी में जादू हुआ है। आप भी मन के विश्वास को ज़िंदा रखिए। आपका भी हर काम बनेगा।

यह संजय सिन्हा की भविष्यवाणी है। मेरी भविष्यवाणी के पूरा होने की मुझे पूरी उम्मीद है। मैं इस सत्य को जानता हूँ कि जहाँ उम्मीद है, वहीं ज़िंदगी है।

—संजय सिन्हा

अनुक्रम

उम्मीद के फूल

यह तो आप जानते ही हैं कि सबसे ज्यादा खुशी और सबसे ज्यादा दु:ख, दोनों अपने ही देते हैं।

कोई किसी को दु:ख क्यों देता है, यह अपने आप में एक शोध का विषय हो सकता है। मैं आज इस शोध की बात नहीं करूँगा। मैं तो आज उस बहुत छोटी सी कहानी को आपसे सिर्फ साझा करूँगा, जिसे माँ एक दिन सुनयना दीदी को सुना रही थी।

माँ कहानियों के संसार से हर मुश्किल घड़ी के लिए एक कहानी ढूँढकर ले आती थीं। वे किसी को बहुत ज्यादा समझाती नहीं थीं, बस उस मौके पर एक कहानी सुनाकर चुप हो लेती थीं।

मैंने एक बार माँ से पूछा भी था कि आप किसी को उसकी समस्या का कोई समाधान नहीं देतीं। आप बस कहानी सुना कर चुप हो जाती हैं, ऐसा क्यों?
माँ कहती थीं कि किसी को भीख और सीख देना सबसे आसान काम है। माँ का कहना था कि जब कोई कुछ माँगे तो उसके आगे सबकुछ रख दो। उसे जो चाहिए, उसे उठा लेने दो। इसी कड़ी में माँ मुश्किल-से-मुश्किल घड़ी में लोगों के सामने अपनी कहानी रख देतीं कि जो सीख चाहो, चुन लो।

सुनयना दीदी ससुराल से हर बार दु:खी ही आती थीं। मैं तो समझ ही नहीं पाता था कि वे ससुराल जाती ही क्यों हैं। जब मैं छोटा था और सुनयना दीदी शादी के बाद ससुराल गईं और वापस आईं, तो मुझे पता चला कि वहाँ उनकी खूब पिटाई हुई है। यह सुनकर मैं बहुत हैरान हुआ था। मैंने सुनयना दीदी से पूछा भी था कि आपकी वहाँ पिटाई क्यों होती है? सुनयना दीदी ने मेरी ओर बहुत कातर निगाहों से देखते हुए कहा था कि मेरे पूर्व जन्म की गलतियों की सज़ा मुझे मिल रही है।

"अच्छा, आपने कोई गलती की है ?"

"की ही होगी।"

"आपको याद नहीं ?"

"इस जन्म की तो याद नहीं। पिछले जनमों की याद किसे रहती है ?"

"सज़ा देनेवालों को आपके पूर्व जन्म की गलतियाँ पता हैं ?"

सुनयना दीदी चुप हो जातीं।

❦ ✻ ❦

उस दिन सुनयना दीदी फिर माँ के घर आई थीं। उनकी आँखें सूजी हुई थीं। वे माँ के सामने बैठी थीं।

माँ कह रही थीं कि एक बार एक गाँव में बहुत बाढ़ आ गई थी। सभी लोग गाँव छोड़कर भाग गए थे। एक व्यक्ति के घर में दो घड़े थे। एक मिट्टी का और दूसरा पीतल का। पानी जब ज्यादा बढ़ गया और लगा कि अब दोनों घड़े भी डूब जाएँगे, तो मिट्टी का घड़ा बहुत कातर भाव से पीतल के घड़े की ओर देख रहा था। पीतल के घड़े ने मिट्टी के घड़े की ओर देखा और कहा, "मित्र, तुम उदास मत हो। अगर कभी इतना पानी हो गया कि हम भी बहने लगे तो मैं तुम्हारी रक्षा करूँगा।"

मिट्टी के घड़े ने धीरे से कहा, "मित्र, मैं उदास ही इस बात से हूँ कि बहते पानी में जब तुम मेरी मदद के लिए आओगे, तो मैं फूट जाऊँगा। मैं पानी से तो खुद को बचा सकता हूँ, पर तुमसे कैसे बचाऊँगा ? तुम मुझ पर गिरो या मैं तुम पर, दोनों परिस्थितियों में फूटना मुझे ही होगा। अगर हम ये रिश्ता यहीं छोड़ दें, तो शायद मैं बच जाऊँ।"

❦ ✻ ❦

माँ इतनी छोटी सी कहानी सुनाकर चुप हो गई थीं।

मैं तब बहुत छोटा था, पर बाद में मैंने सुना कि सुनयना दीदी रोज़-रोज़ मरने की जगह जीने लगी थीं।

आदमी को जीना चाहिए। ज़िंदगी ईश्वर की सबसे बड़ी नेमत है। रिश्ते ज़िंदगी को जीने का साधन हैं। समय के गाल पर कुछ भी स्थायी नहीं होता। जहाँ उम्मीद है, वहीं ज़िंदगी है। उम्मीदों के फूल को मुरझाने मत दीजिए।

□

अंतिम दर्शन

सच कभी-कभी कल्पना से भी ज्यादा काल्पनिक हो जाता है।

ये एक कहानी है कि एक बेटा अपनी बूढ़ी माँ को एक आश्रम में छोड़ने जाता है और वहाँ उसकी मुलाकात एक पादरी से होती है। पादरी उस महिला से पूछता है कि आपका वह बेटा कहाँ गया, जिसे आप कई साल पहले इसी आश्रम से गोद लेकर गई थीं? जाहिर है, यह वही बेटा था, जिसे कई साल पहले यही माँ इसी आश्रम से लेकर गई थीं। माँ ने एक अनाथ बच्चे को गोद लिया था और पूरी ज़िंदगी उस बेटे को नहीं पता चलने दिया कि वह एक अनाथ बच्चा था।

आज वही बेटा अपनी शादी के बाद माँ को उसी आश्रम में छोड़ने आया था, क्योंकि बूढ़ी माँ बेटा-बहू के लिए बोझ बन चुकी थी।

यह एक कहानी भर थी।

मैंने यह कहानी जब सुनी थी, तब मेरे दिल के किसी कोने में यह बात बैठी थी कि इस कहानी में कुछ सच और कुछ झूठ शामिल है। मैं यह मानने को तैयार था कि बेटे और बहू के लिए बूढ़ी माँ बोझ बन गई होगी। मैं इस बात को भी मानने को तैयार था कि वह बच्चा अपनी माँ को किसी आश्रम में भी छोड़ने को तैयार हो गया होगा, लेकिन मैं यह मानने को तैयार नहीं था कि वह एक अनाथ गोद लिया हुआ बेटा होगा।

दो दिन पहले मेरे पास खबर आई कि कि मथुरा के गोपीनाथ बाजार के केशीघाट इलाके में एक बूढ़ी माँ मरने के बाद मुखाग्नि के लिए अपने बेटे का इंतजार करती रह गई। आखिर में बेटा जब माँ की लाश देखने भी नहीं आया, तो बेटी ने मुखाग्नि दी और अंतिम संस्कार किया।

मैं अपने पास आई रिपोर्ट को पढ़ रहा था और सोच रहा था कि सचमुच कई बार सच कल्पना से भी ज्यादा काल्पनिक हो जाता है।

❀

मथुरा के मनोहरलाल की पत्नी को जब कई वर्षों तक संतान की प्राप्ति नहीं हुई, तो उन्होंने अनाथ आश्रम जाकर एक बच्चे को गोद ले लिया। बच्चा गोद लेने के करीब पाँच साल बाद मनोहरलाल की पत्नी को एक बेटी हुई।
कुछ दिनों बाद मनोहरलाल का निधन हो गया और उनकी पत्नी ने अपने गोद लिये बेटे और अपनी कोख से जन्मी बेटी को बराबर प्यार देते हुए पाला। उनसे जितना बन पड़ा, उन्होंने दोनों के लिए किया। बेटा जब बड़ा हो गया, तो उन्होंने उसकी शादी कर दी। बहू घर आई, फिर किचकिच शुरू हो गई। आखिर में बेटा और बहू मथुरा छोड़कर दिल्ली चले आए। वैसे खबर में यह भी लिखा था कि झगड़ा संपत्ति के बँटवारे को लेकर था। माँ ने अपनी सारी संपत्ति बेटा और बेटी दोनों को बराबर बाँट दी थी, पर बेटे को इस बात की शिकायत थी कि बेटी को कुछ भी क्यों दिया गया।

कुछ दिनों बाद माँ मर गई।

बेटे को खबर की गई कि माँ के अंतिम दर्शन कर लो, पर बेटा नहीं आया।

आखिर में बेटी ने माँ को मुखाग्नि दी।

इससे आगे मैं खबर नहीं पढ़ सकता था। मैं सोच में डूब गया।

कुछ दिन पहले जब मैंने अनाथ बच्चे को गोद लेने, उसे पालने और फिर उसी बच्चे के द्वारा अपनी बूढ़ी माँ को आश्रम में छोड़ आने की कहानी लिखी थी, तो मुझे लग रहा था कि यह सच नहीं होगा। मैं सोच रहा था कि सच इतना क्रूर नहीं होता।

पर इस खबर को सुनने के बाद मुझे यकीन हो गया है कि संसार में जितनी कहानियाँ होती हैं, वो सब सच के पहिए पर सवार होकर ही चलती हैं। आदमी का मन उतना ही सोच सकता है, जो सच हो सकता है।

सचमुच कभी-कभी सच न सिर्फ अकल्पनीय होता है, बल्कि बहुत क्रूर भी होता है।

□

मिसेज सनेम

आज मैं अपने फ्लैट के नीचे टहलने गया था।

मैंने एक लड़की को एक बैग लिये घर से बाहर जाते देखा।

"सुबह-सुबह कहाँ?" मैंने सीधे ही पूछ लिया। उसने मेरी ओर देखा और रुआँसी सी चली गई। बाद में पता चला कि वो गुस्से में घर छोड़कर चली गई है।

कोई गुस्से में घर छोड़ देता है?

नहीं, गुस्से में कोई घर नहीं छोड़ता। आदमी घर छोड़ता है अपनी अतृप्त चाहतों से आहत होकर। आदमी घर छोड़ देता है सुकून की तलाश में, प्यार की तलाश में। आदमी घर छोड़ देता है रिश्तों की तलाश में!

❦ ✻ ❦

आप लोग मिसेज सनेम को नहीं जानते, लेकिन मैं अगर आपको उनकी याद दिलाऊँ तो मुमकिन है, आप उन्हें पहचान भी जाएँ और आपको उनकी याद भी आ जाए। मिसेज सनेम बेहद खूबसूरत और बहुत अमीर महिला हैं। उनकी उम्र करीब चालीस साल के आसपास होगी और वे टर्की के एक बड़े उद्योगपति की पत्नी हैं।

अब आपको याद आ रहा होगा कि मेरे पसंदीदा सीरियल 'फेरिहा' में मिसेज सनेम एक चरित्र हैं और क्योंकि मैं पिछले कुछ दिनों से इस सीरियल को बहुत शिद्दत से रोज़ देख रहा हूँ, इसलिए हर पात्र से मेरी दोस्ती हो गई है।

दुबली-पतली, खूब गोरी, पढ़ी-लिखी एक संभ्रांत महिला के रूप में प्रस्तुत की गई मिसेज सनेम एक बहुत बड़े उद्योगपति की दूसरी पत्नी हैं। मिसेज सनेम की अपनी एक बेटी है और एक बेटी उनके पति की पहली पत्नी से भी है यानी दो-दो बेटियों

की माँ हैं मिसेज सनेम।

❧ ✻ ❧

मुझे हमेशा लगता था कि मिसेज सनेम इस संसार की सबसे खुश और संतुष्ट महिला हैं, पर मैं गलत था।

मिसेज सनेम की मुलाकात पिछले दिनों अपने एक पुराने दोस्त से होती है। एक ऐसे दोस्त से, जिसके साथ बीस साल पहले उनका रिश्ता था। तब शायद दोनों साथ पढ़ते रहे होंगे, पर अब दोनों की स्थिति में अंतर है। उनका दोस्त एक बोट पर रहता है, बेबाक है, बिंदास है। उसके लिए ज़िंदगी का मतलब खाओ-पीओ, मौज करो है।

मिसेज सनेम उससे मिलती हैं और फिर दुबारा मिलती हैं।

जो मिसेज सनेम अपने घर में उँगली से धूल नहीं छू सकतीं, वही मिसेज सनेम अपने पुराने दोस्त के पास आकर उसकी बोट की सफाई करती हैं। बोट की सफाई करने के बाद वे खुद ही हैरान रहती हैं कि उन्होंने यह सब कैसे किया!

❧ ✻ ❧

अब मिसेज सनेम की ज़िंदगी में दो पुरुष हैं। एक उनका पति, जो शहर के बहुत बड़ा उद्योगपति हैं, हैंडसम है और सारी सुविधाओं से लैस हैं। मिसेज सनेम जब कभी अपने पति को फोन करती हैं, तो उनके पति कहते हैं कि तुम देख लो, तुम कर लो, मेरे पास समय नहीं है। वे सारा दिन अपने बिजनेस की चिंता में हैं।

इधर उनका पुराना दोस्त सारी चिंताओं से मुक्त, बेपरवाह अपनी ज़िंदगी समंदर की लहरों पर गुज़ार रहा है।

मिसेज सनेम उसके पास आती हैं, कुछ देर बैठती हैं, बातें करती हैं, पुरानी यादों को जीती हैं और चली जाती हैं।

मैं मन-ही-मन सोचता हूँ कि आखिर कहाँ कमी रह गई है मिसेज सनेम की ज़िंदगी में।

दरअसल एक महिला के कोमल हृदय को समझना बहुत जरूरी होता है। हममें से बहुत से लोग ऐसा सोचते हैं कि जब हमारे पास बहुत पैसा होगा, तो हमारे सारे रिश्ते खुश रहेंगे, पर ऐसा होता नहीं है। रिश्तों के वृक्ष पर तब तक कोई फल नहीं लगता, जब तक कि उसमें स्नेह की खाद न पड़ी हो। मिसेज सनेम अपना बहुत बड़ा घर

छोड़कर चुपके से उस बोट पर जाती हैं और कुछ देर के लिए ही सही बेपरवाह, चिंता रहित ज़िंदगी जीती हैं। उन्हें धूल-गर्मी और गरीबी से नफरत है, वह वहाँ मिट्‌टी में पाँव धँसाती हुई, पसीने से लथपथ हो जाने पर भी खुश होती हैं।

शुरू में मुझे बहुत अटपटा लगा था मिसेज सनेम का ऐसा करना, पर मैंने बहुत सोचा। आखिर एक राजशाही ज़िंदगी को छोड़कर मिसेज सनेम उस आदमी के पास क्या करने जाती हैं! पर मैंने जब बहुत सोचा तो यही पाया कि दरअसल वह आदमी उनके व्यापारी पति की तुलना में ज्यादा बड़ा आदमी है।

अब आप पूछेंगे कि कैसे?

तो सुनिए। रहीम ने लिखा है—

"चाह गई, चिंता मिटी, मनुआ बेपरवाह।
जिनको कछु नहि चाहिए, वे साहन के साह॥"

❦ ✻ ❦

समंदर में बोट पर बैठा वह आदमी अपनी ज़िंदगी जी रहा है। मिसेज सनेम के पति ज़िंदगी को जीने की तैयारी कर रहे हैं।

मिसेज सनेम ज़िंदगी जीना चाहती हैं, पर उनके पति के पास जीने का वक्त नहीं।

मिसेज सनेम की कहानी तो मैंने आपको सुना दी। आप खुद भी देखिए कि कहीं आपके आसपास कोई मिसेज सनेम तो नहीं।

चलते-चलते आलोक धन्वा की कविता की दो पंक्तियाँ—

"कितनी-कितनी लड़कियाँ

भागती हैं मन-ही-मन

अपने रतजगे, अपनी डायरी में

सचमुच की भागी लड़कियों से

उनकी आबादी बहुत बड़ी है...।"

□

लक्ष्मीजी आई हैं

मैं छोटा बच्चा था। पिताजी से कोई मिलने आया था, बता रहा था कि उसके घर में बेटी हुई है। पिताजी ने उसे गले से लगाया और कहा, ''बधाई हो, लक्ष्मी घर आई हैं।''

मैंने सारी बातें खुद सुनी थीं। मैंने तब पिताजी से कुछ नहीं पूछा था, पर मेरे मन में यह बात बैठ गई थी कि किसी के घर अगर बेटी हो, तो इसका मतलब हुआ कि घर में लक्ष्मी आई हैं।

⁂

दीवाली की तैयारी पूरी हो गई थी। माँ ने मिट्टी के दीयों को पानी में डुबोकर रख दिया था। वे रूई की बाती बना रही थीं। बहनें छत के ऊपर घरौंदा सज़ा रही थीं। मैं अपने लिए आए पटाखे और फुलझड़ियों को सहेज रहा था।

मैंने माँ से कुछ दिन पहले ही पूछ लिया था कि माँ, दीवाली में क्या होता है ? माँ ने हँसते हुए कहा था कि उस दिन लक्ष्मी घर आती हैं।

मेरे मन में बात बैठ गई थी कि हमारे घर आज बेटी आएगी। एक लड़की, जिसका नाम लक्ष्मी होगा।

⁂

माँ ने पूजा की तैयारी कर ली थी। सारे बच्चे छत पर जुट गए थे, पटाखे फोड़ने के लिए। दीए जगमगाने लगे थे, पर मैं माँ के साथ पूजा के पास बैठा था।

कैसी होगी लक्ष्मी ! मेरे घर लक्ष्मी आएगी। छोटी सी बच्ची होगी। मैं उसे बहुत प्यार करूँगा।

मैं इंतजार करता रहा। हम सबने मिलकर पूजा की। मिठाई खाई, फिर माँ ने कहा कि बाहर जाकर तुम भी बाकी बच्चों के साथ पटाखे चलाओ बेटा!

"माँ, लक्ष्मी कब आएँगी?"

"आएँगी, बेटा! हमने पूजा कर ली है। अब घर में लक्ष्मी आएँगी।"

"पर माँ, लक्ष्मी तो मुझसे उम्र में छोटी होगी न!"

माँ चौंकीं।

माँ समझ गईं कि इस दीवाली मैं किसी और उलझन में हूँ, तब मेरा स्कूल जाना शुरू नहीं हुआ था। माँ समझ गईं कि मैं सुबह से उसके साथ जो लगा हुआ हूँ, उसके पीछे कोई और बात है। मैं पटाखे नहीं छोड़ने गया, मतलब कोई-न-कोई संशय है मेरे मन में।

माँ ने पूछा, "तुम क्या सोच रहे हो बेटा?"

"माँ, उस दिन पिताजी से कोई मिलने आया था और उसने उन्हें बताया था कि बिटिया हुई है, तो पिताजी ने कहा था कि बधाई हो, लक्ष्मी घर आई हैं।"

माँ हँसने लगीं।

कहने लगीं, "बिल्कुल सही बात है। घर में बेटी का आना ही लक्ष्मी का आना होता है।"

"तो माँ हर साल लक्ष्मी आएगी?"

"हाँ, बेटा। हर साल।"

"माँ, ठीक से बताओ।"

"बेटा, आज के दिन हम लक्ष्मी की पूजा करते हैं, तो देवलोक की लक्ष्मी हमारे घर धन-दौलत, खुशियाँ लेकर आती हैं। हम इन्हें स्वर्गलक्ष्मी के नाम से जानते हैं। राजाओं के घर इन्हें राजलक्ष्मी कहते हैं और घर में इन्हें गृहलक्ष्मी कहते हैं। तुमने बिल्कुल सही सुना था बेटा, बेटी जब घर आती है, तो वह लक्ष्मी का ही रूप होती है। आज दीवाली के दिन हम लक्ष्मी के हर रूप की पूजा करते हैं, हम उनसे खुशियाँ माँगते हैं। आज के दिन इन्हीं खुशियों के आने को हम लक्ष्मी का आना कहते हैं।"

''ठीक है माँ! मैं समझ गया।''

मैं उछलता हुआ छत पर चला गया।

बहनें घरौंदा सज़ा रही थीं। गुड्डा-गुड़िया के ब्याह की तैयारी कर रही थीं। रंगोली बना रही थीं।

मैं रुक गया। बहनों की ओर देखने लगा। मैंने बहुत गौर से देखा। वहाँ स्वर्गलक्ष्मी बैठी थीं। राजलक्ष्मी बैठी थीं। घरौंदे के रूप में एक नए घर को बसाने की तैयारी चल रही थी।

❦ ❋ ❦

बहुत साल बाद मैं जब बड़ा हो गया, तो मेरे घर गृहलक्ष्मी आई।
आज मैं गृहलक्ष्मी के साथ पूजा करूँगा। मैं पूजा करूँगा कि मेरी ज़िंदगी में खुशियाँ बरसती रहे। मैं पूजा करूँगा कि आपकी ज़िंदगी में भी खुशियाँ बरसती रहे।

माँ कहती थीं कि दीवाली त्योहार है, लक्ष्मी को खुश करने का। लक्ष्मी खुश, तो सब खुश। आप भी आज खुश कीजिएगा—स्वर्गलक्ष्मी को, राजलक्ष्मी को और गृहलक्ष्मी को।

□

बहन की दुआएँ

मेरे घर काम करनेवाली बता रही थी कि वह भाईदूज के दिन काम पर नहीं आएगी। वजह ? भाईदूज पर भाई घर आएगा, वह उसे टीका लगाएगी।

मेरे दफ्तर में भी कई लोगों ने मुझसे कहा कि वे भाईदूज के दिन देर से आएँगे या नहीं आएँगे। वजह ? बहन के घर जाना है, टीका लगवाने।

मैंने कामवाली से पूछा था कि भाईदूज के दिन टीका लगाने के इस त्योहार का मतलब पता है ?

वह कुछ देर सोचती रही, फिर उसने कहा, ''नहीं। हमें तो इतना ही पता है कि भाई को हम टीका लगाएँगे, मिठाई खिलाएँगे। यह तो एक त्योहार है। सब लोग मनाते हैं। मैं भी मनाती हूँ।''

मैंने अपने दफ्तर वालों से भी पूछा था कि क्या तुम्हें पता है कि तुम भाईदूज पर बहन के घर क्यों जाते हो ? इस दिन की अहमियत क्या है ? सबने कहा, ''सर, यह सदियों से चला आ रहा एक त्योहार है, बस।''

❀ ✼ ❀

धर्म कभी सवालों के कठघरे में नहीं होता, अगर हम अपने सभी त्योहारों के मर्म को समझते और समझाते। अगर हम अपने बच्चों को यह बताते कि भाईदूज का मतलब क्या होता है। अगर हम अपने बच्चों को हर पर्व-त्योहार की कहानियाँ सुनाते, उन्हें इन त्योहारों का अर्थ समझाते। इन कहानियों को विरासत में आगे बढ़ाते, तो धर्म सिर्फ पुस्तक और आस्था की बात नहीं रह जाता। धर्म विज्ञान बन जाता।

आदमी को सवाल पूछना चाहिए। कई बार खुद से ही पूछना चाहिए।

❀ ✼ ❀

मैंने बहुत साल पहले माँ से पूछा था कि दीदी मुझे टीका लगाती है, मैं पैसे देता हूँ। क्यों ? दीदी को मुझे पैसे देने चाहिए। वह मुझसे बड़ी है।

माँ मुझे समझाने लगीं। तुम बहन को पैसे नहीं दे रहे, तुम उसे खुश कर रहे हो। तुम उसे खुश कर रहे हो, क्योंकि बहन तुम्हें दुआ देगी, तुम्हें आशीर्वाद देगी।

''पर क्यों ?''

''क्योंकि आशीर्वाद तो तुम खुद ले नहीं सकते। वह तुम अपनी बहन को खुश करके प्राप्त करते हो।''

''पर माँ बहन का आशीर्वाद क्यों चाहिए ? वह तो तुम देती ही हो।''

''बहन वाला आशीर्वाद तो बहन ही दे सकती है, और कोई नहीं। संसार में कोई नहीं दे पाएगा वह आशीर्वाद जो बहन दे सकती है।''

''माँ, ठीक से समझाओ न!''

बेटा, कहानी तो बहुत लंबी है, फिर कभी सुनाऊँगी, पर आज इतना ही समझ लो कि एक बार मृत्यु के देवता यमराज अपनी बहन यमुना से मिलने धरती पर आए थे। भाई के घर आने पर यमुना बहुत खुश हुई थीं और उन्होंने तिलक लगाकर भाई का स्वागत किया था। यमराज इससे बहुत खुश हुए और उन्होंने अपनी बहन से कहा था कि आज का दिन संसार में यम द्वितीया यानी भाईदूज के रूप में जाना जाएगा। जो भाई अपनी बहन के घर जाएगा, बहन उसे टीका लगाएगी और उसे आशीर्वाद देगी।''

''माँ, इतनी छोटी कहानी नहीं, बड़ी कहानी सुनाओ न!''

''सुनाऊँगी, बेटा। अभी तो तुम टीका लगवाओ, क्योंकि यम मृत्यु के देवता हैं और वे अपनी बहन को बहुत मानते हैं, इसलिए बहन जब खुश होकर अपने भाई की लंबी उम्र की कामना करती है, तो उसके रोम-रोम से अपने भाई के लिए दुआएँ निकलती हैं। ये दुआएँ सीधे यम तक पहुँचती हैं और यम देवता बहन की बात टाल नहीं सकते। इसीलिए बहन को खुश रखना चाहिए।''

''मैं समझ गया, माँ।''

❧ ⁂ ☙

माँ ने बाद में यम द्वितीया की पूरी लंबी कहानी मुझे सुनाई, पर फिलहाल इतने से मेरे सवाल का जवाब मिल गया था।

हर पर्व की एक कहानी होती है। हर कहानी में एक संदेश होता है।

मुझे हैरानी होती है उन लोगों पर जो सवाल नहीं पूछते।

सवाल पूछना चाहिए। सवाल के जवाब में विज्ञान छुपा होता है।

मैं आपको बता सकता हूँ कि दुआएँ, जिन्हें हम सिर्फ आस्था मानते हैं, वही दरअसल 'इंटरनेट,' 'इंफ्रारेड,' 'ब्लूटूथ' और 'वाई-फाई' तकनीक है।

माँ कहती थीं कि बहन की दुआ यम तक पहुँच जाती है। मेरे मन में यह सवाल भी था कि कैसे पहुँचती होगी हवा में।

पर इंटरनेट आने के बाद मेरे मन से वह संदेह भी दूर हो गया।

*

आस्था को विज्ञान से जोड़कर देखिए। सबकुछ सच लगेगा। सारी कहानियाँ विज्ञान लगेंगी।

□

जीत की हार

कल सुबह दफ्तर जाने के लिए निकला। गार्डरूम के पास दफ्तर का एक साथी गाड़ी लेकर मेरा इंतजार कर रहा था। मैं गाड़ी में बैठने ही वाला था कि एक स्कूटर सवार गेट के पास आकर रुका। स्कूटर गेट के पास रोककर वह उतरने ही वाला था कि मैंने उसे टोका, ''यह स्कूटर पार्क करने की जगह है क्या?''

स्कूटर सवार ने मेरी ओर घूरकर देखा, फिर सिर से हेलमेट उतारने लगा।

मुझे स्कूटर सवार को टोकते देखकर सोसाइटी के गार्ड भी वहाँ पहुँच गए, उन्होंने स्कूटर वाले से कहा कि स्कूटर किनारे खड़ा कर दो।

मैं अपनी सोसाइटी का सेक्रेटरी हूँ जाहिर है, मेरा कुछ भी कहना गार्ड के लिए आदेश की तरह है। स्कूटर सवार स्कूटर पर बैठे-बैठे ही थोड़ा आगे बढ़कर स्कूटर को स्टैंड पर खड़ा करने लगा। कायदे से मुझे अब तक गाड़ी में बैठ जाना चाहिए था, पर मैं गाड़ी में बैठने की जगह वहीं रुककर सबकुछ देखता रहा। जैसे ही स्कूटर वाला स्कूटर से उतरने को हुआ, मैंने फिर टोका, ''यह भी स्कूटर पार्क करने की जगह नहीं है।''

अब स्कूटर सवार बिदका, ''यही बात आप ठीक से भी बोल सकते हैं।''

''मैं ठीक से नहीं बोल सकता। तुम मुझे सिखाओगे कि मैं ठीक से बोलूँ?''

''तो, मैं स्कूटर यहीं पार्क करूँगा।''

''तुम करके देखो, मैं पुलिस बुलाकर स्कूटर को उठवा दूँगा।''

स्कूटर सवार मेरी ओर अजीब नजरों से देख रहा था।

हमारी बहस बढ़ रही थी। गार्ड मेरी ओर आश्चर्य से देख रहे थे कि आखिर संजय

सिन्हा को हुआ क्या है। यह स्कूटर वाला कोरियर लेकर आया है, दो मिनट में कोरियर देकर चला जाएगा। ऐसे कोरियर वाले अक्सर आते हैं। संजय सिन्हा ने आज तक इनमें से किसी को नहीं टोका। ये सोसाइटी के छोटे-से-छोटे कर्मचारियों से विनम्रता से बात करते हैं। लोग इन्हें रोककर अपनी दसियों समस्याएँ गिनवाते हैं। ये सबकी बातें सुनते हुए उसे ठीक करने का आश्वासन देते हुए अपनी गाड़ी में बैठकर दफ्तर के लिए निकलते हैं, फिर आज क्या हुआ?

पर कोई कुछ कह नहीं सकता था।

स्कूटर वाले के अहं को चोट पहुँच गई थी।

आदमी बड़ा हो या छोटा, अमीर हो या गरीब, बूढ़ा हो या जवान—उसके अहं को अगर चोट पहुँचती है, तो वह बिलबिला उठता है। वह अपनी जान दे सकता है, पर अपने अहं को आहत होते हुए नहीं देख सकता। इस संसार में हर झगड़े की वजह अहं है।

मनोविज्ञान की भाषा में अहं और अभिमान एक हैं। मेरा शरीर, मेरा मन, मेरी बुद्धि, मेरा जीवन, मेरी संपत्ति, मेरी पत्नी, मेरे बच्चे और मेरी ताकत जैसे विचार अहं को जन्म देते हैं। मनोवैज्ञानिकों ने अहं का अर्थ 'मैं', अभिमान, अहंकार, घमंड के रूप में परिभाषित किया है।

लेकिन अध्यात्म की भाषा में अहं का अर्थ है—स्थूल देह से संबंध रखने और सूक्ष्म देह के अनेक केंद्रों में मौजूद संस्कारों के कारण खुद को बाकियों से अलग समझना। कई बार यही अहं खुद को ईश्वर से ऊपर भी समझने को मजबूर करता है।

अगर आप त्रेता युग तक पहुँच पाएँ, तो आप पाएँगे कि उस युग में दो लोग बहुत बलिष्ठ थे—एक रावण और दूसरे हनुमान।

रावण कहता है, ''मेरी इन भुजाओं को देखो। इन भुजाओं ने कैलाश पर्वत को उठाया है। इंद्र, कुबेर, वरुण सबको मैंने थर्राया है।'' यानी अहं सफलता के हर पक्ष से सराबोर है। दूसरी ओर हनुमान कहते हैं, ''मेरी सफलताओं को देखो। मेरी हर सफलता के पीछे ईश्वरीय कृपा है। राम मेरे साथ हैं, उनकी भक्ति मुझमें शक्ति का संचार करती है।''

जाहिर है अहं मन, बुद्धि और चित्त से ऊपर है।

विनम्र संजय सिन्हा आज क्यों अपनी भुजाओं से कैलाश उठाने पर आमदा हो गए हैं?

सबकी निगाहें इसी सवाल पर लगी थीं।

अरे, एक स्कूटर वाला दो मिनट में कोरियर देकर चला जाएगा, पर कोई कुछ कह नहीं सकता था। रावण के अहंकार को भी किसने रोका। सबने यही तो कहा कि तुम्हारी शक्ति के आगे कोई नहीं।

तुलसीदास ने भी यही लिखा है, ''समर्थ को नहीं दोष गोसाईं।''

अपनी सोसाइटी में मैं समर्थ था। गार्ड मेरे थे। लोग मेरे थे। वहाँ मैं जो कह रहा था, वही सही था। अगर मैंने कोई नियम बनाया होता कि वहाँ स्कूटर पार्क नहीं कर सकते तो शायद मेरा कल का टोकना, रोकना और अड़ जाना ठीक ही होता। वैसे इस काम के लिए मुझे खुद युद्ध के मैदान में उतरने की जरूरत भी नहीं थी। मैं किसी गार्ड या अपने ड्राइवर को भी कह सकता था कि उसे वहाँ स्कूटर मत रोकने दो, पर मैं खुद उलझ पड़ा था।

जाहिर है, कोरियर वाला अकेला पड़ गया था। वह अकेला तो पड़ गया था, पर उसके अहं को चोट पहुँची थी। उसने कहा, ''अब स्कूटर यहीं रहेगा। आपको जो करना हो, कर लीजिए।''

मैं अड़ गया, ''यहाँ स्कूटर लगा के दिखाओ, मैं तुम्हारा क्या हश्र करता हूँ, तुम्हें पता भी नहीं चलेगा।''

बात बिगड़ने लगी। आखिर में गार्ड ने उसे डाँटते हुए वहाँ से हटा दिया।
वह आदमी जाते-जाते बुद्बुदाया, ''मैं समझ रहा हूँ कि आप कहीं का गुस्सा, कहीं निकाल रहे हैं। आप घर में झगड़ा करके आए हैं और वही गुस्सा मुझ पर निकाल रहे हैं।''

मुझे पूरी उम्मीद है कि इतना कहने के बाद उसकी आत्मा को थोड़ी शांति मिली होगी। उसने मुझे गाली नहीं दी, उसने मुझे अपशब्द भी नहीं कहे, पर मेरे दुःखते दिल पर नमक छिड़ककर आगे बढ़ गया। मैं कुछ कहने को कह सकता था, लेकिन तब तक मेरा ड्राइवर आगे बढ़ा, उसने कोरियर वाले से कहा, ''बहुत हुआ। अब आगे बढ़, नहीं तो पिटेगा।''

कोरियर वाला भी समझ गया था कि अब बात आगे निकल रही है। वह बिना कोरियर दिए आगे निकल गया।

गार्ड, ड्राइवर सबने राहत की साँस ली। साहब जीत गए। स्कूटर सवार कोरियर वाला

हार गया। ऐसे मौकों पर ऐसा ही होता है। साहब जीत जाते हैं, छोटे लोग हार जाते हैं। उन्हें हारना ही पड़ता है।

मैं दफ्तर के लिए निकल पड़ा। मेरे साथी ने मुझे रास्ते में टोका, ''कहाँ खोए हैं, सर?''

''कुछ नहीं। बस सोच रहा हूँ कि क्या सचमुच हम कहीं का गुस्सा कहीं निकालते हैं? सोच रहा हूँ कि वह कम पढ़ा-लिखा आदमी इतनी बड़ी बात कैसे कह गया कि आप घर का गुस्सा बाहर निकाल रहे हैं।''

❦ ✻ ❦

अक्सर ऐसा ही होता है। हम नाराज किसी और बात पर होते हैं, पर नाराजगी किसी और बात पर निकालते हैं।

ऐसे में जब-जब हमारी जीत होती है, वह दरअसल हमारी हार होती है। जैसे उस कोरियर वाले के आगे मैं जीत गया था, पर मेरा यकीन कीजिए—मैं हार गया था।

□

सबसे बड़ी सज़ा

आज मैं जो सुनाने जा रहा हूँ, वह कहानी नहीं, हक़ीकत है। हमारा और आपका भविष्य है, अगर हम समय रहते नहीं चेते तो।

आपने अखबारों में खबर पढ़ी होगी कि पिछले हफ्ते एक आई.पी.एस. अफसर ने दिल्ली से सटे नोएडा के एक अपार्टमेंट में खुद को गोली मार ली। इस घटना के तुरंत बाद ही उस अफसर की पत्नी ने अपने फ्लैट की चौथी मंजिल से कूदकर अपनी जान दे दी थी।

जब यह खबर मेरे पास आई थी कि इसे किस तरह टी.वी. पर दिखाया जाए, तो मैं बहुत देर तक सन्न होकर बैठा था।

एक आदमी आई.पी.एस. अफसर बनने के लिए न जाने कितनी मेहनत करता है, न जाने कितना त्याग करता है और वही आदमी समय के किसी पल में इतना कमजोर हो जाता है कि जो बंदूक उसे अपराध खत्म करने के लिए उठानी होती है, उसे वह खुद पर उठा लेता है।

फिर शुरू होता है अकेलेपन का दंश!

पति ने खुद को गोली मार ली, पत्नी से यह अवसाद सहा नहीं जाता और अपनी सवा साल की बच्ची को तन्हा छोड़कर वह भी घर की बालकनी से कूद जाती है और दो दिनों तक मौत से जद्दोजेहद के बाद आखिर वह भी मौत के आगोश में समा जाती है।

❧ ❋ ❧

दो दिन पहले दिल्ली से सटे नोएडा में ही एक सॉफ्टवेयर इंजीनियर की अचानक दिल की धड़कन बंद होने से मृत्यु हो गई। 38 साल का यह आदमी अपनी पत्नी और

छह साल के बच्चे के साथ नोएडा के एक ऐसे अपार्टमेंट में रह रहा था, जहाँ कुल 1300 फ्लैट हैं। सोचिए, 1300 परिवार वहाँ एक साथ आगे-पीछे, ऊपर-नीचे, दाएँ-बाएँ रहते हैं। अगर गाँव के संदर्भ में सोचें तो 1300 घरों का एक भरा-पूरा गाँव होता है। वहाँ इस इंजीनियर का परिवार सबके बीच इस कदर तन्हा था कि जब अचानक उस इंजीनियर की मृत्यु हो गई, तो उसकी 32 साल की पत्नी को काठ मार गया।

पत्नी करीब चार घंटे तक मृत पति के पास बैठी रही, फिर अचानक वह उठी और अपने छह साल के बच्चे को तन्हा छोड़कर आठवीं मंजिल से नीचे छलाँग लगा गई। जाहिर है, पत्नी की भी मौत हो गई।

❦

मैंने जो कुछ लिखा है, उसका एक-एक अक्षर सत्य है।

हम जैसे खबरनवीसों के लिए ऐसी घटनाएँ टी.आर.पी. की सनसनी के सिवा कुछ नहीं। हम ऐसी खबरों पर विचलित नहीं होते। हमारा काम है खबरों को समझना। उन्हें आपको परोसना। हमारे दफ्तर में कोई भी ऐसी खबरों को सुनकर, पढ़कर, उन्हें आपके सामने परोसकर, पल भर के लिए भी विचलित नहीं होता। हमारे यहाँ ऐसी खबरों को सुनकर कोई भी एक दिन का खाना नहीं छोड़ता।

पर मैं ऐसी खबरों से बहुत विचलित होता हूँ। मुझे बार-बार लगता है कि आदमी इतना तन्हा क्यों है? मुझे हर बार लगता है कि आदमी ने धन कमाने के चक्कर में रिश्तों को क्यों गँवा दिया। जहाँ 1300 परिवार हैं, वहाँ क्या एक आदमी उस महिला की ज़िंदगी में नहीं रहा होगा, जो उसके पति की मौत के बाद उस तक पहुँच पाया हो या महिला किसी के कंधे पर सिर रखकर रो पाई हो।

मेरा छोटा भाई हमेशा कहा करता था कि जिस आदमी ने रिश्ते नहीं कमाए, उसकी सारी कमाई व्यर्थ होती है। उसका कहना था कि आदमी स्वास्थ्य का बीमा कराता है, जीवन का बीमा कराता है, पर काश आदमी रिश्तों का बीमा करना जानता।

वह कहता था कि बीमारी के बीमा से एंबुलेंस तो घर आ जाएगी, जीवन बीमा से आदमी की मृत्यु के बाद उसके परिवार वालों को जीने-खाने का पैसा भी मिल जाएगा, पर क्या आदमी को सचमुच इन्हीं चीजों की दरकार होती है।

वह मुझसे कहता था कि एक बार आदमी रिश्ते कमा ले, फिर सचमुच किसी चीज की जरूरत नहीं होती।

तब मैं उसकी बातें नहीं समझता था।

दो साल पहले यही 38 साल की उम्र में मेरे भाई की भी अचानक हार्ट फेल होने से मृत्यु हो गई।

मेरा भाई अहमदाबाद से पुणे नई-नई नौकरी पर गया था। कुल मिलाकर उसे साल-डेढ़ साल ही हुए थे पुणे पहुँचे हुए। पर अपने दफ्तर, अपार्टमेंट, शहर में उसने न जाने कितने रिश्ते बना लिये थे। वह जहाँ रहता था, उसके रिश्ते बन जाते थे।

अपने भाई की मौत की यादें मेरे जेहन में बहुत धुँधली सी ही बची हैं, पर जितनी बची हैं, मुझे याद है कि पुणे के फ्लैट में उसका शव पड़ा था और जब हम श्मशान घाट पहुँचे थे, तब कम से कम पाँच सौ आदमी वहाँ खड़े आँसू बहा रहे थे।

कोई राजकोट से आया था, कोई अहमदाबाद से। कोई मुंबई से, कोई दिल्ली से। कोई बड़ौदा से चला आया था, कोई नाडियाड से।

कौन किसके लिए जाता है? कौन किसके लिए रोता है?

पर यह मेरे भाई की कमाई ही थी, जो एक साथ सैकड़ों हाथ उसके परिवार के लिए उठ खड़े हुए थे। इनमें से कोई हमारे परिवार का सदस्य नहीं था। कोई हमारा पूर्व परिचित भी नहीं था। ये सभी मेरे भाई के रिश्तों के समंदर से चुनी हुई सीपियाँ थीं।

उन रिश्तों ने मिलकर मेरे भाई के परिवार को कभी एहसास ही नहीं होने दिया कि वे अकेले हैं। यह रिश्तों का कारवाँ ही था, जो मेरे छोटे भाई के परिवार ने मेरे भाई के निधन के बाद भी पुणे शहर को नहीं छोड़ा। मेरे भाई की पत्नी पुणे की रहनेवाली नहीं, लेकिन मेरे भाई के रिश्तों का बीमा इतना मजबूत था कि उन लोगों ने इस हादसे के बाद भी वहीं रहना पसंद किया। मैंने बहुत चाहा था कि वे लोग दिल्ली चले आएँ। मुझे लगता था कि वे कहीं अकेले न पड़ जाएँ, पर मैं गलत था।

मेरे भाई ने जीवन का बीमा नहीं कराया था। स्वास्थ्य का बीमा भी नहीं लिया था। उसने सिर्फ और सिर्फ रिश्तों का बीमा कराया था। कराया क्या था, खुद ही कर लेता था और आज तक हम सभी उसकी उस कमाई की फसल काट रहे हैं।

❦ ❊ ❦

आदमी का सारा वैभव, धन-दौलत, मकान-दुकान व्यर्थ पड़ा रह जाता है, जब आदमी एक पल को नजरें उठाकर खुद को अकेला पाता है।

अगर दिल्ली का वह आई.पी.एस. अफसर रिश्ते कमा पाया होता तो पति–पत्नी के मामूली विवाद के बाद उसे न तो खुद को गोली मारनी पड़ती, न उसकी मौत के बाद उसकी पत्नी को घर की बॉलकनी से कूदना पड़ता।

अगर उस सॉफ्टवेयर इंजीनियर ने भी रिश्ते कमाए होते, तो अचानक मौत के बाद उसकी पत्नी को अपनी सवा साल की बच्ची के साथ अकेले उस शव के पास चार घंटे बिताकर, फ्लैट की आठवीं मंजिल से कूदने की नौबत न आती।

यह अकेलापन, अवसाद किसी भी बीमारी से बड़ी बीमारी है।

जो रिश्तों का बीमा समय रहते नहीं करा पाते, उनके सामने ऐसी परिस्थितियाँ पैदा होती हैं।

अपने रिश्तों को पहचानिए। उनके साथ समय बिताइए। नहीं तो एक दिन यही गीत गुनगुनाना पड़ सकता है कि ''सबके रहते लगता है ऐसा, कोई नहीं मेरा...।''

याद रखिए, अगर जीवन में सचमुच कुछ काम आता है, तो वह बस रिश्तों की पूँजी ही है।

□

मुझे बिटिया ही कीजो

बचपन में ऐसा बहुत बार होता कि मैं खेलकर घर आता और रात में खाने के समय सो जाता।

माँ मुझे जगातीं। मैं कुनमुनाता हुआ कहता, ''मुझे भूख नहीं है।''

पिताजी कहते कि सोने दो, बहुत थका हुआ है। माँ पिताजी की बात मान भी जातीं, पर जैसे ही पिताजी इधर-उधर होते, फिर मेरे सिरहाने बैठ जातीं और धीरे-धीरे मुझे जगाने लगतीं, ''उठो बेटा, कुछ खा लो। आज तो खीर भी है। राजा बेटा उठेगा, खीर-पूड़ी खाएगा।''

मैं गहरी नींद में होता, पर माँ की ये आवाज मेरे कानों तक पहुँच जाती। मैं बहुत थका हुआ होता, उठने का मन नहीं होता। मैं अलसाई हुई आवाज में कहता, ''ऊहूँ, मुझे सोने दो।''

पर माँ कहाँ मानने वाली थीं। मेरे सिर को सहलातीं। मेरे गालों को छूतीं। गाने सुनातीं। गहरी नींद में मुझे लालच देती कि आज मैं संजू बेटा को एक नई कहानी सुनाऊँगीं। धीरे-धीरे मैं नींद से जागने लगता। एक ऐसा वक्त भी आ जाता, जब मेरी नींद पूरी खुल जाती; लेकिन मैं माँ के मनुहार के लिए सोने का सिर्फ नाटक करता रहता। माँ जब समझ जातीं कि अब मैं जाग चुका हूँ और सोने का सिर्फ नाटक भर कर रहा हूँ, तो मेरी आँखों को छूकर कहतीं, ''ओह आज तो ये बहुत गहरी नींद में है। चलो कोई बात नहीं, अब कहानी कल सुनाऊँगीं।''

माँ इतना कहती और मैं पट से आँखें खोल देता।

माँ मुझे देखकर मुस्कुराती, फिर एक-एक कौर मेरे मुँह में डलता जाता।

❧ ✻ ❧

ऐसा कई बार हुआ है कि मेरा बेटा रात में खाने से पहले सो गया। मैंने बहुत आवाज दी, "उठो बेटा, खाना खा लो।"

जब वह नहीं उठता, तो मैं अकेला खाना खा लेता, पर ऐसा एक बार भी नहीं हुआ है, जब उसकी माँ ने उसे बिना खाना खाए सोने दिया हो। वह उसे जगाती है, बिल्कुल वैसे ही, जैसे मेरी माँ मुझे जगाती थी। ऐसा भी कई बार हुआ है कि मैं ही बहुत थका हुआ आया, आते ही निढाल होकर सो गया। पर ऐसा एक दिन भी नहीं हुआ, जब मेरी पत्नी ने मुझे जगाकर खाना न खिलाया हो।

❋

हफ्ता भर पहले संजय सिन्हा फेसबुक मिलन समारोह के बाद मथुरा से दिल्ली लौटते हुए एक्सप्रेस वे के एक ढाबे पर हम रुके। हम 14 लोग तीन गाड़ियों में सवार थे। जिस गाड़ी में मेरी पत्नी थी, उसमें गाड़ी चला रहे मेरे मित्र को छोड़कर बाकी सभी सो रहे थे। हमारी गाड़ी रुकी, सब गाड़ी से नीचे उतरे। तीन गाड़ियाँ लाइन से खड़ी थीं। मेरी पत्नी, उसके साथ के बाकी लोग गाड़ी से नीचे नहीं आए। गाड़ी चलानेवाले मेरे मित्र ने मुझे संदेश दिया कि सभी सो रहे हैं, उन्होंने कहा है कि उन्हें खाना नहीं खाना।

मैंने उस संदेश को कुछ इस तरह लिया, जैसे मुझे यह बताया गया हो कि उन्हें गाड़ी में ही सोने दिया जाए, आप लोग खाना खा लें।

मैं चुपचाप बाकी लोगों के साथ खाना खाने चला गया।

जब मैं आया तो मेरी पत्नी की नींद खुल चुकी थी। वह इस बात से आहत थी कि मैंने उसे खुद क्यों नहीं जगाया।

उसने अपनी आपत्ति दर्ज कराई, पर मैं अपनी गलती मानने को तैयार नहीं था। मैंने कहा कि मेरे मित्र ने तुमसे पूछा था। मैंने पूछा या नहीं इससे क्या फर्क पड़ता है ?

❋

तीन दिन तक बात खिंचती रही। मैं झुकने को तैयार नहीं था। एक तो मैं झुकने को तैयार नहीं था, ऊपर से मैंने एक पोस्ट में पूरी कहानी भी लिख दी।
आम तौर पर हम पति-पत्नी के बीच मनमुटाव कम होता है, फिर इतनी छोटी सी बात पर तो नाराज होने की कोई वजह ही नहीं थी।

❋

पर वजह थी!

मैंने हजार बार सोचा। मैं गाड़ी में सो गया होता, तो क्या मेरी पत्नी मुझे बिना जगाए खाना खाने चली जाती?

नहीं जाती। वह मुझे हजार बार जगाती। वह मुझे किसी और के कहने से भी बिना खाना खिलाए छोड़कर नहीं जाती। बचपन में मेरे पिताजी ही कई बार कहते कि सो रहा है तो सोने दो, पर माँ कब मानती थी? महिलाएँ ऐसी ही होती हैं। उनके भीतर एक माँ छिपी होती है।

डॉर्विन के सिद्धांत के अनुसार, हम हजारों साल की कोशिशों में बंदर से आदमी तो बन गए हैं, लेकिन पुरुष से औरत बनने में हजारों साल अभी और लगेंगे। औरतों सा कोमल हृदय पाना सबके बूते की बात नहीं। जिस दिन हर आदमी के भीतर एक औरत का दिल बसने लगेगा, यह संसार हिंसा, क्रूरता, नफरत से मुक्त हो जाएगा। पुरुष लाख दावा करें कि उन्होंने यह पा लिया है, वह पा लिया है, पर वे तब तक कुछ नहीं पा सकते, जब तक कि औरतों सा मन नहीं पा लेंगे।

❁

गलती मेरी थी। सॉरी मेरी पत्नी कह रही थी। शर्म मुझे आनी चाहिए थी, शर्म वह जता रही थी कि बेवजह तमाम लोगों के सामने उसने मुझसे अपनी नाराजगी जताई। गाड़ी में उसे चार महिलाओं के साथ सोते हुए छोड़कर बिना बताए हुए खाना खाने मैं गया था, जिसका मुझे अफसोस होना चाहिए था, लेकिन अफसोस वह कर रही थी।

महिलाएँ ऐसी ही होती हैं। उनके भीतर एक माँ होती है।
काश, हमारे भीतर उस कोमलता का एक अंश भी होता! काश, हम भी पहले उन्हें जगाकर खिलाना जानते!

खाना तो सभी जानते हैं। बड़ी बात तो खिलाना है।

❁

अगले जनम मुझे बिटिया ही कीजो।

□

मुझे औरत का दिल चाहिए

मैं आज भी दफ्तर जाऊँगा।

मेरी पत्नी आज भी अभी थोड़ी देर में मेरे लिए चाय बनाएगी।

मैं अभी-अभी नीचे अपनी सोसाइटी के कैंपस में टहलकर आया हूँ। कायदे से मैं सुबह उठकर सबसे पहले पोस्ट ही लिखता हूँ, फिर कुछ करता हूँ, पर पता नहीं क्यों आज मेरा मन सुबह टहलने को हो रहा था। वैसे अक्सर मेरी पत्नी मुझे जगाती है, टहलने के लिए उकसाती है, पर मैं ही आनाकानी करता हूँ। अभी सुबह-सुबह मैंने टहलने जाते हुए उससे पूछा कि तुम टहलने चलोगी? उसने कुनमुनाते हुए कहा, "आज तुम चले जाओ। मैं कुछ देर और सो लूँगी। थोड़ी थकावट सी लग रही है।"

उसने कहा, मैंने सुना और चुपचाप तीसरी मंजिल के अपने फ्लैट से उतर गया।

कल रात खाना खाते हुए पत्नी मेरे लिए डाइनिंग टेबल पर प्लेट लगा रही थी, तो मुझे अचानक लगा कि टेबल पर एक ही प्लेट लगी है। मतलब उसे खाना नहीं खाना। मुझे पूछना चाहिए था कि क्या तुम खाना नहीं खाओगी, पर मैंने नहीं पूछा। वह मुझे खाना परोस रही थी, मैं खा रहा था। अचानक मुझे याद आया कि वह तो खा ही नहीं रही।

वह क्यों नहीं खा रही? अब मैंने पूछा, "तुम खाना नहीं खाओगी क्या?"

"नहीं, भूख नहीं है।"

"थोड़ा सा खा लो।"

उसने कुछ कहा नहीं, थोड़ा सा मतलब एक कौर। उसने एक कौर खा लिया, मुझे लगा कि उसने खाना खा लिया।

❧ ✻ ❧

कभी-कभी मैं सुबह जल्दी में रहता हूँ, तैयार हो रहा होता हूँ। नाश्ते का टाइम नहीं होता। पत्नी प्लेट में नाश्ता लगाकर मेरे पीछे-पीछे घूमती हुई मेरे मुँह में डालती जाती है। मैं कमीज के बटन लगा रहा होता हूँ, जूते के फीते बाँध रहा होता हूँ, नाश्ता मेरे मुँह में घुलता रहता है। जब तक मैं तैयार हुआ, नाश्ता पूरा।
रात में मैं चाहे जब आऊँ, खाना टेबल पर लगा होता है। मैं कहता हूँ, भूख नहीं है, पर खाना प्लेट में परोसा जाता है। मैं कहता हूँ नींद आ रही है, खाना पेट में पहुँच चुका होता है।

लेकिन जिस दिन पत्नी कहती है कि आज खाने का मन नहीं, मैं टी.वी. देखता हुआ अकेला खाना खा लेता हूँ।

वह सुबह कहती है, टहलने चलो, मैं कहता हूँ कि थका हुआ हूँ। वह पीछे पड़ जाती है। मैंने आज एक बार पूछा, उसने कहा, "थकावट सी लग रही है," मैं चल पड़ा।

❧ ✻ ❧

पता नहीं हम मर्द ऐसे क्यों होते हैं? पता नहीं औरतें ऐसी क्यों होती हैं?

हम क्यों नहीं पूछते कि थकावट क्यों है? हम क्यों नहीं पूछते कि भूख क्यों नहीं है?

❧ ✻ ❧

मैंने प्रेम पर बहुत लिखा है। प्रेम पर बहुत सोचा है, पर अब मुझे लगने लगा है कि मैं प्रेम को उतना ही समझता हूँ, जितना कोई पुरुष समझ सकता है। मुझे लगने लगा है कि मैं प्रेम की विराटता को नहीं देख और समझ पाया हूँ। मेरा मन प्रेम की पवित्रता का भले ही अनुमान लगाना जानता हो, लेकिन उससे आगे कुछ नहीं।

आज यह सब कहते हुए मुझे माँ की याद आ रही है।

जिस दिन माँ इस संसार से चली जानेवाली थी, उससे एक रात पहले भी उसकी चिंता यही थी कि पिताजी ने रात में खाना खाया या नहीं। मैंने खाना खाया कि नहीं। मुझे तो नहीं पता था, पर माँ को पता था कि वह चली जाएगी।

❧ ✻ ❧

आज ज्यादा क्या लिखूँ। आज तो मैं खुद से सवाल पूछ रहा हूँ कि सचमुच हम मर्द ऐसे क्यों होते हैं?

औरतें ऐसी क्यों होती हैं ?

जीव विज्ञान की भाषा में तो ये दो शरीर ही हैं, लेकिन यह समझना जरूरी है कि औरतों के मन में वह कौन सा रसायन होता है, जो हम पुरुषों में नहीं होता।

❦ ✻ ❦

माँ कहती थीं, जो चीज खो जाती है, उसे ढूँढते हैं, परवाह करते हैं, लेकिन जिस चीज को हम पास रखकर भी भूले रहते हैं, उसकी परवाह नहीं करते।

जो रिश्ते खो जाते हैं, उन्हें तो याद करते हैं, जो हमारे बहुत पास होते हैं, हम उनकी परवाह नहीं करते। वे होकर भी नहीं होते। खोए हुए रिश्तों पर तो न जाने कितनी कहानियाँ हम रोज़ लिखते हैं, सुनते हैं, पढ़ते हैं।

मेरा यकीन कीजिए, कुछ कहानियाँ हमारे आपके आसपास पड़ी रह जाती हैं, एक बार उन्हें सुनकर, पढ़कर, जीकर तो देखिए।

उनके लिए प्लेट में एक बार खाना परोसकर तो देखिए, जो आपके लिए रोज़ परोसती हैं, पर इसके लिए एक औरत का दिल लाना होगा। मर्द भला ऐसा कब करते हैं ?

□

काटो मत, खोलो

मेरे ताऊजी की बेटी की शादी तय हो चुकी थी। शादी तय होने से कुछ महीने पहले मेरी माँ बहुत बीमार हो चुकी थी।

सभी जानते थे कि माँ बहुत बीमार है, पर यह कोई नहीं जानता था कि वह कब तक इस संसार में रहेगी। ताऊजी ने बेटी की शादी अप्रैल के महीने में रखी, पर माँ मार्च में ही इस संसार को छोड़कर चली गई।

अजीब सी स्थिति हो गई। बेटी की शादी की तारीख तय हो चुकी थी, पर उससे ठीक दो हफ्ते पहले उस बेटी की सगी चाची इस संसार से चली गई थी।
अब क्या हो?

पूरे परिवार के सामने यह समस्या आ खड़ी हुई कि शादी की तारीख कैसे टले।

तय हुआ कि शादी की तारीख वही रहेगी। माँ के श्राद्ध से ठीक दो दिन बाद।

एक ही परिवार के दो घर। एक घर में मातम, दूसरे में खुशी। उस शादी में कुछ लोग जा पाए, कुछ लोग नहीं गए।

माँ के श्राद्ध के बाद पिताजी के साथ उस शादी में मैं गया था।

घर में शादी की रौनक थी।

खूब सारे पकवान पक रहे थे। जो मेहमान शादी में आए थे, वे सब जश्न में डूबे थे। शादी-ब्याह के मौके पर घरेलू पंचायतें भी खूब होती हैं। शादी के ठीक एक दिन पहले ऐसी ही मौज वाली पंचायत चल रही थी।

ताऊजी ने अचानक कहा कि फलाँ मेहमान इस शादी में नहीं आया है, वे इस बात को

कभी नहीं भूलेंगे।

सारे लोग हाँ-में-हाँ मिला रहे थे। आदमी की यह प्रवृत्ति होती है कि जो उस मौके पर मौजूद नहीं होता, सभी उसके खिलाफ बोल लेते हैं। हमारे ही एक रिश्तेदार के विषय में बात चली और सभी हाँ-में-हाँ मिला बैठे।

आम तौर पर पिताजी ऐसे मामलों में चुप रहना बेहतर समझते थे।

जब तथाकथित गॉसिप बहुत बढ़ गई, लोग मजे लेने लगे तो पिताजी ने ताऊजी से धीरे से कहा कि आपको सभी के सामने ऐसी बातें नहीं करनी चाहिए। आपको एक बार उनकी परिस्थिति में भी झाँकने की कोशिश करनी चाहिए। क्या पता उनकी कोई मजबूरी रही हो!

पिताजी का इतना कहना था कि पूरी मजलिस में सन्नाटा पसर गया।
पिताजी ने धीरे से कहा कि वे श्राद्ध में तो आए थे और बहुत परेशान थे। आपको अपने रिश्तेदारों के बीच बैठकर इस तरह किसी का पक्ष जाने बिना सार्वजनिक रूप से कोई टिप्पणी नहीं करनी चाहिए। आज तो आप इस बात पर मजे ले लेंगे और अपने ये रिश्तेदार भी आपकी हाँ-में-हाँ मिला लेंगे, पर इससे मन के तार टूट जाते हैं। इस तरह तो आपके रिश्ते घर के भीतर ही टूटने लगेंगे। मुझे नहीं लगता कि अपने रिश्तों की इस तरह आपको यहाँ चर्चा करनी चाहिए।

आपने उन्हें शादी में आने के लिए निमंत्रण दिया, उनका आना नहीं हो सका। इस पर उनका पक्ष जाने बिना कोई टिप्पणी उचित नहीं।

❧ ❊ ❧

इससे पहले ऐसा कभी नहीं हुआ था कि बड़ा भाई कुछ बोल रहा हो और छोटा भाई उस बात को काट रहा हो। ताऊजी और पिताजी के मामले में तो ऐसा मैंने कभी देखा ही नहीं था, पर उस दिन ऐसा ही हुआ।

घर में अजीब सा माहौल हो गया। अब किसी की समझ में नहीं आ रहा था कि क्या किया जाए। किसी तरह ताऊजी की बेटी की शादी निबटी।

हम लौट आए।

❧ ❊ ❧

मैंने पिताजी से कभी इस विषय में बात नहीं की।

पर मेरे मन में यह बात बैठ गई कि किसी समारोह, किसी घटना, किसी दुर्घटना में अगर आपका कोई अपना नहीं आता है तो आपको उसके विषय में सार्वजनिक रूप से कोई निष्कर्ष नहीं निकालना चाहिए। हमेशा उसकी परिस्थितियों में झाँकने की कोशिश करनी चाहिए। यह समझने की कोशिश करनी चाहिए कि वह कौन सी परिस्थिति रही होगी, जो आपका वह रिश्तेदार, परिचित या दोस्त उस मौके पर वहाँ नहीं पहुँच पाया।

सार्वजनिक रूप से एक बार कोई टिप्पणी कर बैठने के बाद रिश्तों में वापस लौटने की गुंजाइश खत्म हो जाती है।

ताऊजी के साथ भी यही हुआ।

उस रिश्तेदार को लोगों ने बाद में बता दिया कि उनके विषय में ऐसी बातें हुई थीं। जाहिर है, रिश्तों के तार वहीं टूट गए।

रिश्तों के तार बहुत कोमल उत्तकों से बने होते हैं। उम्मीद जितनी कम रखेंगे, रिश्तों के पौधे उतने अधिक फल देंगे।

कई बार हम रिश्तों से वह उम्मीद कर बैठते हैं, जितनी हम खुद से भी नहीं करते।

किसी के विषय में नकारात्मक सोच मन में लाने से पहले उसकी परिस्थितियों के जूते में अपना पाँव डालकर देखिए।

ऐसा करेंगे, तो अफसोस कम होगा।

⁂

जिस धागे की गाँठ खुल सकती है, उस पर कैंची नहीं चलानी चाहिए।

□

चार लोग

मेरी शादी बहुत सामान्य ढंग से मेरे ढेर सारे दोस्तों की मौजूदगी में दिल्ली के आर्य समाज मंदिर में हुई थी। शादी के बाद जब मैं अपनी पत्नी के पिता से मिलने उनके घर गया तो उन्होंने मुझे समझाया कि जो हुआ, सो हुआ। अब मुझे दुबारा धूमधाम से शादी करनी चाहिए। कुछ इस तरह शादी करनी चाहिए, जिसमें उनके और मेरे सभी रिश्तेदार मौजूद हों।

मैंने अपने ससुरजी से पूछा कि शादी सामान्य ढंग से हुई है तो इसमें बुराई क्या है? अब आप अपने सभी रिश्तेदारों को बता दीजिए कि आपकी बेटी की शादी हो गई है। मेरे ससुरजी थोड़ी देर खामोश रहे, फिर उन्होंने कहा कि अगर शादी के कार्ड नहीं छपे, लोगों को नहीं बुलाया, धूमधाम से सबकुछ नहीं किया, तो लोग क्या कहेंगे? मैं चार लोगों को क्या जवाब दूँगा?

सवाल बहुत बड़ा था।

मैं पहले भी कई बार आपको बता चुका हूँ कि जब मेरी शादी हुई थी, मेरी उम्र बहुत ज्यादा नहीं थी। कानून की भाषा में बालिग हो चुका था, पर बस बालिग ही हुआ था, लेकिन मुझे लग रहा था कि मैं उम्र से अधिक परिपक्व हो चुका था। मैंने बहुत संयत होकर अपने ससुरजी से कहा कि आप उन चार लोगों की चिंता बिल्कुल नहीं कीजिए कि वे पीठ पीछे आपकी हँसी उड़ाएँगे। दरअसल वे चार लोग कोई होते ही नहीं। आप बेवजह उन चार लोगों की चिंता करते हुए अपने पैसे बरबाद करेंगे। कानूनी तौर पर जो शादी हुई है, आप उसका सम्मान कीजिए और हमें आशीर्वाद दीजिए। रही बात लोगों की तो उन्हें मुझसे मिलाइए। आपका दामाद पढ़ा-लिखा है, हैंडसम है, अच्छी नौकरी करता है। ऐसे में आपको किसी के आगे नजरें झुकाने की जरूरत ही नहीं। आपकी बेटी ने जो किया है, सब आपकी मान-मर्यादा के तहत ही किया है।

मेरे ससुरजी थोड़ी उलझन में रहे, फिर वे मेरी बात मान गए।

उन्होंने अपने रिश्तेदारों को विवाह की जानकारी दी और मेरा यकीन कीजिए, उनके किसी रिश्तेदार ने उनकी हँसी नहीं उड़ाई।

⁂

जिन दिनों हमारी शादी हुई थी, मेरे पूरे खानदान में, हमारी सात पीढ़ियों में किसी ने प्रेम विवाह और अंतरजातीय विवाह के विषय में सोचा तक नहीं था। न मेरे परिवार में, न मेरी पत्नी के परिवार में। बड़ी अजीब सी बात थी कि हम दोनों विवाह की कुरीतियों से खुद को आजाद करना चाहते थे। हम दोनों अलग-अलग परिवार में पलते हुए एक सोच रख रहे थे और ईश्वर ने हमें एक साथ लाकर मिला दिया था— दिल्ली की इंडियन एक्सप्रेस बिल्डिंग में।

मेरी सोच तो शुरू से साफ थी कि मुझे अपनी शादी में कोई दिखावा नहीं करना, दहेज नहीं लेना, पर ऐसी ही कोई लड़की मिल जाए, यह बड़ी बात थी। मैंने पहले भी लिखा है कि अपनी बहनों और अपने परिवार की ढेरों शादियों में मैंने दहेज, लड़का ढूँढने की मुश्किलों को बहुत करीब से महसूस किया था। ऐसे में मैं मन-ही-मन बहुत पहले तय कर चुका था कि चाहे दुनिया जितना मरजी हँसे, पर मैं शादी में बैंड-बाजा, बारात नहीं लेकर जाऊँगा। मैं रात में शादी नहीं करूँगा। मैं लड़की वालों से कुछ नहीं लूँगा और मैं अपने से किए हर कमिटमेंट पर पूरी तरह अडिग था। मैंने वही किया।

⁂

जब अपनी शादी के विषय में मैंने अपने पिता को बताया था कि मैं फलाँ लड़की से फलाँ दिन इस तरह विवाह करना चाहता हूँ, तो उन्होंने मुझसे एक बार जरूर कहा था कि लोगों को कैसे बताया जाएगा। मैंने कहा था कि जो आपसे मिलें, आप उन्हें पहले ही बता दीजिए। दूसरी बात यह कि मैं खुद भी तमाम रिश्तेदारों को पत्र लिखकर यह बता देता हूँ कि मैं विवाह करने जा रहा हूँ, पर मैं किसी को निमंत्रित नहीं कर रहा हूँ। इससे उन्हें पता भी चल जाएगा और उन्हें बुरा भी नहीं लगेगा। मेरे पिता के लिए मेरे ये विचार ज़रा क्रांतिकारी थे, पर वे मुझे जानते थे, इसलिए उन्होंने हामी भर दी थी।

मैंने सबकुछ ठीक वैसे ही किया, जैसा मैं चाहता था।

⁂

मेरा यकीन कीजिए, जिन चार लोगों की मेरे पिता को चिंता थी, वे चार लोग कहीं थे ही नहीं। वे चारों लोग मेरे पिता के मन का डर थे, बस।

मेरा यकीन कीजिए, जिन चार लोगों की मेरे ससुर को चिंता थी, वे चार लोग कहीं थे ही नहीं। वे चार लोग भी मेरे ससुर के मन का डर भर थे।

हम दोनों की शादी हो गई और हम शादी के फौरन बाद अपने सभी रिश्तेदारों से मिले। सबने हमें खूब प्यार दिया। सबने हमारी सोच को बहुत सराहा। मेरे घर में लोग मेरी पत्नी के मुरीद हो गए, तो अपनी ससुराल में मैं बेस्ट दामाद बन गया। इस तरह हमने साबित किया कि दरअसल जिन चार लोगों के कुछ कहने की चिंता में हम घुलते रहते हैं, वे चार लोग कहीं होते ही नहीं।

❧ ✻ ☙

मैं आज किसी घटना विशेष की चर्चा नहीं कर रहा हूँ, पर आपको सिर्फ अपनी कहानी से यह समझाने की कोशिश कर रहा हूँ कि सचमुच वे चार लोग कहीं नहीं होते, जिनकी चिंता में हम घुलते रहते हैं।

आज मैं आपको यह बताना चाहता हूँ कि ज़िंदगी रूई के फाहे के समान होती है, जिसे आप लोगों की चिंता में डुबोकर अपने आँसुओं से भारी कर लेते हैं। अगर रूई के उसी फाहे को आप अपनी खुशियों और मन के संतोष की हवा में उड़ने देंगे तो आपको सबकुछ अच्छा लगेगा।

अच्छाई और बुराई दोनों सापेक्ष हैं। आप जो देखना चाहेंगे, वह दिखेगा। आप जो पाना चाहेंगे, वह मिलेगा।

आप वही कीजिए, जो आपको अच्छा लगता है। ऐसा करेंगे, तो ज़िंदगी हसीन हो जाएगी।

उन चार लोगों को छोड़िए, जो न आपके थे, न आपके होंगे।

□

तुम छोड़ दो

कुछ दिन पहले मैं अपने एक मित्र के घर गया था। मैं मित्र के घर बहुत दिनों के बाद गया था और इस उम्मीद से गया था कि मेरा मित्र मुझसे मिलकर बहुत खुश होगा।

मैं मित्र के घर पहुँचा, वहाँ मेरी खूब आव-भगत हुई, लेकिन मैंने ऐसा महसूस किया कि पति-पत्नी के बीच रिश्तों के तार उस तरह नहीं जुड़े हैं, जैसे होने चाहिए थे। एक अजीब सा तनाव दोनों ओर से दिख रहा था।

मैं चुपचाप डाइनिंग टेबल पर खाना खा रहा था। मन-ही-मन सोच रहा था कि बेकार ही यहाँ चला आया, पर यह सोचकर हैरान भी था कि आखिर इन दोनों ने कभी प्रेम विवाह किया था, दोनों को तो ज़िंदगी भरपूर खुशी से जीनी चाहिए थी, फिर आँखों में ये उदासी कैसी? मैं बहुत देर तक सोचता रहा। मैं इस सच से वाकिफ था कि पति-पत्नी के रिश्तों में बेवजह पड़ना नहीं चाहिए,
पर दोनों मेरे दोस्त थे। बहुत देर की खामोशी मुझसे सहन नहीं हो रही थी। मैं पूछ ही बैठा कि आखिर बात क्या है?

*

पत्नी ने बहुत मायूस निगाहों से पति की ओर देखा। पति ने भी बुझी नजरों से पत्नी की ओर देखा। मुझे लगा कि अब उदासी की बर्फ पिघलेगी।

पर ऐसा हुआ नहीं। दोनों ने बस एक-दूसरे की ओर बहुत कातर निगाहों से देखा और खामोश रह गए।

*

अब मैं ज्यादा देर चुप नहीं रह सकता था। खाना खाते हुए मैंने उन दोनों से कहा कि

मैं तुम्हें अपनी माँ की सुनाई एक कहानी सुनाता हूँ।

दोनों मेरी ओर देखने लगे। ये संजय सिन्हा को अचानक कहानी सुनाने की क्या आ पड़ी?

पर दोनों ने कहा, ''सुनाओ।''

✻

''एक बार एक साधु अपने कुछ शिष्यों के साथ एक गाँव से दूसरे गाँव जा रहे थे। रास्ते में नदी के किनारे साधु को एक महिला मिली। वह चुपचाप नदी के किनारे बैठी थी। साधु ने महिला से पूछा कि तुम अकेली यहाँ क्यों बैठी हो?

महिला ने कहा कि उसे नदी पार करनी है, पर वह तैरना नहीं जानती।

साधु ने कहा, ''कोई बात नहीं। मैं तुम्हें नदी पार करा दूँगा।''

उस महिला को अपने साथ तैरते हुए उन्होंने नदी के उस पार पहुँचा दिया।

साधु के शिष्यों ने देखा कि सारा दिन ब्रह्मचर्य की बात करनेवाले ये साधु महाराज उस महिला को नदी पार करा रहे हैं। साधु महिला को नदी के उस पार छोड़कर वापस लौट आए और अपने शिष्यों के साथ आगे की यात्रा पर निकल पड़े।

रात हो गई तो साधु ने रास्ते में अपना डेरा जमा लिया। सारे शिष्यों ने वहीं भोजन का इंतजाम किया और भोजन करने लगे।

साधु ने देखा कि एक शिष्य कुछ बोल नहीं रहा। उसकी आँखों में नाराजगी सी थी। आखिर साधु ने उससे पूछा कि तुम इतने खामोश क्यों हो, कोई बात हुई क्या? शिष्य तो मानो भरा बैठा था। उसने साधु से कहा, ''महाराज आप हमें दिन भर ब्रह्मचर्य का ज्ञान देते हैं और आप खुद उस महिला को पीठ पर लादे हुए नदी के उस पार ले गए, ये क्या था?''

साधु मुस्कुराए, फिर उन्होंने धीरे से कहा कि मैं तो उस महिला को उस पार छोड़ आया।

तुम अब तक उसे ढो रहे हो। तुम अब तक उसे मन की पीठ पर सवार किए बैठे हो, इसीलिए दुःखी हो। मुझे देखो, मैंने उसे वहीं छोड़ दिया, इसलिए मुझे उसकी याद भी नहीं, क्योंकि मैं उसे अपनी पीठ से उतार आया हूँ, इसलिए मेरे मन पर कोई बोझ नहीं।

"तुम भी खुश रह सकते हो, अगर मन की पीठ पर कोई बोझ लाद कर न चलो तो।"

शिष्य सच समझ गया। वह उठा और गुरु के चरणों में बैठ गया, "मैं गलत समझ रहा था गुरुदेव!"

कई बार हम अपनी समझ और शंका के बोझ तले खुद को इस कदर दबा लेते हैं कि हम सामनेवाले के भाव को समझ ही नहीं पाते। जब हम सामनेवाले को समझ नहीं पाते, तो हम उसके विषय में गलत अनुमान लगा लेते हैं। यही दु:ख की वजह होती है।"

❧ ❊ ❧

मेरा मित्र कुर्सी से उठा और उसने अपनी पत्नी को गले से लगा लिया। मैं हतप्रभ बैठा देख रहा था। यह क्या हुआ?

कुछ देर बाद मेरे मित्र ने मुझसे शुक्रिया कहा और मैंने देखा कि दोनों की आँखें नम थीं। दोनों चुप थे, पर आँखों से उदासी की बर्फ पिघल चुकी थी।

❧ ❊ ❧

अगली सुबह मेरे मित्र ने बताया कि उसकी पत्नी का कोई पुराना परिचित दो दिन पहले घर आया था। पत्नी ने उसकी बहुत आवभगत की, पर मेरे मित्र को उसका ऐसा करना पता नहीं क्यों खटक गया। वह मन में कई कहानियाँ गुन बैठा। पत्नी तो दूसरे दिन परिचित को स्टेशन तक छोड़ आई थी, पर मेरा मित्र उसे पकड़े रहा।

दोनों में इस बात पर काफी कहासुनी हुई।

अजीब विडंबना थी! एक ने छोड़ दिया था, दूसरे ने पकड़ लिया था।

रिश्ते ऐसे नहीं चलते। रिश्ते तभी चलते हैं, जब दोनों छोड़ना जानते हों। रिश्ता चाहे दोस्ती का हो, पति-पत्नी का हो या फिर साधु-चेले का।

□

अविश्वास का रिश्ता

माँ की सुनाई कहानियों में सिंहासन बत्तीसी की पुतलियों की कहानियों की मेरे मन पर अमिट छाप है।

विक्रम और बेताल की कहानियाँ तो न जाने कितनी बार आज भी मेरे सपनों में आया करती हैं। मुझे यकीन है कि आपने भी विक्रम और उसके बेताल की सारी कहानियाँ जरूर सुनी होंगी। आपने जरूर सुना होगा कि कैसे विक्रमादित्य को एक साधु ने एक फल दिया था और कहा था कि जो भी महिला इसे खाएगी, उसे यशस्वी पुत्र की प्राप्ति होगी।

विक्रमादित्य फल हाथ में लिये लौट ही रहे थे कि उन्हें आत्महत्या करती हुई एक महिला नजर आई। पूछने पर उसने बताया कि उसे हर बार पुत्री ही पैदा होती है, इसलिए उसका पति उसे मारता-पीटता है और वह अब जीना नहीं चाहती। विक्रमादित्य ने उसे साधु के हाथों मिला फल पकड़ा दिया।

महिला फल लेकर चली गई, पर कुछ दिनों बाद एक ब्राह्मण वही फल लिये हुए राजा विक्रमादित्य के पास आया। फल देखकर राजा विक्रमादित्य के विश्वास को चोट पहुँची।

कहानी लंबी है, विक्रमादित्य ने फिर वही फल अपनी पत्नी को दिया। पत्नी ने भी उस फल को नगर के कोतवाल को दे दिया। नगर कोतवाल ने उस फल को नगर की एक वेश्या को दे दिया। वेश्या को लगा कि उसे यशस्वी पुत्र हो भी जाए तो क्या फायदा और उसने उस फल को राजा विक्रमादित्य के पास भिजवा दिया। राजा के विश्वास को एक बार फिर चोट पहुँची।

इसके बाद वे राजपाट छोड़कर तपस्या करने निकल गए। वहीं उन्हें एक और साधु मिला, उसने अपनी चाल चलते हुए राजा से पेड़ पर लटके हुए बेताल को पकड़कर

लाने की गुजारिश की। राजा ने पच्चीस बार बेताल को पकड़ने की कोशिश की। बेताल हर बार राजा को कहानी सुनाता और अजीब से सवालों में उलझा देता और फिर उड़कर पेड़ पर जा पहुँचता।

बाद की कहानी और दिलचस्प है। बेताल ही आखिर में राजा विक्रमादित्य की जान बचाता है। बाद में बेताल ही विक्रमादित्य का सेवक बनकर सेवा भी करता है।

पर बेताल हर बार राजा को कहानी सुनाता, सवाल पूछता और फिर उड़ जाता। तो मेरे प्यारे परिजनों, कल मुझे इनबॉक्स में मेरे एक परिजन ने अपनी कहानी सुनाई, मुझसे सवाल पूछा। शर्त ये रखी कि मैं उनके नाम का जिक्र न करूँ।

आज मैं उनकी सुनाई कहानी जस-की-तस आपके सामने रख रहा हूँ।

❧ ❋ ❧

''मेरे एक परिचित की शादी हुई, तब मैं कॉलेज में पढ़ता था। पति-पत्नी शादी के बाद जहाँ रहते थे, वह जगह मेरे कॉलेज के रास्ते में थी। एक दिन मैं उनके घर चला गया। मेरे साथ मेरा एक दोस्त भी था, जो उन्हें जानता था। जिस दिन मैं कॉलेज जाते हुए उनके घर गया, उस दिन भैया वहाँ नहीं थे। हम दोनों दोस्त भाभी से मिले। भाभी ने खूब आवभगत की। अच्छा खाना खिलाया। थोड़ी देर बाद भाभी ने कहा, ''अब आप लोग चले जाइए। आपके भैया आनेवाले हैं। मैं उनसे आपके आने के विषय में बताऊँगी और देखूँगी उनकी प्रतिक्रिया क्या रहती है। आप लोग कल फिर आइएगा।''

अगले दिन हम फिर गए। अगले दिन भाभी ने हमें बताया कि भैया को आप लोगों का आना अच्छा नहीं लगा। मैंने भाभी से कहा कि आप आज भी भैया को बता दीजिएगा कि हम फिर आपसे मिलने आए थे। हम कल फिर आएँगे और भैया के सामने आएँगे। उनसे पूछेंगे कि आपको हमारा आना क्यों बुरा लगा।

अगले दिन हम भैया की मौजूदगी में उनके घर गए। भैया ने स्पष्ट बता दिया कि उन्हें उनकी गैर-मौजूदगी में किसी का घर आना पसंद नहीं।

भैया ने यहाँ तक कहा कि उन्हें तो यह बात ही पसंद नहीं कि कोई उनकी पत्नी से उनकी मौजूदगी में भी मिले और बातें करे।

फिर मेरा उनके घर जाना बंद हो गया। मुझे बहुत दिनों तक लगता रहा कि यह बात उन्होंने मजाक में कही होगी, पर वह बात उन्होंने बहुत गंभीरता से कही थी।

हालाँकि विवाह से पहले भैया से मेरे बहुत घनिष्ठ संबंध थे, एकदम सगे छोटे भाई जैसे।

पर पता नहीं क्यों शादी के बाद भैया एकदम बदल गए। उनके इस व्यवहार से भाई जैसे दोस्त से मेरा संबंध एकदम टूट गया।

उन्हें न अपनी पत्नी पर भरोसा था, न अपने भाई समान दोस्त पर।
कई साल बीत गए। मुझे भैया को खोने का अफसोस नहीं, पर अच्छी भली भाभी और उनके हाथों के स्वादिष्ट खाने के छूट जाने का अफसोस आज भी होता है। भाभी को बहुत उम्मीद थी कि भैया उदार दिल दिखाएँगे, पर वे उनकी सोच नहीं बदल पाईं।

करीब तीस साल पुरानी इस घटना के बाद मैं कभी उनसे नहीं मिल पाया, न उनके बारे में कभी जानने की इच्छा ही हुई। तुम्हारी कहानियाँ पढ़-पढ़कर पता नहीं क्यों आज मैं यह जानना चाहता हूँ कि आखिर भैया-भाभी के बीच का रिश्ता किस तरह निभ पाया? भाभी मस्त और मिलनसार थीं, भैया दकियानूस।
अब तुम बताओ संजय कि ऐसे पति-पत्नी के रिश्तों का क्या हश्र होना चाहिए, जहाँ आपसी विश्वास ही न हो?''

❧ ❊ ❧

मैं कोई विक्रमादित्य थोड़े ही न हूँ! मेरे तो विक्रमादित्य आप सभी परिजन हैं। आप ही बताइए, ऐसे रिश्तों का क्या होता है, जहाँ बुनियादी विश्वास न हो?

□

रेत पर नाम

कल रात मुझे एक शादी में शामिल होना पड़ा। आमतौर पर मैं शादी के समारोह में कम ही जा पाता हूँ, पर कई जगह जाना ही पड़ता है।

यकीनन आप भी इस तरह के समारोह में जाते होंगे। आपने देखा होगा कि ऐसे मौकों पर लोग मिलते-जुलते तो सबसे हैं, पर धीरे-धीरे सबके सब अलग-अलग सीमित घेरों में सिमट जाते हैं। मसलन, चार आदमी एक टेबल पर एक साथ बैठ जाएँगे, फिर दूसरा घेरा अलग बैठकर खाना-पीना करता है, गप्प लड़ाता है। ऐसे आपसी नजदीकियों के हिसाब से लोग एक-दूसरे के साथ हो लेते हैं।
ज्यादातर समारोहों में मैंने ऐसा ही देखा है।

कल मैं भी कुछ लोगों के साथ एक टेबल पर बैठा था। खाने-पीने का दौर चल रहा था, तभी मेरे कानों में किसी की आवाज पड़ी, "अरे फलाँ तो ऐसा निकला।"

दूसरे ने गिलास मुँह से लगाते हुए कहा, "मुझे तो पहले से पता था। वह था ही ऐसा।"

वर-वधू मंच पर लोगों के साथ तस्वीर खिंचवा रहे थे। इधर 'मनतंत्र' की कहानियाँ चल रही थीं। यह तो मैं जिस टेबल पर था, वहाँ की कहानी है। मुझे लगता है कि दिल्ली की हल्की सर्दी में हर टेबल पर 'मनतंत्र' की कहानियाँ आकार ले रही होंगी। कहानियाँ भी कैसी ? जो जिस टेबल पर नहीं है, उसकी कहानियाँ।

मैंने मिस्टर शर्मा को उस मिस्टर वर्मा के बारे में बोलते हुए सुना, जिनके बारे में मुझे पता था कि पिछले हफ्ते तक वे उनके गले में हाथ डाले घूमते थे और आज यहाँ कह रहे थे, "अरे वे तो ऐसे निकले।"

मैं चुपचाप सुनता रहा, फिर मन में सोचने लगा कि सचमुच यह संसार अजीब ही है।

शर्माजी ने मुझे टोका, ''अरे संजयजी! आप कहाँ खोए हैं?''

कोई हँसा और कहने लगा, ''ये तो अपनी कहानियों में खोए होंगे। मन-ही-मन सोच रहे होंगे कि कल कौन सी कहानी लिखेंगे। है न संजय भाई!''

''आप सब एक-दूसरे के विषय में इतनी कहानियाँ सुना रहे हैं, इसी में से कोई लिख दूँगा।''

''अरे नहीं। ये क्या कह रहे हैं? ये तो ऐसे ही बातें चल रही हैं।''

❁

''संजय भाई, छोड़िए इन बातों को। आप रोज़ अपने फेसबुक परिजनों को एक कहानी सुनाते हैं। टी.वी. पर भी कहानियाँ सुनाते हैं। एक कहानी आप हमें भी सुनाएँ।''

❁

''दो दोस्त कहीं नदी के किनारे में घूम रहे थे। अचानक किसी बात पर दोनों के बीच विवाद हो गया। जो दोस्त कुछ देर पहले गलबहियाँ किए टहल रहे थे, वे एक-दूसरे के दुश्मन हो गए। बात बढ़ने लगी। अचानक एक दोस्त ने दूसरे दोस्त के गाल पर एक थप्पड़ रसीद कर दिया।

बड़ा अजीब सा दृश्य हो गया। दूसरे दोस्त ने अपने दोस्त का थप्पड़ तो खा लिया, पर उसने कहा कुछ नहीं। हाँ, उसने नदी के किनारे पड़ी रेत पर उँगलियों से लिख दिया, ''आज मेरे सबसे अच्छे दोस्त ने थप्पड़ मारा।''

उसका दोस्त उसका ऐसा करना देखता रहा। दोनों आपस में उलझते हुए आगे बढ़ते रहे।

अचानक नदी के किनारे उसका वही दोस्त एक दलदल में फँस गया। जिस दोस्त ने अभी कुछ देर पहले उसे थप्पड़ मारा था, उसी ने उसके हाथ को थाम लिया और उसे बचा लिया।

अपने दोस्त के ऐसा करने पर उसने वहीं पास पड़े एक पत्थर पर खुरचकर लिखा, ''आज मेरे सबसे अच्छे दोस्त ने मेरी जान बचाई।''

उसका दोस्त बहुत हैरान होकर सब देख रहा था।

उसने अपने दोस्त से पूछा, ''यार, मैंने तुम्हें गुस्से में थप्पड़ मारा तो तुमने वहीं रेत पर लिख दिया कि मेरे दोस्त ने थप्पड़ मारा और अब यहाँ पत्थर पर लिख दिया कि मैंने तुम्हारी जान बचाई। ऐसा क्यों? वहाँ रेत पर क्यों लिखा, यहाँ पत्थर पर क्यों लिखा?''

उसके दोस्त ने कहा, ''जब कोई हमें दुःख दे, तो हमें अपने उस दुःख को मन के उसी कोने पर लिखकर छोड़ देना चाहिए, जहाँ हवा का एक झोंका आए और उसे मिटाकर चला जाए। रेत पर लिखा मेरा दुःख हवा के हल्के से झोंके से मिट जाएगा, पर जब कोई हमें खुशी दे, हमारा भला करे तो उसे मन के पत्थर पर लिख देना चाहिए, ताकि वह सदा याद रहे। हवा का झोंका उसे मिटा न सके। तुमने मुझे थप्पड़ मारा, मैंने रेत पर लिख दिया, जो मिट गया। तुमने मेरी जान बचाई। मैंने उसे पत्थर पर लिख दिया, ताकि वह कभी न मिटे।''

❦ ✻ ❦

आप क्या करते हैं?

अपने दोस्तों, अपने परिजनों की खुशियों की कहानी कहीं रेत पर और उनके दुःखों की कहानी पत्थर पर तो नहीं उकेरते? ऐसा मत कीजिएगा।

दुःखों की कहानी रेत पर और खुशियों की कहानी पत्थर पर लिखिएगा। सार्वजनिक स्थलों पर हम कई बार अपने दोस्तों और परिजनों की वे कहानियाँ सुना बैठते हैं, जिन्हें हमें लगता है कि रेत पर लिखकर चले आए हैं, पर ज़रा गौर से देखिएगा, सोचिएगा, कहीं वह पत्थर पर तो दर्ज नहीं हो रहीं। अगर ऐसा हो रहा है, तो आप अपने सबसे अच्छे दोस्तों को धीरे-धीरे खोने लगेंगे।

□

उम्मीद का पत्थर

ऐसा बहुत बार होता है, जब हम और आप ट्रैफिक जाम में फँस जाते हैं, तब हम पूरी व्यवस्था को बहुत कोसते हैं। कल मेरे साथ भी ऐसा ही हुआ। दिल्ली से चंडीगढ़ की यात्रा में दिल्ली की सीमा पर मैं जाम में फँस गया। गाड़ियाँ धीरे-धीरे रेंगती हुई चली जा रही थीं। हर आदमी हताश, निराश चला जा रहा था। मेरी समझ में नहीं आ रहा था कि आखिर मामला क्या है।

क्या आगे कहीं दुर्घटना हो गई है ? क्या आगे रास्ता बंद हो गया है ? आखिर इतना जाम क्यों ?

जो सवाल मेरे मन में था, वही सवाल सबके मन में रहा होगा। पाँच मिनट की दूरी हमने रेंगते हुए घंटे भर में पूरी की। सब मन-ही-मन सिस्टम को गाली दे रहे होंगे, मैं भी खूब कोस रहा था।

पर जब मेरी गाड़ी उस स्थान पर पहुँची, जिसकी वजह से ये जाम लगा था, तो मैं हैरान रह गया। बीच सड़क पर एक गाड़ी खराब हो गई थी। उस अति व्यस्त रास्ते से गुज़रने वाला हर आदमी दाएँ-बाएँ से तो निकल रहा था, लेकिन किसी ने उस गाड़ी को धक्का देकर किनारे करने की जहमत नहीं उठाई। गाड़ी का ड्राइवर अकेले कुछ कर नहीं सकता था। जाहिर है, उसने मैकेनिक बुलाने के लिए फोन किया होगा, लेकिन चार-पाँच लोग मिलकर अगर उस गाड़ी को धक्का लगाते हुए सड़क के किनारे खड़ी कर देते, तो जाम दूर हो जाता, लेकिन नहीं, किसी को इस बात की चिंता नहीं थी कि पीछे जिस जाम से जूझता हुआ वह आ रहा है, उस मुश्किल से बाकी लोगों को बचाया जा सकता है, अपनी गाड़ी से उतरकर इस गाड़ीवाले की ज़रा सी मदद करके।

जैसे ही वहाँ गाड़ियाँ पहुँचतीं, उस खराब गाड़ी वाले की तरफ हिकारत भरी निगाहों

से लोग देखते और किनारे से आगे बढ़ लेते। इसी वजह से ट्रैफिक जाम बढ़ रहा था।

आगे रास्ता साफ था। जैसे ही हम जाम के दुःख से निकले, गाड़ी ने रफ्तार पकड़ी, हम तुरंत इस बात को भूल गए कि अभी-अभी हम भयंकर मुश्किल से निकलकर आगे बढ़े हैं। हमारे मन से यह बात भी निकल गई कि मेरे पीछे सैकड़ों गाड़ियाँ फँसी होंगी। जो लोग पीछे हैं, वे तो कुछ कर ही नहीं सकते। हम जो आगे जामवाली जगह तक पहुँच चुके थे, हम कुछ कर सकते थे, पर हम क्यों करते? हम तो उस मुश्किल से निकल ही गए थे। हमें अपने पीछेवाले की चिंता क्यों करनी?

ऐसा ही होता है। हम गंदगी, प्रदूषण, बेईमानी जैसी चीजों की परवाह इसलिए नहीं करते, क्योंकि हम अपने पीछेवालों के विषय में नहीं सोचते। हमें लगता है कि हम तो जी लिये, हमारा काम तो निकल गया। अब हमारे पीछेवाले की किस्मत में जो होगा, वह झेलेगा। हम दूसरों को कोसते रहते हैं, लेकिन हम कभी ये नहीं सोचते कि हमारी जिम्मेदारी भी कुछ है।

❧ ✻ ❧

एक बार एक राजा ने नगर के बीचोबीच मार्ग पर एक बड़ा सा पत्थर रखवा दिया और खुद पेड़ के पीछे छिपकर देखने लगा कि नगरवासी क्या करते हैं।
लोग मार्ग से गुजर रहे थे। बीच सड़क पर पत्थर को देखते और राजा को कोसते। बुद्बुदाते कि अँधेर नगरी है। राजा कुछ करता ही नहीं। उसे अपनी प्रजा का ध्यान नहीं। इतना बड़ा पत्थर बीच मार्ग पर पड़ा है, उसे इस बात की परवाह ही नहीं। कई लोग आते रहे, परेशान होते रहे, गालियाँ देते रहे, पर किसी ने पत्थर को हटाने की जहमत नहीं उठाई।

आखिर में एक किसान उधर से गुजरा। उसकी पीठ पर अनाज का बोरा लदा था। जैसे ही वह उस पत्थर के पास आया, वह रुका। उसने अपनी पीठ से अनाज का बोरा उतारा और वह अकेला पत्थर को हटाने लगा। काफी मशक्कत के बाद पत्थर को मार्ग के बीच से किनारे करने में वह कामयाब रहा। पत्थर हटा तो नीचे से उसे एक लिफाफा मिला। उसमें ढेर सारी स्वर्ण मुद्राएँ पड़ी थीं और राजा की ओर से लिखा एक पत्र भी था कि यह तुम्हारे लिए इनाम है।

❧ ✻ ❧

मेरी गाड़ी आगे निकल गई थी। मैं कुछ ही आगे बढ़ा होऊँगा कि मैंने अपनी गाड़ी

किनारे करके रुकवाई। मैंने ड्राइवर से कहा कि पहले उस खराब गाड़ीवाले की हम मदद करते हैं। हम पीछे लौटकर आए और हमने उस गाड़ी के ड्राइवर से कहा कि हम इसे धक्का लगाकर किनारे कर देते हैं। उसने हमारी तरफ बहुत कृतज्ञ भाव से देखा। हमें धक्का लगाते देख एक-दो लोग और भी अपनी गाड़ी से उतर आए और उन लोगों ने भी उस गाड़ी को हटाने में मदद की।
गाड़ी किनारे होते ही ट्रैफिक एकदम खुल गया। वहीं किनारे खड़े होकर अपनी थकावट मिटाते हुए मैं उससे बातें करने लगा।

मैकेनिक के आने में पता नहीं कितनी देर थी। बातचीत में मुझे लगा कि वह बेचारा अकेला यहाँ फँस गया है। मैंने अपने ड्राइवर से बात की और उसकी गाड़ी को अपनी गाड़ी के पीछे बाँधकर मैकेनिक की दुकान तक पहुँचाने की जुगत लगाने को कहा। ड्राइवर ने किसी तरह जुगाड़ कर लिया और हम उसकी गाड़ी को खींचते हुए मैकेनिक की दुकान तक पहुँचा पाने में कामयाब रहे।

रास्ते में उसने बताया कि वह चंडीगढ़ में रहता है और शिमला में उसके होटल हैं। उसने अपना कार्ड दिया और शिमला आने का न्योता भी।

❧ ✻ ❧

हर बाधा के लिए व्यवस्था ही दोषी नहीं होती। हर मुश्किल के लिए किसी और को दोष देने से पहले एक बार अपने मन में झाँकिएगा जरूर कि कहीं कुछ दोष आपका भी तो नहीं। गाड़ी तो किसी की भी, कहीं भी खराब हो सकती है। आप उसकी मदद नहीं करेंगे, कोई आपकी मदद नहीं करेगा।
याद रखिए, राह में बाधा आ जाए और आप कोसने की जगह उसे दूर करने की कोशिश करेंगे, तो इनाम के हकदार भी आप ही होंगे।

❧ ✻ ❧

किसान को पत्थर के नीचे से स्वर्ण मुद्राएँ मिली थीं। मुझे बीच सड़क पर एक दोस्त मिल गया।

□

समझदारी का टच

मेरे एक मित्र ने मुझसे शिकायत की कि उनकी पत्नी से उनकी नहीं बन रही, वह क्या करें?

किसी भी रिश्ते में नहीं बनने के कई अर्थ हो सकते हैं। माँ-बेटे में नहीं बनना, बाप-बेटे में नहीं बनना, भाई-बहन में नहीं बनना, भाई-भाई में नहीं बनना, ऐसे तमाम रिश्ते होते हैं, जिनमें शिकायत आती रहती है कि उनके बीच नहीं बन रही।

पर पति-पत्नी के बीच नहीं बनने की कहानी कुछ अलग होती है। बाकी सभी रिश्ते कहीं-न-कहीं रक्त से जुड़े रिश्ते होते हैं, लेकिन पति-पत्नी के बीच क्योंकि रिश्तों को बाँधनेवाली कोई दूसरी डोर नहीं होती, इसलिए यह 'उम्मीद' का रिश्ता होता है।

कल रात मैं अपने मित्र के घर गया। उन्होंने मुझे बुलाया था कि कहीं बाहर डिनर पर चलते हैं।

मैं अपनी पत्नी के साथ उनके घर चला गया। अजीब स्थिति हो गई। मेरे मित्र ने मुझे बुलाया था, मैंने निमंत्रण को सपरिवार समझ लिया।

अब क्योंकि मेरी पत्नी साथ चली गई थीं, तो उनकी पत्नी को भी हमसे मिलने आना पड़ा। चाय पीते हुए मैंने उनसे डिनर पर चलने को कहा।

उनकी पत्नी ने तो बहुत बेरूखी से मुझे मना कर दिया कि वे नहीं चल सकतीं, क्योंकि उनकी तबीयत ठीक नहीं।

पर संजय सिन्हा कहाँ माननेवाले थे।

मेरे पास तो शिकायत पहले ही आ चुकी थी कि पति-पत्नी में नहीं बन रही। जाहिर है, आपस में कुछ मन-मुटाव हुआ होगा, तभी पति ने बाहर खाने पर चलने की बात

कही और पत्नी कह रही थी कि तबीयत ठीक नहीं। मैंने काफी जिद की, तो उनकी पत्नी मान गईं। इस शर्त पर कि वे खाना नहीं खाएँगी।

''कोई बात नहीं। आप नीबू पानी पी लीजिएगा।''

❧ ✻ ❧

मेरी कार कनॉट प्लेस के एक रेस्तराँ के बाहर रुकी। हम चारों रेस्तराँ में पहुँचे। हम तीनों ने ऑर्डर दिया। मेरे मित्र की पत्नी खामोश रहीं। फिर मैंने थोड़ा अनुरोध किया कि यहाँ दाल तड़का चखकर तो देखिए, बहुत स्वादिष्ट होती है। चलिए, एक दाल आ गई। अब कोई केवल दाल तो नहीं खा सकता। तो रोटी भी आ गई। धीरे-धीरे वे खाना खाने लगीं। मुझे लग गया था कि उन्हें भूख है, पर वे पति से नाराजगी में खाना नहीं खा रही थीं। मैंने पूछा नहीं, पर ऐसा लगा कि रविवार को सुबह ही अगर पति-पत्नी के बीच किसी बात पर झगड़ा हो जाए, तो दिन खराब बीतता है। मतलब, दिन में भी खाना नहीं बना होगा।

हम धीरे-धीरे खाते रहे। बातें करते रहे।

मेरे मित्र ने दफ्तर की बातें शुरू कर दीं कि आजकल काम काफी बढ़ गया है। रात में घर आने में देर हो जाती है।

मैं चुपचाप उनकी बातें सुन रहा था।

वे कह रहे थे कि उनकी पत्नी इसी बात से नाराज रहती हैं कि वे घर पर समय नहीं देते।

अब उनकी पत्नी ने उनकी ओर देखा। उन्होंने अचानक लेकिन धीरे से बोला कि आप तो सारा दिन दफ्तर के काम में व्यस्त रहते हैं। मैं क्या करूँ?

बर्फ पिघल रही थी।

महिलाएँ ऐसी ही होती हैं। सारे दिन का गुस्सा अपने आँसुओं में बहा देती हैं, कहीं भी, कभी भी। उन्हें ईश्वर ने ही ऐसा बनाया है।

पत्नी को शिकायत थी कि उनका पति उन्हें समय नहीं देता।
पति की शिकायत थी कि उनकी पत्नी उन्हें समझती ही नहीं।

❧ ✻ ❧

एक बार एक स्कूल में एक बच्चा चोरी करता हुआ पकड़ा गया।

क्लास के बच्चों ने टीचर से शिकायत की कि उसके खिलाफ सख्त काररवाई की जाए। टीचर ने कुछ नहीं कहा, बात आई–गई हो गई।

वही बच्चा दुबारा फिर क्लास में कुछ चुराता हुआ पकड़ा गया। बच्चों ने फिर शिकायत की। टीचर ने कहा कि देखेंगे, पर उन्होंने किया कुछ नहीं।

जब तीसरी बार उस बच्चे के खिलाफ वही शिकायत आई और टीचर ने कुछ नहीं किया, तो सारे बच्चे इकट्ठे हो गए और उन्होंने टीचर से कहा कि आप इस बच्चे के खिलाफ अगर कार्रवाई नहीं करेंगे, तो हम ये स्कूल छोड़ देंगे।

टीचर ने कहा कि तुम लोग समझदार हो। तुम्हें ये पता है कि चोरी करना बुरी बात है। तुम इतने समझदार हो कि तुम ये भी जानते हो कि इस स्कूल को छोड़कर तुम्हें कहाँ जाना है। पर ये बेचारा, जो तुम लोगों के बस्तों से सामान चुराता है, इसे यह नहीं पता कि चोरी करना बुरी बात है। जिसे यह नहीं पता, उसे यह भी नहीं पता होगा कि इस स्कूल को छोड़कर वह कहाँ जाएगा। इस बच्चे को शिक्षा की ज्यादा जरूरत है, मैं इस बच्चे को शिक्षा दूँगा, तुम लोग चाहो तो स्कूल बदल लो।

चोरी करनेवाले बच्चे ने जैसे ही टीचर के मुँह से ये सुना, वह बिलख पड़ा। टीचर के पाँव पर गिर पड़ा और उसने कसम खाई कि वह दुबारा अब ऐसी गलती नहीं करेगा।

❧ ❊ ❧

टीचर ने बिना क्रोध किए, बिना नाराजगी जताए अपना काम कर दिया था। उन तमाम बच्चों की शिकायत दूर कर दी थी।

दरअसल जब किसी से व्यवहारगत शिकायत हो तो उसे नाराजगी या सज़ा से दूर नहीं कर सकते। उसे दूर करने के लिए समझदारी और स्नेह का स्पर्श चाहिए होता है।

□

लैंप पोस्ट के नीचे सुई

मेरे एक मित्र कल विदेश यात्रा पर निकल रहे हैं। कल उन्होंने फोन कर मुझे बताया कि वे कुछ दिनों के लिए बाहर घूम-फिरकर मन बहला आएँगे।

मैंने उन्हें बधाई दी और कहा कि पर्यटन सचमुच शानदार जरिया है ज़िंदगी को समझने का। मैं उन्हें फोन पर ही बताने लगा कि आप वहाँ ये चीज जरूर देखिएगा, उस जगह जरूर जाइएगा।

कहने को तो मैंने कह दिया, लेकिन मुझे फोन पर उनसे बात करते हुए लगा कि उनकी दिलचस्पी पर्यटन में नहीं। वे यहाँ रोज़-रोज़ के तनाव और परेशानियों से दु:खी होकर घूमने जा रहे हैं। वे अपनी यात्रा में खुशी तलाशने जा रहे हैं। वे अपने दु:खों से भाग रहे हैं।

हम में से ज्यादातर लोग अपनी रोज़ की ज़िंदगी से जब ऊबने लगते हैं, तो बाहर घूमने निकल जाते हैं। घर में किसी बात पर झगड़ा हो, तो आदमी बाहर निकलकर ज़रा संतोष प्राप्त करने की सोचने लगता है।

पर क्या इससे संतोष मिलता है ?

❧ ✻ ❧

एक महिला सड़क पर लैंप पोस्ट के नीचे कुछ ढूँढ रही थी। उधर से गुजरते हुए एक आदमी ने उससे पूछा कि आप क्या ढूँढ रही हैं, माँ ?

महिला ने कहा कि उसकी सुई कहीं गिर गई है, वह उसे ही ढूँढ रही है।

आदमी को महिला पर दया आ गई। उसने कहा कि मैं आपकी मदद करता हूँ और वह बहुत बारीकी से लैंप पोस्ट की रोशनी में सुई तलाशने लगा। उसे ऐसा करते देख

आसपास से गुजर रहे कई लोग रुक गए। जब उन्हें पता चला कि सुई ढूँढी जा रही है, तो सभी लोग मिलकर महिला की मदद करने लगे। काफी मशक्कत के बाद कहीं सुई नहीं मिली। आखिर परेशान होकर एक आदमी ने महिला से पूछा, ''अम्मा, सुई गिरी कहाँ थीं?''

महिला ने बहुत संयत होकर कहा कि सुई गिरी तो सड़क के उस पार मेरी झोंपड़ी में थी।

''झोंपड़ी में?''

''हाँ, झोंपड़ी में।''

''तो पागल हो गई हो क्या, अम्मा? सुई झोपड़ी में गिरी थी और तुम उसे तलाश यहाँ रही हो?''

''हाँ, बेटा, पर मेरी झोंपड़ी में बहुत अँधेरा है। मैंने सोचा कि सामने रोशनी है, वहीं मैं अपनी सुई तलाश करती हूँ, शायद मिल जाए!''

आदमी बिगड़ गया। कहने लगा कि ये महिला पागल हो गई है। सुई गिरी इसकी झोंपड़ी में है, उसकी तलाश ये यहाँ कर रही है।

महिला मुस्कुराई। उसने धीरे से कहा, ''पागल मैं नहीं बेटा, तुम सभी हो। मेरी तो छोटी सी चीज गुम हुई है। तुम्हारी ज़िंदगी से तो खुशियाँ ही गुम हो चुकी हैं। तुम्हारे मन के अँधेरे में वे खुशियाँ गुम हुई हैं, पर देखो तुम उनकी तलाश कहाँ-कहाँ करते हो। कभी इधर जाते हो, कभी उधर जाते हो। जहाँ चमक-दमक दिखती है, उधर भागते हो, पर क्या तुमने अपने मन के कोने में कभी खुशी तलाशने की कोशिश की है? नहीं। तुम कर ही नहीं सकते। तुम्हारे मन में अँधेरा है, इसीलिए तुम बाहरी रोशनी में उसे तलाशते फिरते हो। ठीक वैसे ही, जैसे मैं अपनी झोंपड़ी में गिरी सुई यहाँ तलाश रही हूँ।''

❧ ✻ ❧

आदमी को घूमना चाहिए। संसार का भ्रमण करना चाहिए। संसार को समझना चाहिए।

अगर आपका मकसद अपनी ज़िंदगी के दुःखों से मुक्ति पाना है, अगर आप रोज़ के तनाव से खुद को दूर करने के लिए घर से बाहर निकल रहे हैं, तो आपके बाहर

जाने का मकसद ही गलत है। दुःखों से मुक्ति जब भी मिलेगी, मन के कोने में उसके कारणों को ढूँढने से मिलेगी।

अपने मन के कोनों में उजाला भरिए। उन्हें रौशन कीजिए, फिर देखिए, आपको आपकी निराशा की, आपके दुःखों की वजह मिल जाएगी। एक बार आप अपने दुःखों की वजह को समझ पाए, तो उसे दूर करना बहुत आसान हो जाएगा।

जब मन का दुःख दूर हो जाए, फिर आप चाहे जहाँ जाएँ, आपकी खुशी दुगुनी हो जाएगी।

❧ ✻ ☙

मेरा मित्र विदेश घूमकर आएगा। वह मन बहलाकर आएगा, लेकिन मैं जानता हूँ कि दो हफ्ते बाद वह फिर दुःखी घूमेगा। वह सड़क के किनारे लैंप पोस्ट की रोशनी में अपनी ज़िंदगी के दुःखों को सिलने वाली सुई की तलाश कर रहा है। काश, यही तलाश वह अपने मन की झोंपड़ी में करता!

सोच रहा हूँ, मित्र को यह कहानी सुना ही दूँ। उसे बता दूँ कि तुम जो पाने जा रहे हो, वह तुम्हें बाहर नहीं मिलेगा। वह तुम्हारे भीतर है, तुम्हारे ही भीतर।

❧ ✻ ☙

याद आया, छठी कक्षा में मास्टर साहब शायद इसीलिए पढ़ाते थे—

''कस्तूरी कुंड़लि बसैं, मृग ढूँढै बन माहिं।
ऐसैं घटि-घटि राम हैं, दुनिया देखै नाहिं।''

□

जा जी ले, सिमरन

मेरी एक परिचित ने मुझसे अपनी कहानी साझा की है। उन्होंने मुझे बताया कि पिछले दिनों वे किसी के संपर्क में आईं और वह उन्हें अच्छा लगने लगा। यहाँ तक तो सब ठीक था, पर वह उन्हें इतना अच्छा लगने लगा कि वे उससे प्यार कर बैठीं।

नहीं, शायद प्यार कहना ठीक नहीं। एक शादीशुदा, दो बच्चे की माँ यह कभी नहीं स्वीकार कर पाएगी कि उसे किसी और से प्यार हो गया है। वह सबसे पहले खुद से झूठ बोलेगी, फिर बाकियों से झूठ बोलेगी और वह बहुत दिनों तक दुविधा में ज़िंदगी जीती रहेगी।

खैर, अब जब वह खुद ही नहीं कह रही कि उसे प्यार है, वह कह रही है कि वह उसे अच्छा लगने लगा है, तो मैं भी इतना ही मान लेता हूँ कि वह उसे अच्छा लगने लगा है। इस संसार में आदमी को बहुत सी चीजें अच्छी लगती हैं, पर जब आदमी उन्हें पाने को बेचैन हो उठता है, तो उसकी यही बेचैनी प्यार में तब्दील होने लगती है। हिंदुस्तान में जितनी आसानी से आदमी प्यार को स्वीकार करता है, उतनी ही आसानी से इसे नकार भी देता है। स्वीकार करने और नकार देने के बीच की कड़ी ही दुविधा कहलाती है। जिसकी ज़िंदगी में यह दुविधा आ खड़ी होती है, वह खुद को एक ऐसे दोराहे पर पाता है, जहाँ उसकी समझ में नहीं आता कि अब जाए तो किधर जाए। ऐसे में उसे ज़रूरत पड़ती है किसी ऐसे दोस्त की, ऐसे सलाहकार की, जिससे वह सब साझा कर पाए। जिससे वह दिल की बात इस भरोसे से कह दे कि वह किसी और से न कहे और उसे राह भी दिखा दे।
मैंने कहा न कि मेरी एक परिचित ने मुझसे यह बात साझा की कि वे ज़िंदगी के दोराहे पर खड़ी हैं।

उन्हें अपने पति से कोई शिकायत नहीं। उन्हें अपने बच्चों से बहुत प्यार है, पर उम्र

के इस मोड़ पर कुछ हो गया है।

❧ ✻ ❧

मैंने कुछ दिन पहले आपसे ज़िंदगी चैनल पर आनेवाले सीरियल फेरिहा की कहानी साझा की थी। मैंने आपको मिसेज सनेम की कहानी भी सुनाई थी। मैंने कहा था कि मिसेज सनेम बेहद खूबसूरत और संभ्रांत महिला हैं। वे बहुत अमीर व्यक्ति की पत्नी हैं और दो बच्चों की माँ हैं। मिसेज सनेम के पति सारा दिन व्यापार में व्यस्त रहते हैं और व्यापार में उनकी व्यस्तता के बीच ही सनेम को किसी और से प्यार हो जाता है।

मैंने यह भी लिखा था कि मिसेज सनेम के पति ज़िंदगी को जीने की तैयारी में व्यस्त हैं, पर मिसेज सनेम ज़िंदगी को जीना चाहती हैं। ज़िंदगी को जीने और ज़िंदगी को जीने की तैयारी के बीच की कड़ी ही वह दोराहा है, जहाँ अक्सर दो हमसफर अलग राहों पर चल पड़ते हैं।

पर सवाल वही कि होना क्या चाहिए? करना क्या चाहिए?

❧ ✻ ❧

मिसेज सनेम के पति को पता चल गया है कि उनकी पत्नी किसी और से मुहब्बत करती हैं। हालाँकि अब तक उन्होंने अपनी पत्नी से जाहिर नहीं किया है कि उन्हें उनका सच पता है, पर उनकी आँखें, उनका मन सबकुछ बयाँ करते हुए नजर आते हैं। एक ओर उनकी पत्नी दुविधा में हैं कि वे किसके साथ रहें, पति के साथ या प्रेमी के साथ। दूसरी ओर उनके पति भी दुविधा में हैं कि वे क्या करें। पत्नी को छोड़ दें या समझाकर साथ रहें।

अब सवाल यह है कि आखिर वह कौन सी बात है, जो दोनों को उलझन में डाले हुए है।

अगर पत्नी को किसी और से प्यार हो गया है तो वह क्यों अपने पति को बता नहीं पा रही कि उसे किसी और से प्यार है।

पति अगर जान गया है कि उसकी पत्नी किसी और से प्यार कर रही है तो वह अपनी पत्नी को बता क्यों नहीं रहा कि वह सच जान गया है।

दोनों अपनी सुविधाओं को जीना चाहते हैं। दोनों नहीं चाहते कि यह सच खुले। दोनों

सच से खुद को दूर किए बैठे हैं, इसीलिए यह द्वंद्व है। यही द्वंद्व उनकी सज़ा है।

❦ ❊ ❦

मेरी दूर की एक बहन को शादी से पहले किसी से प्यार हो गया था। जब मेरी उस बहन की शादी किसी और से तय होने लगी तो सबने उसके पिता से कहा कि उसे फलाँ पसंद है, आप उसी से बात क्यों नहीं करते? पिता ने मुस्कुराते हुए कहा कि यह लव नहीं है, लगाव है। ऐसे लगाव होते रहते हैं। अगर उसे लव होता तो वह खुद को दोराहे पर नहीं पाती। अगर उसे लव होता तो उसमें इतनी हिम्मत आ जाती कि मेरा क्या, इस संसार में सबका सामना करती हुई उसकी हो जाती, पर ऐसा नहीं है। यह मानव मन है। ज़िंदगी में कई बार कइयों के साथ ऐसी घटना घट जाती है। इसे सहजता से स्वीकार करते हुए आगे बढ़ना चाहिए। लगाव होता है, खत्म हो जाता है। उसका लगाव भी खत्म हो जाएगा।

❦ ❊ ❦

मैं जानता हूँ कि मिसेज सनेम भी उस आदमी से प्यार नहीं करती, जिससे वे अपने पति से छुप-छुपकर मिलती रही हैं। अगर ऐसा होता, तो वे खुद को दोराहे पर नहीं पातीं। उनका लव भी महज लगाव है।

मेरी जिस परिजन ने मुझसे अपनी कहानी साझा की है कि वे समझ नहीं पा रहीं कि क्या करें, उन्हें मैं आज यह संदेश देना चाहता हूँ कि उनका लव भी सिर्फ लगाव है। लव होता तो वे खुद को दोराहे पर नहीं पातीं। जब-जब आप खुद को दोराहे पर पाएँ, इस सच को मन-ही-मन स्वीकार कर लें कि वह सिर्फ लगाव है। ऐसे लगाव होते रहते हैं। ऐसे लगाव का कोई भविष्य नहीं होता। ऐसे लगाव में जिन-जिन लोगों ने भविष्य तलाशने की कोशिश की है, वे भटककर रह गए हैं।

❦ ❊ ❦

बहुत बारीक फर्क होता है लव और लगाव में। कई बार इसका ठीक से पता भी नहीं चलता। जो इसका अंतर समझते हैं, वे इस राह पर ठीक से गुज़र लेते हैं। जो नहीं समझ पाते, उन्हें तो उलझना ही पड़ता है।

□

नदी और नमक

मुझे एकदम ठीक से याद है कि पड़ोसवाली बेबी दीदी शादी के बाद घर लौट आई थीं।

उनके दु:खों की कोई सीमा नहीं थी। शादी के बाद ससुराल में उनकी सास से बनी नहीं और उन पर दु:खों का पहाड़ टूट पड़ा था। ये वही बेबी दीदी थीं, जो मुझ पर असीम प्यार लुटाया करती थीं।

बेबी दीदी ससुराल से मायके आई थीं और एक दिन मेरी माँ के पास बैठकर अपनी दु:ख भरी कहानी उनसे साझा कर रही थीं। वे माँ के सामने बैठकर अपने बीते दिनों को याद कर रही थीं और कह रही थीं कि शादी के बाद उनकी सारी खुशियाँ कहीं खो गई हैं।

❊

माँ के पास कहानियों का कोई अंत नहीं था। माँ की आवाज बहुत मीठी थी और वे धीरे-धीरे बोलती थीं। माँ कुछ ऐसी थीं कि मुहल्ले की सारी महिलाएँ अपनी बातें उनसे साझा किया करती थीं। पिताजी दस बजे से पहले दफ्तर चले जाते। हम बच्चे भी सुबह-सुबह स्कूल निकल जाते, फिर दोपहर का खाना बनने तक माँ व्यस्त रहतीं। एक बार दोपहर का खाना बन गया, पिताजी घर आकर खाना खाने के बाद दुबारा दफ्तर निकल गए, तो माँ एकदम फ्री हो जातीं।

हम स्कूल से लौट आते। माँ सबको खिलाकर दिसंबर की इसी सर्दी में घर के बाहर मेन गेट के पास कुर्सी निकालकर बैठ जातीं। माँ के साथ कई और महिलाएँ बैठी होती थीं। वहीं सारी महिलाएँ हाथों में कुछ-न-कुछ काम लिये एक दूसरे से अपनी कहानियाँ साझा करती थीं। सर्दियों में माँ का पसंदीदा काम था—ऊन के गोले और दो डंडियाँ हाथ में लिये कुछ-न-कुछ बुनते रहना। कभी वह मफलर बुनती, कभी दस्ताने।

मुहल्ले की कई महिलाएँ तो वहीं बैठकर सब्जियाँ छीलतीं या काटतीं यानी रात के

खाने की तैयारी भी वहीं शुरू हो जाती।

मैं अपने दोस्तों के साथ क्रिकेट खेलता, छुपन-छुपी खेलता, कबड्डी खेलता।

जब बेबी दीदी की शादी नहीं हुई थी, तब वे भी कभी-कभी हमारे साथ छुपन-छुपी और कबड्डी खेला करती थीं। पता नहीं क्रिकेट से उन्हें क्यों नफरत सी थी, पर कबड्डी उनका प्रिय खेल था।

खैर, आज मैं बेबी दीदी की चर्चा उनके कबड्डी प्रेम के लिए नहीं कर रहा हूँ। आज तो मुझे उनकी शादी के बाद उन पर टूट पड़े दु:खों के पहाड़ की कहानी सुनानी है।

तो, उस दिन दोपहर के खाने के बाद माँ बाहर बैठने के लिए एक हाथ में कुर्सी और दूसरे हाथ में ऊन का गोला लिये बाहर निकल ही रही थीं कि बेबी दीदी आती दिख गईं।

अब बेबी दीदी दिख गईं तो माँ तो रुकी ही, मैं भी रुक गया।

मैंने कहा न कि बेबी दीदी मुझे बहुत अच्छी लगती थीं। वे इकलौती ऐसी दीदी थीं, जो कबड्डी खेलते हुए अगर मुझे पकड़ लेतीं तो भी मैं उनसे छूटने की कोशिश नहीं करता था। मैंने तो आपको बहुत पहले ये भी बता दिया था कि बेबी दीदी के सामने मैंने एक बार शादी का प्रस्ताव रखा था। मैंने ये बताया था कि उन दिनों संजय गांधी का नसबंदी वाला कार्यक्रम चल रहा था और मैंने अपने दोस्तों से सुन लिया था कि जल्दी ही संजय गांधी शादी-ब्याह पर रोक लगा देंगे। मतलब शादी का सिस्टम ही बंद हो जाएगा। बाकियों के बारे में मुझे नहीं पता, लेकिन मुझे लगने लगा था कि मैं अभी इतना छोटा हूँ और मेरे बड़े होने तक अगर सचमुच शादी का सिस्टम बंद हो गया, तब मेरा क्या होगा!

मेरी इसी चिंता के बीच मुझे पहली बार ख्याल आया था कि दस साल बड़ी ही सही, पर बेबी दीदी ठीक रहेंगी मेरे साथ शादी के लिए। मैंने बहुत संजीदगी से उनके सामने ये प्रस्ताव एक दिन अकेले में रख दिया था। उन्हें यह भी बताया था कि अगर आप मुझसे शादी कर लें, तो दोनों का फायदा है। अगर बाद में सिस्टम बंद हो गया, तो आप भी कुँवारी रह जाएँगी, मैं भी।

बेबी दीदी बहुत हँसी थीं।

एक दिन बेबी दीदी की शादी हो गई। किसी दूसरे शहर के लड़के से हो गई। मैं बहुत रोया था। बेबी दीदी जिसे नहीं जानती थीं, उससे उन्होंने शादी करना कबूल कर लिया था, पर मुझसे नहीं।

वही बेबी दीदी माँ के सामने थीं।

माँ के सामने आते ही दीदी ने पाँव छूकर उन्हें प्रणाम किया, फिर मुझे गले लगाकर खूब देर तक प्यार करती रहीं।

''कैसा है रे तू?''

मैं चुप रहा। बेबी दीदी ने थोड़ा सा झुककर मुझे अपनी छाती से लगा लिया था। वे शुरू से मुझसे अधिक लंबी थीं। शादी के बाद लग रहा था कि और लंबी हो गई हैं, ऐसे में मुझे गले लगाने के लिए उन्हें झुकना पड़ता था।

बेबी दीदी ने गले लगाया, मेरा सारा गुस्सा दूर हो गया। सोच रहा था, काश यह पल यहीं रुक जाता!

पर समय कब किसके लिए रुका है।

❧ ❊ ❧

माँ बाहर नहीं गईं। बेबी दीदी के साथ वहीं बैठ गईं।

बेबी दीदी माँ के सामने धीरे-धीरे सुबकने लगीं। बताने लगीं कि उनका जीवन दुःखों से भर गया है।

माँ उनकी सारी बातें बहुत ध्यान से सुनती रहीं। मैं भी वहीं बैठकर खेलने लगा। मेरा ध्यान उनकी बातों पर था, पर माँ और बेबी दीदी को लग रहा था कि मैं अपने खेल में व्यस्त हूँ। हालाँकि उनकी बहुत सी बातें मेरी समझ में नहीं आ रही थीं, पर वे सास नामक किसी महिला की चर्चा बार-बार कर रही थीं। खैर उनकी कहानी बहुत अजीब सी थी, जो मेरे पल्ले पड़ ही नहीं सकती थी। एक तो महिलाएँ, जब भी अपनी दर्द भरी कोई कहानी सुनाती हैं, तो वे बोलती कम, रोती ज्यादा हैं। पर कमाल की बात यह भी थी कि जो बातें मेरे पल्ले बिल्कुल नहीं पड़ रही थीं, माँ उन सभी बातों को ठीक से समझ रही थीं।

संसार में न जाने कितनी भाषाएँ हैं, पर एक भाषा आँसुओं की भी होती है। दुर्भाग्य से इस भाषा को समझने का हुनर भगवान ने सिर्फ महिलाओं को दिया है। महिलाएँ आँखों में छिपे एक-एक कतरे को शब्दों में तब्दील करके उसे पढ़ सकती हैं। यहाँ तो बेबी दीदी जार-जार रोतीं और रुक-रुककर अपनी कहानी बयाँ करतीं।

माँ बेबी दीदी के आँसू अपनी साड़ी के पल्लू से पोंछतीं और कहतीं कि ये बातें होती रहती हैं। हर घर में होती हैं। सब ठीक हो जाएगा।

❧ ❊ ❧

फिर माँ ने बेबी दीदी को एक कहानी सुनाई।

एक बार एक आदमी एक साधु के पास गया और बोला कि वह मरना चाहता है। उसका जीवन दु:खों से भरा पड़ा है। उसके मन में अब जीने की कोई इच्छा ही नहीं बची है।

साधु ने उसकी पूरी बात सुनी, फिर वे अपनी जगह से उठे और उन्होंने एक गिलास पानी में एक मुट्ठी नमक डालकर उस व्यक्ति को पीने के लिए दिया। आदमी ने एक घूँट मुँह में डाला और थू-थू कर बैठा।

साधु ने पूछा कि पानी कैसा लगा?

आदमी ने कहा, "क्या महाराज, एकदम खारा पानी। एक घूँट भी पीना असंभव है।"

अब साधु ने दुबारा एक मुट्ठी नमक लिया और उस आदमी को लेकर पास की नदी तक गए। वहाँ उन्होंने मुट्ठी भर नमक नदी में डाल दिया और कहा कि तुम ये पानी पीकर देखो। आदमी ने पानी पिया।

"पानी कैसा लगा?"

"बहुत मीठा।"

साधु ने उस व्यक्ति से कहा, "नमक दोनों पानी में उतना ही था। एक तुम्हें खारा लगा, क्योंकि पात्र छोटा था। जब पात्र बड़ा हो गया तो नमक होकर भी नहीं रहा। दु:ख उतना ही रहेगा। ये तुम्हें कितना आहत करता है, ये इस बात पर निर्भर करेगा कि तुम खुद को कितना बड़ा कर लेते हो।

❦ ❊ ❦

बेबी दीदी माँ की ओर देख रही थीं। मैं बेबी दीदी की ओर। उनकी आँखों के कोर सूख गए थे। बेबी दीदी ने माँ को प्रणाम किया और चली गईं।

माँ बहुत देर तक वहीं बैठी रहीं। मैं माँ की कहानी को समझने की कोशिश कर रहा था।

बहुत दिन बीत गए। मैं रोज़ सोचता कि माँ ने बेबी दीदी को क्या समझाने की कोशिश की होगी।

बहुत साल बाद मैं बड़ा हो गया था। एक बार और बेबी दीदी से मिला। बेबी दीदी खुश थीं। मैं समझ गया कि बेबी दीदी ने पात्र को बड़ा कर लिया है। अब दु:ख होकर भी नहीं रहा था। □

हँसता हुआ जो जाएगा

एक ट्रेन में दो दोस्त यात्रा कर रहे थे। दोनों दोस्त एक-दूसरे को चुटकुले सुना रहे थे और हँस रहे थे। उनके सामनेवाली सीट पर क्योंकि एक सरदारजी यात्रा कर रहे थे, इसलिए दोनों दोस्त संता सिंह और बंता सिंह वाले चुटकुलों में से सरदार शब्द हटा देते और खुशी से चुटकुले सुनाते, हँसते, खिलखिलाते। एक-दो चुटकुले नहीं, कई चुटकुले जब हो चुके तो अचानक सरदारजी उठ खड़े हुए और दोनों दोस्तों से हाथ जोड़कर कहने लगे, "ओए, सरदार मर गए हैं, जो तुम अब दूसरों के नाम से चुटकुले सुनाने लगे हो?"

यह होता है सरदारों का मस्तमौलापन।

मेरे पिताजी कहा करते थे कि सरदार सबके यार होते हैं। खूब मेहनत करते हैं, खूब खुश रहते हैं। इनके साथ रहनेवाले भी खुश रहते हैं। सरदारों में ज़िंदगी को जीने का एक अलग ही जज्बा होता है।

कुछ दिन पहले किसी ने सुप्रीम कोर्ट में याचिका लगाकर यह गुहार लगाई है कि अब सरदारों पर चुटकुले बंद होने चाहिए। गुहार लगानेवाले ने कहा है कि संता सिंह और बंता सिंह हँसी के पात्र नहीं हैं। ऐसे चरित्रों से सरदारों की छवि हल्की होती है और सब उन पर हँसते हैं। कोई सरदारों को गंभीरता से नहीं लेता।

❦ ❦ ❦

राज कपूर की एक फिल्म थी, मेरा नाम जोकर।

फिल्म बहुत चली नहीं थी, लेकिन मेरी दस सबसे पसंदीदा फिल्मों में से ये एक है। फिल्म की कहानी एक जोकर की ज़िंदगी के इर्द-गिर्द घूमती है। एक लड़का, जो बहुत अच्छे स्कूल में पढ़ रहा है, अपनी माँ से कहता है कि वह बड़ा होकर जोकर बनना चाहता है। माँ उसे टोकती है, रोकती है, पर बेटा कहता है कि माँ दुनिया में

लोगों को हँसाने से बढ़कर कोई काम नहीं। यहाँ हर आदमी दु:खी है, ऐसे में बहुत कम ही लोग हैं, जो किसी को हँसा पाने का दम रखते हैं।

यह फिल्म आखिर में एक संदेश भी देती है—अपने पर हँसकर जग को हँसानेवाला ही दरअसल ज़िंदगी को सही मायने में जीता है।

मेरी समझ में यह बात आज तक नहीं आई कि संसार में सभी गंभीर छवि ही क्यों बनाना चाहते हैं? क्यों हँसने, हँसाने को लोग बुरा मानते हैं?

हँसना और हँसाना दरअसल सबके बूते की बात नहीं होती। इस संसार में आदमी रोता हुआ आता है, फिर वह सारी ज़िंदगी रोता रहता है और एक दिन रोता हुआ ही चला जाता है। आदमी कभी खुद से संतुष्ट नहीं होता। जो संतुष्ट नहीं होते, वे हँसने और हँसाने के माहौल को जी नहीं सकते।

आप किसी भी संपन्न देश में चले जाइए, लोग वहाँ खुश रहते हैं। हँसते और हँसाते हैं, पर हमारे यहाँ आदमी संघर्ष को ज़िंदगी मानता है। दुर्भाग्य से हमारे हुक्मरान ऐसी नीतियाँ जान-बूझकर बनाते हैं कि हम ज्यादातर वक्त ज़िंदगी के संघर्ष में फँसे रहें, न हम खुश हों, न हँस सकें। ऐसा इसलिए किया जाता है, क्योंकि हुक्मरानों को डर लगता है कि जो आदमी खुश रहने लगेगा, वो सत्ता की व्यवस्था में दखल देने लगेगा। वह कई चीजों के हिसाब माँगने लगेगा। इसलिए आम आदमी को आयकर, बिक्री कर, शिक्षा कर और तमाम ऐसी मुसीबतों में जान-बूझकर उलझा दिया जाता है कि वह उसी से निबटने में रोज़ की ज़िंदगी को खर्च कर दे।

आम आदमी की ज़िंदगी अपने बच्चों को स्कूल में दाखिला कराने, रोज़ समय पर दफ्तर पहुँचने, अस्पतालों में लंबी लाइन लगाने में गुजर जाती है। वह देश और देश की व्यवस्था तक पहुँचने का दम ही नहीं दिखा पाता। कैसे दिखाए? उसके लिए लोकतंत्र का पर्व सिर्फ वोट देने तक सिमटकर रह गया है। वह कहता है कि रोज़ की किचकिच से फुर्सत मिले, तब न कुछ सोचूँ और उसे रोज़ की किचकिच से फुर्सत नहीं मिलने दी जाती है।

ऐसे में किसी ने यह महसूस किया होगा कि सरदार हमेशा खुश रहते हैं। देश में बाकी सभी लोगों से ज्यादा खुश! वे काम के वक्त इतनी मेहनत करते हैं कि देखनेवाला देखता रह जाए और मस्ती के समय उनकी मस्ती भी देखने लायक होती है। आप दुनिया के किसी भी कोने में चले जाइए, अगर आपको सरदार वहाँ मिल गए तो समझिए कि वहाँ खुशी है। वे ज़िंदगी को फुल मस्ती में जीते हैं। क्योंकि वे मेहनत

करते हैं, ज़िंदगी को खुशी से जीते हैं, इसीलिए चुटकुले उन पर बनाए गए हैं। किसी दुखियारे पर कोई क्या चुटकुला बना सकता है!

❦

मैं उदास हूँ। जब से मेरे पास ये खबर आई कि किसी ने सरदारों पर चुटकुला सुनाए जाने पर रोक की माँग की है, तब से मेरी हँसी काफूर हो गई है।
आज मुझे लग रहा है कि काश, कोई संजय सिन्हा पर हँसकर खुश होता। अगर कोई मुझ पर हँसकर खुश हो, तो मुझे बहुत खुशी होगी। संसार में इससे बढ़कर कोई सेवा नहीं कि कोई मेरे चुटकुलों पर मुस्कुरा उठे।

☺☺☺

चलते-चलते...

एक बार सोनू स्कूल गया तो टीचर ने उसे टोका, ''सोनू, आज तुमने दोनों पाँवों में अलग-अलग मोजे पहने हैं। एक पाँव में लाल और दूसरे पाँव में सफेद। जाओ, घर जाकर मोजे बदलकर आओ।''

सोनू ने टीचर से कहा, ''सर, घर जाने से कोई फायदा नहीं। वहाँ भी एक लाल और एक सफेद मोजा ही पड़ा है।''

□

नाचो सारे, जी फाड़ के

कई लोग ज़िंदगी में कामयाब होते हैं, कई लोग नाकाम रह जाते हैं।

मैं अक्सर सोचता था कि वे कौन लोग होते हैं, जो कामयाब होते हैं? वे कौन लोग होते हैं, जो नाकाम रह जाते हैं? क्या सचमुच यह किस्मत का खेल है?

तमाम पिताओं की तरह मेरे पिता की भी इच्छा थी कि मैं सरकारी नौकरी करूँ। वे भी चाहते थे कि मैं सिविल सर्विसेज में जाऊँ। आई.ए.एस., आई.पी.एस. बनूँ। मेरा लालन-पालन एक ब्यूरोक्रेटिक माहौल में ही हो रहा था, सरकारी अफसरी तंत्र में ही मैं पल रहा था और मैं उसकी अच्छाई-बुराई को बहुत नजदीक से देख रहा था, इसलिए मैंने सरकारी नौकरी में नहीं जाने का मन बना लिया था।
सरकारी नौकरी नहीं करूँगा, फिर क्या करूँगा? यह सवाल सिर्फ मेरे मन में ही नहीं था, पूरे परिवार के मन में था।

⁂

बहुत सोचा, बहुत विचार किया और इस नतीजे पर पहुँचा कि मुझे पत्रकारिता करनी चाहिए।

कमाल की बात थी। जिन दिनों मैं पत्रकारिता में आने की सोच रहा था, उन दिनों हिंदी पत्रकारिता में वही लोग आ रहे थे, जिनकी कॉलेज की पढ़ाई किसी वजह से छूट गई थी, जो समाज सेवा से जुड़ना चाहते थे, जिनके मन के किसी कोने में कहीं-न-कहीं मिशन भाव भी था। सभी जानते थे कि हिंदी पत्रकारों को कम पैसे मिलते थे। उसमें भी, राज्य स्तर के अखबारों में काम करनेवाले पत्रकारों को तो पैसों के नाम पर जेबखर्च से अधिक कुछ भी नहीं मिलता था।

मेरे पिता बहुत चिंतित थे कि मैं अपना जीवन कैसे गुजारूँगा। वे कई बार मुझे अपने

पास बैठाकर पूछते थे कि मैं अपना खर्च कैसे चला पाऊँगा?

बात चिंता की थी। मैंने जब तय कर लिया कि अब पत्रकार ही बनूँगा, किसी सरकारी नौकरी में नहीं जाऊँगा, तो कोशिश शुरू हुई अखबार में नौकरी की।
शायद पहले की अपनी कहानियों में मैं आपसे यह सब साझा कर चुका हूँ कि अपने एक टीचर के साथ मैं सबसे पहले भोपाल में दैनिक भास्कर के दफ्तर में गया था और मुझे वहाँ एक बहुत मामूली टेस्ट से गुजरकर सब-एडिटर की नौकरी मिल गई थी।

❦ ✻ ❦

जैसा कि मैंने लिखा है कि राज्य स्तर पर पत्रकारिता में पैसे सचमुच बहुत कम मिलते थे, इसलिए यह तय था कि वह मेरी मंजिल नहीं होनी चाहिए थी। अब दिल्ली कैसे जाऊँ, वहाँ नौकरी कैसे मिले, कहाँ से मैं यह कोशिश शुरू करूँ, समझ में नहीं आ रहा था। यह तय था कि पत्रकारिता करनी है, तो दिल्ली जाना ही होगा। भोपाल में उन दिनों दिल्ली के अखबार शाम की फ्लाइट से पहुँचते और हमारे घर शाम चार बजे अखबारवाला दुबारा अखबार डालने आता। दिल्ली से छपनेवाले दो अखबारों जनसत्ता और स्टेट्समैन के बिना हमारी शाम अधूरी रहा करती थी।

अब सवाल था कि जनसत्ता में कैसे जाया जाए?

❦ ✻ ❦

एक शाम मैं पिताजी के साथ बैठा था। मैंने पिताजी से कहा कि दैनिक भास्कर में नौकरी मिल तो गई है, पर जनसत्ता में जाना है।

पिताजी ने कहा कि उन्हें अखबारों के विषय में ज्यादा तो नहीं पता, लेकिन अगर सचमुच जनसत्ता में ही जाना चाहते हो तो मेरी यह कहानी ध्यान से सुनो।
माँ तो कहानियाँ सुनाया ही करती थीं, आज पिताजी भी कहानी से मुझे संदेश दे रहे थे।

''एक गाँव में एक साधु रहता था। साधु जब भी नाचता, गाँव में बारिश होने लगती। गाँव के लोगों की साधु पर बहुत आस्था थी। वे साधु को बहुत मान देते थे।

एक बार गाँव में शहर से कुछ नवयुवक आए और उन्हें साधु के विषय में पता चला, तो उन्होंने कहा कि उनके नाचने से भी बारिश हो सकती है। गाँव के लोग हैरान रह गए कि ऐसा कैसे मुमकिन है? इन युवकों के नाचने से भला कैसे बारिश हो सकती

है ? युवक इस बात पर अड़ गए कि उनके नाचने से बारिश हो सकती है और अगर उनके नाचने से बारिश नहीं हुई, तो साधु के नाचने से भी बारिश नहीं होगी।

बहुत अजीब सी चुनौती सामने आ गई। अगर बारिश होगी तो इन युवकों के नृत्य से भी होगी, नहीं तो साधु के नृत्य से भी नहीं होगी।

सबने युवकों से कहा कि ठीक है, आप नृत्य करें।

युवक नृत्य करने लगे। कुछ देर तक वे नृत्य करते रहे। बारिश नहीं हुई। अब युवकों ने कहा कि चाहे साधु जितना नाच लें, अब उनके नाचने से भी बारिश नहीं होगी। युवकों ने देख लिया था कि आसमान में दूर-दूर तक बादल नहीं थे। युवकों के ऐसा कहने के बाद गाँववालों ने साधु से अनुरोध किया कि आप नृत्य से बारिश कराकर इन्हें दिखा दें, ताकि इनका मुँह सदा के लिए बंद हो जाए। साधु नृत्य करने लगा। वह एक घंटे तक नाचता रहा, बारिश नहीं हुई। दो घंटे तक नाचता रहा, बारिश नहीं हुई। तीन घंटे तक नृत्य करता रहा, बारिश नहीं हुई, पर साधु रुका नहीं। नृत्य करता रहा। आखिर आसमान में बादल मँडराने लगे और झमाझम बारिश होने लगी।

युवक साधु के पाँवों पर गिर पड़े। कहने लगे, महाराज गलती हुई, पर आप यह तो बताएँ कि आपके नृत्य से बारिश कैसे होने लगी और हमारे नृत्य से क्यों नहीं हुई।

साधु ने मुस्कुराते हुए कहा कि जब वह बारिश के लिए नृत्य करता है, तो यह सोचकर करता है कि उसके पाँव तब तक नहीं रुकेंगे, जब तक कि बारिश होने न लगे। जब वह ऐसा सोचता है, तो बादलों को उसके आगे झुकना पड़ता है, पर तुम कुछ ही देर में ही थककर रुक गए। तुमने मान लिया कि नृत्य से बारिश नहीं होगी। सच्चाई यही है मेरे बच्चों, जब तुम कुछ करने की एकदम ठान लेते हो, तो प्रकृति को तुम्हारी इच्छा के आगे झुकना ही पड़ता है। शर्त यह नहीं है कि नृत्य से बारिश होगी, शर्त यह है कि जब तक बारिश नहीं होगी, तब तक मैं नाचता ही रहूँगा और मैं हर बार जीत जाता हूँ।

❀

पिताजी कहानी सुनाकर चुप हो गए थे।

मुझे संदेश मिल चुका था। सिर्फ दो महीने मैंने भोपाल के दैनिक भास्कर अखबार में खर्च किए। मैंने अंतरदेशीय पत्र पर प्रभाष जोशी को सीधे पत्र लिखा। पत्र को मेरा

बायोडेटा मान लिया गया। उस पत्र के आधार पर मुझे लिखित परीक्षा के लिए बुलाया गया, फिर मौखिक परीक्षा हुई। करीब सौ लोगों के बीच जिन तीन लोगों को उस टेस्ट में सब-एडिटर के लिए चुना गया था, उनमें मेरा भी नाम था।
भोपाल से जिस दिन मैं दिल्ली के लिए मालवा एक्सप्रेस में सवार होनेवाला था, मेरे कुछ पत्रकार साथी मुझे छोड़ने स्टेशन तक आए थे। वे मुझसे कह रहे थे कि तुम्हें बहुत जल्दी तालाब से समंदर में छलाँग लगाने का मौका मिल गया।

मैंने मुस्कुराते हुए इतना ही कहा था कि कोई भी यह छलाँग लगा सकता है। बस चाहत में वह शिद्दत होनी चाहिए।

बाद में एक बार टी.वी. सीरियल फौजी के सेट पर शाहरुख खान ने मुझसे कहा था कि टी.वी. में काम करना उनकी मंजिल नहीं, वह तो फिल्मों में काम करेंगे। मैंने उनकी आँखों में झाँका था। मैंने कहा था, तुम जरूर पहुँच जाओगे वहाँ तक। वे मेरी ओर गौर से देख रहे थे, फिर उन्होंने पूछा, ''संजय, तुम कैसे इतने कॉनफ़िडेंट हो मेरी इस चाहत को लेकर?''

मैंने कहा था कि मैंने वह शिद्दत तुम्हारी आँखों में देख ली है। मुझे पत्रकार बनना था, मैं बन गया। तुम्हें सितारा बनना है, बन जाओगे।

□

मुक्ति की पहचान

हम में से बहुत से लोग दु:खी रहते हैं। हताश रहते हैं, उदास रहते हैं। हम जीवन को आनंदपूर्वक जीना जानते ही नहीं। हम अपनी उदासियों को किस्मत की कड़ियों से जोड़ लेते हैं और हारकर बैठ जाते हैं। हम अपनी नाकामियों के लिए परिस्थितियों को दोष देने लगते हैं।

शुरू में हम ऐसा करते हुए सिर्फ खुद से झूठ बोलते हैं, फिर उसी झूठ को जीने लगते हैं।

*

एक बार एक आदमी अपनी तबीयत खराब होने पर डॉक्टर के पास गया। इलाज के दौरान डॉक्टर से उसकी बात होने लगी। डॉक्टर ने बातचीत में उस आदमी से कहा कि ईश्वर कुछ नहीं होता। ईश्वर का अस्तित्व ही नहीं। अगर सचमुच ईश्वर होता, तो संसार में इतना दु:ख नहीं होता, इतना शोक नहीं होता। ईश्वर का होना महज एक कल्पना है, कल्पना के सिवा कुछ भी नहीं।

आदमी ने डॉक्टर से कोई बहस नहीं की। डॉक्टर से दवा लेकर वह बाहर निकला, पर कुछ ही देर में वह दुबारा फिर डॉक्टर के पास पहुँच गया। डॉक्टर उसे देखकर हैरान हुआ, उसने उससे पूछा कि आप फिर कैसे?

आदमी ने धीरे से कहा, संसार में डॉक्टरों का कोई अस्तित्व नहीं होता। दरअसल मुझे तो लगता है कि डॉक्टर होते ही नहीं। मैं अभी सड़क के उस पार गया था तो मुझे बहुत बीमार लोग दिखे। वे सभी लोग अपनी बीमारी को अपनी किस्मत मानकर उसी को जी रहे हैं। अगर डॉक्टर होते या ऐसी कोई विद्या होती तो सड़क के उस पार इतने बीमार लोग नहीं होते।

डॉक्टर हँसने लगा। कहने लगा, "भाई, अगर वे बीमार लोग डॉक्टर के पास जाएँगे ही नहीं, तो उनका इलाज कैसे होगा? वे डॉक्टर के पास गए नहीं, डॉक्टर से मिले नहीं और तुम यहाँ आकर मुझसे मेरे ही पेशे के वजूद पर सवाल उठा रहे हो कह रहे हो कि डॉक्टर होते ही नहीं। डॉक्टरी कोई विद्या ही नहीं। तुम कैसे आदमी हो?"

आदमी ने बहुत संयत होकर कहा, "बिल्कुल सही डॉक्टर साहब! ठीक वैसे ही ईश्वर भी है। जब आप उसकी शरण में जाते ही नहीं, उसे पाने की कोशिश करते ही नहीं, तो फिर आप कैसे कह सकते हैं कि ईश्वर का कोई अस्तित्व ही नहीं। आपने यह निष्कर्ष ऐसे ही तो निकाला कि दुनिया में दु:ख है, शोक है, इसका मतलब ईश्वर नहीं है। मैंने बाहर सड़क के उस पार बीमार देखे तो यह निष्कर्ष निकाला कि दुनिया में डॉक्टर नहीं हैं।

❧ ✻ ❧

शरीर को विज्ञान ने पढ़ लिया है। उसने समझ लिया है कि बाहर क्या है, भीतर क्या है। अभी मन के स्नायु उसकी समझ से परे हैं। दु:ख का आधार मन होता है। शोक का आधार भी मन ही होता है। दु:ख और शोक दोनों को संचालित करनेवाला मन किसी और के नियंत्रण में नहीं। वह शरीर के नियंत्रण में भी नहीं। वह अगर किसी के नियंत्रण में है, तो बस सिर्फ आपके नियंत्रण में है। दरअसल मेरा मन ही तो मैं हूँ।

हम संसार में हर चीज को अपने नियंत्रण में करना सीख गए हैं। बस एक मन ही है, जो हमारे नियंत्रण में नहीं है। कितने आश्चर्य की बात है कि संसार को जीतनेवाला मनुष्य खुद को नहीं जीत पाता है।

खैर, आज मैं न तो डॉक्टर की कहानी लिखने बैठा हूँ, न ईश्वर की कहानी।

आज मैं सिर्फ आपकी और अपनी कहानी लिखने बैठा हूँ।

मेरे पास न जाने कहाँ-कहाँ से लोग संदेश भेजकर अपने दु:खों की कहानी साझा करने लगे हैं। मैं एक पत्रकार हूँ और पत्रकारिता का पहला मूलमंत्र होता है—अपने सूत्रों की गोपनीयता की रक्षा करना, तो मैं दु:खों की कहानी भेजनेवाले अपने तमाम परिजनों की गोपनीयता की रक्षा करने का वादा करते हुए आज सिर्फ यही कहना चाहता हूँ कि दुनिया में दु:ख है, दु:ख का कारण है और उसका निवारण है।

अपने दु:खों के लिए खुद को कोसना छोड़िए। किस्मत को कोसना भी छोड़िए। उठिए और खुद से बातें कीजिए। दूसरों से तो आप रोज़ बातें करते हैं। दूसरों की

कमियों और उनकी खूबियों को भी आप पहचानते हैं। आज खुद को पहचानिए।

एक बार आपकी खुद से पहचान हो जाएगी, फिर आप अपने दुःखों से मुक्ति पा लेंगे।

इस संसार में ऐसा कोई नहीं, जिसकी ज़िंदगी में दुःख न हो। जिसकी ज़िंदगी में शोक न हो। आप मुझे ही देखिए। मैंने न जाने कितनी बार आपको बताया है कि अपनी छोटी बहन, माँ और अपने छोटे भाई को खोने के बाद मेरी ज़िंदगी में क्या बचा था, सिवाय दुःख और शोक के।

मैंने उस शोक को आत्मसात नहीं किया। एक सुबह उठा और फेसबुक पर आकर आप सबसे जुड़ गया।

आपसे जुड़ा तो मुझे मेरी बहन मिल गई, मेरी माँ मिल गई, मेरा भाई मिल गया। सारे परिजन मिल गए।

❋

लोग तो कहते हैं कि मरने के बाद कोई लौटकर नहीं आता।

पर मेरे परिजन आए न लौटकर! यही है मन।

मन के हारे हार है, मन के जीते जीत। आप मन से जीतिए। तन का क्या है? यह तो आप खुद ही हजार बार पढ़ चुके हैं कि तन नश्वर है। नश्वर को छोड़िए, अनश्वर का हाथ थाम लीजिए। दुःख और शोक दोनों आपसे कोसों दूर हो जाएँगे।
डॉक्टर पर भरोसा कीजिए। ईश्वर पर भरोसा कीजिए। अपने रिश्तों पर भरोसा कीजिए और खुद पर भी भरोसा कीजिए।

□

ऐसी क्यों हैं महिलाएँ

भोपाल के हमीदिया कॉलेज में इतिहास वाले प्रोफेसर इंग्लैंड का इतिहास पढ़ाते हुए, जब कभी महारानी एलिजाबेथ प्रथम के विषय में हमें बताते तो उनकी दिलचस्पी यह बात बार-बार बताने में रहती कि एलिजाबेथ ने दुनिया के तमाम राजाओं को इस बात का झाँसा दे रखा था कि वे उन्हीं से विवाह करेंगी, पर महारानी ने कभी किसी से विवाह नहीं किया यानी वे आजीवन अविवाहित रहीं।

वे हमें बताते कि एलिजाबेथ प्रथम ने जब इंग्लैंड की गद्दी सँभाली, तो उनके मन में यह डर बहुत भीतर तक बैठा था कि अगर उन्होंने विवाह किया तो गद्दी उनके हाथ से निकल जाएगी। उनके मन में यह डर भी था कि कहीं दूसरे देश के राजा इंग्लैंड पर हमला न कर दें। ऐसे में हर राजा को उन्होंने उल्लू बनाया कि वे उन्हीं से प्यार करती हैं और उनसे ही शादी करेंगी। इस तरह उन्होंने कई देशों के राजाओं को एक तरह से विवाह का झाँसा देते हुए इंग्लैंड के वर्चस्व और अपनी सत्ता को बचाया और बढ़ाया।

मैं अपनी माँ को हर सुबह नींद खुलते ही रसोईघर में पाता था। रसोईघर तक गैस पहुँचने से पहले हमारे घर में कोयलेवाला चूल्हा हुआ करता था। माँ सुबह-सुबह चूल्हा जला देती थीं और पिताजी के जागने से पहले दूध उबल चुका होता था, चाय बन चुकी होती थी।

कोयले का धुआँ पिताजी तक न पहुँचे, इसलिए वे सुबह-सुबह उनके जागने से पहले खुद खाँसती हुई इस काम को अंजाम दे चुकी होती थीं।

माँ का बहुत सा समय रसोईघर में बीतता था।

माँ का प्यार पिताजी तक रसोईघर से होता हुआ गुजरता था। पिताजी ने कई बार चाहा

कि माँ किसी दिन एक सब्जी कम बना दें, सुबह की बची दाल ही खिला दें, लेकिन माँ ने एक बार भी ऐसा नहीं किया। वे खुद तो सुबह की बची दाल खा लेती थीं, शाम की बची सब्जी भी सुबह खा लेती थीं, लेकिन पिताजी को उन्होंने कभी सुबह को शामवाला और शाम को सुबहवाला खाना नहीं दिया।

❋

कल मेरा मन राजमा-चावल खाने को था।

मैंने एक दिन यूँ ही घर में बोल दिया था कि बहुत दिन हो गए राजमा-चावल नहीं खाए। कल राजमा-चावल बने। मैं खा रहा था, पत्नी नहीं खा रही थी।

मैंने पूछा कि तुम क्यों नहीं खा रही, तो उसने कहा कि थोड़ा रुककर खाएगी। मैंने कुछ कहा नहीं, पर थोड़ी देर बाद मैंने देखा कि वह फ्रिज से रात की बची सब्जी निकालकर अपने लिए गरम कर रही है।

मैंने उसे टोका कि तुम ताजा बना राजमा क्यों नहीं खा रही?

उसने मेरी ओर देखा और चुप रही। मैंने ज्यादा कुरेदा, तो उसने बताया कि उसे राजमा सूट नहीं करता। खासकर जब से गॉलब्लाडर का ऑपरेशन हुआ है, तब से तो बिल्कुल नहीं।

''पर गॉलब्लाडर का ऑपरेशन हुए पच्चीस साल बीत गए, तो क्या पच्चीस साल से तुमने राजमा नहीं खाया?''

''हाँ, नहीं खाती। एक-दो बार कोशिश की थी, पर पेट में दर्द होता है।''

''ओह! तुमने यह बात मुझे कभी बताई ही नहीं।''

''अरे, इसमें बतानेवाली क्या बात थी? ऐसी बहुत सी चीजें होती हैं, जो किसी को सूट नहीं करतीं।''

''होती हैं, पर पता तो होना चाहिए। ऐसी बहुत सी चीजें हैं मुझे खाने में पसंद नहीं, पर तुम तो जानती हो कि मुझे नहीं पसंद, इसलिए वे चीजें बनती ही नहीं, फिर मुझे क्यों नहीं पता कि तुम्हें राजमा सूट नहीं करता?''

''क्या फर्क पड़ता है? तुम्हें पसंद है, इसलिए बनता रहता है।''

❋

माँ खुद बासी खा लेती थीं। पिताजी के आगे उन्होंने कभी नहीं रखा। मेरी पत्नी फ्रिज से निकालकर सब्जी खा रही थी, पर मेरे सामने कभी नहीं रखी। इंग्लैंड की महारानी ने सभी राजाओं से झूठ बोला कि वे उन्हीं से विवाह करेंगी, पर वे आजन्म कुँवारी रहीं।

महिलाएँ ऐसी ही होती हैं।

वे देश के लिए इतना त्याग कर सकती हैं! वे घर की खुशी के लिए भी इतना त्याग कर सकती हैं!

□

मशीन और मनुष्य

एक छोटा बच्चा हर सुबह आसमान में उगनेवाले सूरज को देखकर अपने पिता से पूछा करता था कि यह रोशनी का गोला क्या है ? पिता उसे बताते कि यह सूरज है और यह पृथ्वी के चक्कर लगाता हुआ हर सुबह तुम्हारे पास आता है और शाम को चला जाता है। शाम को यही काम चंद्रमा करता है। वह भी पृथ्वी के चक्कर लगाता हुआ तुम्हारे पास आता है और फिर सुबह चला जाता है।

पिता संगीतकार थे। वे उस छोटे से बच्चे को इतना समझाते और ल्यूट नामक अपने वाद्य यंत्र की तनी हुई डोर से निकलनेवाले स्वर की गहनता में डूब जाते। बच्चा पिता की बताई कहानी को सुनकर चुप तो हो जाता, पर उसका मन नहीं मानता कि ऐसा सचमुच होता होगा।

भला सूरज को कौन चलाता है ? चंद्रमा क्यों नाचता है ? पृथ्वी क्या है ?

ऐसे सवाल मन में लिये वह माँ के पास जाता। माँ उसे गोद में बिठाकर समझाती कि चाँद तुम्हारा मामा है। ये सबकुछ ईश्वर ने तुम्हारे लिए बनाए हैं। तुम इन सबके विषय में सोचकर खुद को मत उलझाया करो। तुम रोज़ चर्च जाया करो। तुम्हारे सभी सवालों के जवाब तुम्हें वहीं मिलेंगे।

वह छोटा बच्चा चर्च भी गया। वहाँ धर्मगुरुओं से उसने पूछा कि ये सूरज और चंद्रमा कौन हैं ? वहाँ उसे बताया गया कि तुम जिस धरती पर रहते हो, वह परम पिता की सबसे बड़ी नियामत है और ब्रह्मांड के बाकी ग्रह, सूरज और चंद्रमा धरती की परिक्रमा करते हैं।

पर बालक पता नहीं क्यों चर्च की ओर से स्थापित उस सत्य को मानने को तैयार ही नहीं था।

वह सवाल-पर-सवाल करता और एक दिन उसने एक दूरबीन के जरिए आसमान में देखकर यह बताने की कोशिश की कि पृथ्वी समेत ब्रह्मांड में स्थित सभी ग्रह दरअसल सूरज की परिक्रमा करते हैं।

मतलब यह कि उसने हजारों साल से चली आ रही मान्यता पर सवाल खड़ा कर दिया और कहा कि सूरज पृथ्वी का चक्कर नहीं लगाता, बल्कि पृथ्वी सूरज का चक्कर लगाती है।

❧ ✻ ☙

अब तो आप उस छोटे से बच्चे का नाम जान ही गए होंगे!

उस बच्चे का नाम था—गैलीलियो गैली।

गैलीलियो ने ऐसा कहा और आदमी को मानवता का पाठ पढ़ानेवाले सभी महान धर्मगुरु अचानक एकदम कट्टर हो गए। जिस ईसा मसीह ने अपनी पूरी ज़िंदगी यह बताने में खर्च कर दी थी कि आपस में प्रेम करो धर्मप्रेमियों, उन धर्मप्रेमियों ने, धरतीप्रेमियों ने, ज्ञानप्रेमियों ने गैलीलियो नामक उस बच्चे को ईश्वर की रचना का दोष मान लिया। न सिर्फ दोष माना, बल्कि उसके कहे को चर्च का अपमान भी मान लिया और संसार को सहिष्णुता का पाठ पढ़ाते-पढ़ाते सभी खुद असहिष्णु हो गए। चर्च के भीतर बैठे धर्मगुरुओं ने 1633 में यह आदेश सुना दिया कि इसे आजीवन कारावास में रखा जाए। ऐसा आदमी समाज के लिए खतरनाक है। यह लोगों को गुमराह करनेवाली कहानियाँ सुनाता है। अगर यह खुला घूमता रहा तो एक दिन फेसबुक पर दिलों को जोड़ने वाली कहानियाँ भी लिखने लगेगा। हो सकता है, ये दिलों की कहानियों के नाम पर बिका हुआ भी हो। आज यह सूरज के विषय में लिख रहा है कि पृथ्वी उसका चक्कर लगाती है, कल यह उस बेटे की कहानी लिख देगा कि कैसे वह अपनी माँ से बहुत जुड़ा हुआ था। ऐसा भला कैसे हो सकता है?

और गैलीलियो को आजीवन कारावास में डाल दिया गया।

धर्म के भक्त इस तरह का अधर्म सह नहीं सकते थे। लोगों को सहनशील होने का जो पाठ वे संसार को पढ़ा रहे थे, उसे खुद मानने से उन्होंने इनकार कर दिया था।

पूरा फेसबुक गैलीलियो के उस महान पाप की कहानियों से रंग गया। उसके विषय में लोग पता लगा आए कि इसने तो सूरज पर रहनेवालों से पैसे लिये हैं, यह बताने के लिए कि सूरज एक महान ग्रह है।

गैलीलियो कैद में ही मर गया।

पर चर्च के भक्त मानने को तैयार ही नहीं थे कि गैलीलियो के विषय में उनसे कोई भूल हुई है। हालाँकि समय के साथ वे इस सच को समझ चुके थे कि पृथ्वी ही सूरज का चक्कर लगाती है, पर अपनी भूल वे मानने को तैयार ही नहीं थे।

करीब साढ़े-तीन सौ साल बाद यानी 1992 में चर्च ने आखिर स्वीकार किया कि गैलीलियो के संबंध में उनसे भूल हुई थी। गैलीलियो फेसबुक पर जो कहानियाँ लिखता था, वे कहानियाँ सच्ची होती थीं और उन कहानियों का मतलब सिर्फ रिश्तों के तार जोड़ना था, तोड़ना नहीं। वह न किसी को सही ठहराने की कोशिश करता था, न गलत। वह तो बस दिल-से-दिल के तार जोड़ने निकला था।

वह एक ही मंत्र लेकर ज़िंदगी जीने निकला था कि आदमी भावनाओं से संचालित होता है, कारणों से नहीं। कारणों से तो मशीनें चला करती हैं।

□

एक अकेला शिखर पर

आप जानते हैं कि पृथ्वी पर सबसे ऊँची कोई जगह है तो वह है माउंट एवरेस्ट।

एवरेस्ट पर चढ़ना अपने आप में ज़िंदगी क़ी उपलब्धि है, पर क्या कोई एवरेस्ट पर टिका रह सकता है?

नहीं।

मैंने एक बार एवरेस्ट तक पहुँचनेवाले पर्वतारोही से पूछा था कि आप इतनी मेहनत से एवरेस्ट के शिखर तक पहुँच गए थे, तो वहीं रुक क्यों नहीं गए?

उन्होंने कहा था कि वहाँ कोई रुक नहीं सकता।

उन्होंने मुझसे कहा था कि एवरेस्ट कुछ है ही नहीं। वह बस एक प्रतीक है।

''प्रतीक? जिस पर्वत चोटी पर चढ़ने के लिए आपने अपनी ज़िंदगी खर्च कर दी, उसे आप सिर्फ एक प्रतीक ठहरा रहे हैं?''

उन्होंने मेरी ओर बहुत गौर से देखा और मुझे पास बिठाकर एक कहानी सुनाई।

❧ ✻ ❧

दो दोस्त थे। दोनों में आपस में शर्त लगी कि संसार में कोई भी व्यक्ति अकेला नहीं रह सकता।

एक दोस्त ने कहा कि वह कहीं भी अकेला रह सकता है।

दूसरे ने कहा कि अगर तुम दस वर्ष एकदम अकेले रह गए, तो मैं तुम्हें इतने लाख रुपए दूँगा। शर्त मान ली गई। दूसरे दोस्त ने कहा कि तुम मेरे रहने का इंतजाम कहीं

दूर एकदम अकेले में कर दो। मैं दस वर्षों तक किसी से नहीं मिलूँगा।

शर्त तय हुई कि वह आदमी उस सुनसान कोठरी में अकेला रहेगा। उसके लिए हर रोज़ दरवाजे के बाहर खाना रख दिया जाएगा और वह समय पर दरवाजा खोलकर खाना उठा लेगा, पर किसी से नहीं मिलेगा। दस वर्षों तक उसे आदमी का चेहरा नहीं देखना था। हाँ, अगर वह कुछ पढ़ना चाहे तो किताबें उसे मिल जाएँगी। वह अपनी पसंद की किताबों की लिस्ट दरवाजे के बाहर रख देगा, उसे दरवाजे के बाहर ही किताबें रखी मिल जाएँगी।

दोस्त तैयार हो गया।

खाने और पढ़ने का इंतजाम हो चुका था। दोस्त अकेला उस सुनसान कोठरी में रहने लगा।

पहले दिन उसे अकेलेपन से बहुत बेचैनी हुई। दूसरे दिन मन किया कि वह भाग जाए, पर शर्त की बात याद कर, लाखों रुपए इनाम की कल्पना कर वह रुक गया।

धीरे-धीरे एक साल बीत गया। इस बीच वह आदमी हर रोज़ नई किताब मँगाता और पढ़ता। उसने कई किताबें पढ़ लीं। वह अपनी मंजिल के बेहद करीब था। कुछ ही महीने बचे थे, जब वह शर्त जीत जाता। उसका दोस्त उसे लाखों रुपए बतौर इनाम देनेवाला था।

एक दिन वह अकेला बिस्तर पर लेटा था।

लेटे-लेटे उसे लगा कि उसने पैसों के लिए यह क्या बेकार की शर्त लगा ली। अपने सभी रिश्तों से दूर वह यहाँ कई वर्षों से पड़ा हुआ है। उसने इतनी किताबें पढ़ीं, इतना ज्ञान अर्जित किया और वह कुछ लाख रुपयों के लिए खुद को यहाँ बंधक बनाए हुए है।

उसने तारीख जोड़ी।

करीब एक हफ्ता बचा था। अब वह शर्त जीत जानेवाला था।

मन के एक कोने ने कहा, "इतने दिन रुके रहे, अब एक हफ्ता और रुक जाओ, लाखों रुपए मिलेंगे।"

मन के दूसरे कोने ने कहा, "क्या करोगे उन पैसों का?"

आदमी उठा, उसने एक कागज के टुकड़े पर लिखा, "दोस्त, मैं अपनी शर्त हार रहा हूँ। मैं अब और अकेला नहीं रह सकता। मैं जानता हूँ कि मैं शर्त के लाखों रुपए हारने जा रहा हूँ, पर मैं शर्त तोड़ रहा हूँ। मैं शर्त एक हफ्ता पहले तोड़ रहा हूँ। मुझे माफ करना मेरे दोस्त। मैं हार गया। मैं हारना चाहता हूँ। मैंने इतने दिन अकेले रहकर रिश्तों की अहमियत समझी। मैंने इतने दिन इतनी किताबें पढ़कर यह समझ लिया कि ज़िंदगी इतनी बड़ी नहीं होती कि उसे अकेलेपन के दंश में खत्म कर दिया जाए, इसलिए मेरे दोस्त, मैं जा रहा हूँ। तुम शर्त जीत गए। बधाई।"

और वह चला गया।

⁂

उधर उसका दूसरा दोस्त जो हफ्ते भर में लाखों रुपए हारने जा रहा था, मन-ही-मन परेशान था।

अब तो उसका दोस्त शर्त जीत जाएगा। उसे लाखों रुपए देने होंगे। मन-ही-मन खुद को कोस रहा था कि उसने शर्त लगाई ही क्यों? अचानक उसके मन में ख्याल आया कि क्यों न वह अपने दोस्त को जाकर मार दे। शर्त जीतने से पहले अगर दोस्त की मौत हो गई तो उसके लाखों रुपए बच जाएँगे।

उसने हाथ में पिस्तौल ली और चल पड़ा दोस्त के पास।

पर यह क्या? वहाँ तो दोस्त था ही नहीं। वहाँ वही चिट्ठी रखी थी, जिसमें उसने शर्त हारने की बात लिखी थी।

⁂

पर्वतारोही ने कहानी सुनाई और चुप हो गया।

मैं उसकी ओर देखता रहा। कुछ देर चुप रहकर उसने फिर कहा, जब हम एवरेस्ट पर चढ़ने जाते हैं, तो मन में यह कल्पना लेकर जाते हैं कि हम संसार की सबसे ऊँची चोटी पर चढ़ेंगे। पर वहाँ पहुँचते ही हमें यह लगने लगता है कि यहाँ तो कोई रुक नहीं सकता। ऊँचाई सिर्फ मन का प्रतीक है। सिर्फ एहसास है। आदमी बहुत ऊँचे टीले पर बहुत समय तक नहीं रह सकता। जो ऊँचे टीले पर रहते हैं, वे अकेले हो जाते हैं।

और आदमी चाहे जितनी कोशिश कर ले, अकेला नहीं रह सकता। चाहे जितनी बार

शर्त लगा ले, वह एक दिन खुद ही शर्त हार जाना चाहता है।

ऊँचे टीले पर चढ़ना बड़ी बात नहीं होती। बड़ी बात होती है, वहाँ से उतरने के लिए तैयार रहने की।

ऊँचे टीले पर चढ़ना सिर्फ मन के उस एहसास से गुजारने की एक प्रक्रिया भर है कि हम वहाँ तक पहुँच सकते हैं, पर वहाँ रुक नहीं सकते। वहाँ कोई नहीं रुका है, कोई नहीं रुकेगा।

□

कंधे पर संसार

सुबह नींद खुलते ही हजारों विचार मन में उमड़ने-घुमड़ने लगते हैं। कभी-कभी तो ऐसा होता है कि मैं आपके लिए पूरी पोस्ट लिख चुका होता हूँ, फिर कोई दूसरी कहानी मुझसे पूछने लगती है कि तुम अपने परिजनों से मेरी मुलाकात कब कराओगे।

अब तक तो लोगों को ही मुझसे कुछ-कुछ शिकायतें होती थीं, अब तो कहानियों को भी शिकायतें होने लगी हैं।

ऐसा ही आज हुआ। आज मैं उस माँ की कहानी लिख चुका था, जो अपने गैर-जिम्मेदार बेटे की हरकतों से दुःखी होकर अपने भाई को बुला लाई थीं कि अपने भानजे को कुछ समझाओ। वह बड़ा ही नहीं हो रहा। उसे अपनी जिम्मेदारियों का एहसास ही नहीं हो रहा।

मैंने उस बहन की पूरी गुहार सुन ली थी। यकीन कीजिए, पूरी कहानी लिख चुका था, पर तब तक पता नहीं कैसे मेरे ही मन में मेरी वे यादें उमड़ने-घुमड़ने लगीं, जब मैं पहली बार नौकरी करने दिल्ली आ रहा था।

लंबाई 5 फीट 11 इंच। वजन 60 किलो। उम्र 21 साल। जेब में 50 रुपए का एक नोट। हाथ में लोहे का बक्सा। चार-पाँच कपड़े। थोड़ी सी किताबें!

इतना सब लेकर मैं भोपाल से दिल्ली जा रहा था।

पिताजी तब पटना में थे। मैं भोपाल में मामा के पास रहता था। जिस शाम मुझे भोपाल से दिल्ली के लिए निकलना था, दोपहर में एक चिट्ठी मिली। पिताजी की चिट्ठी मेरे नाम।

❦ ✻ ❦

''प्रिय संजू,

उम्मीद है तुम्हारे दिल्ली जाने से पहले तुम्हें मेरा पत्र मिल जाएगा। तुम अब बड़े हो गए हो। मैं जानता हूँ, अपनी माँ के चले जाने के बाद तुम बहुत अकेले रह गए। मैंने तुम्हारी आँखों में वो टीस हमेशा देखी है, पर तुम मेरे बहादुर बेटा हो। तुमने सभी दु:खों का बहुत हिम्मत से सामना किया है। तुमने अपनी पढ़ाई जारी रखी, तुमने मन लगाकर पढ़ाई की। आज तुम्हें इसका फल मिलने जा रहा है। तुम अब तक मेरे साथ रहे, फिर मामा के साथ रहे, लेकिन अब तुम अपनी ज़िंदगी का सफर अकेले तय करने निकल रहे हो।

एक बार जब तुम अकेले रहने लगोगे, तुम जल्दी बड़े होने लगोगे।

मैं जानता हूँ कि तुम्हें कभी कोई तकलीफ नहीं होगी। कभी होगी भी तो तुम उसका मजबूती से सामना करोगे, पर क्योंकि अब तुम व्यावहारिक संसार का सामना करने जा रहे हो, इसलिए मैं तुम्हें कुछ समझाना चाहता हूँ।''

❊

पिताजी मुझे आम तौर पर अपनी बातचीत में कुछ-न-कुछ संदेश दिया करते थे। वे कुछ-न-कुछ समझाया करते थे, पर आज मेरे दिल्ली जाने पर पिताजी पत्र लिखकर मुझे क्या समझाने जा रहे हैं? यही सवाल मेरे मन में उठा। मैं पत्र आगे पढ़ने लगा।

❊

''बेटा, तुम अपनी जरूरतों को अपनी आमदनी के हिसाब से घटाना या बढ़ाना। इस संसार में कोई भी चीज बहुत जरूरी नहीं, पर हमारा मन कभी-कभी अनावश्यक चीजों के लिए भटकने लगता है। तुम अपनी चाहतों पर नियंत्रण रखना। तुम जो चाहोगे, वह चीज तुम हासिल कर सकते हो, पर उसे हासिल करने के लिए मेहनत करना। मेहनत से तुम जो चीज पाओगे, उसी की अहमियत होगी।
तुम कोशिश करना कि तुम्हें कभी अपनी किसी निजी जरूरत के लिए किसी से कर्ज लेने की नौबत न आए। बेटा, जब तुम्हें किसी से कर्ज लेने की नौबत आ जाए, तो समझना कि तुम्हारी ज़िंदगी में मुश्किल दौर शुरू होने जा रहा है और अगर तुम्हें कोई कर्ज देनेवाला मिल गया तो समझना कि वह मुश्किल दौर आ चुका है। बेटा, कर्ज लेना बहुत आसान होता है, पर कर्ज चुकाना बहुत मुश्किल होता है।

मेरी बात का ध्यान रखना। कभी किसी चीज की बहुत जरूरत हो, तो मुझे लिखना,

पर किसी से कुछ मत माँगना। कोई देना भी चाहे, तो मत लेना। नहीं लेने में ही स्वाभिमान छुपा होता है। यही आदमी की परीक्षा का समय होता है।

आज तुम्हारी माँ होती तो तुम्हें पास बिठाकर बहुत दुलार करती। तुम्हें दही-चीनी खिलाकर विदा करती...।''

❊

इसके आगे मैं पत्र नहीं पढ़ पाया, पर पिताजी की लिखी वे पंक्तियाँ मेरे जेहन में घूमती रहीं। कभी निजी जरूरतों के लिए किसी से उधार मत लेना।

मैंने कभी किसी से उधार नहीं लिया। आज तो जरूरत नहीं पड़ती, पर शुरुआती दिनों में कभी-कभी पैसे एकदम खत्म हो जाते थे, तब भी नहीं।
पिताजी का कहा दिमाग में घूमता रहता था कि कर्ज लेने की जरूरत पड़ जाए तो समझना बुरे दिन आनेवाले हैं और अगर कोई कर्ज देनेवाला मिल जाए, तो समझ लेना कि बुरे दिन आ गए हैं।

❊

कल पत्नी मेरी अलमारी ठीक कर रही थी। उसे कहीं दराज में पड़ा वह पत्र मिला।

पत्नी ने पत्र पढ़ा या नहीं, मुझे नहीं पता, पर मेरी आँखों के आगे पिताजी घूमने लगे।

स्कूल-कॉलेज में हम ढेर सारे विषय पढ़ते हैं, पर ज़िंदगी का पाठ तो बच्चा माँ की गोद में और पिता के कंधे पर ही पढ़ पाता है। माँ की गोद से बढ़कर और पिता के कंधों से ऊपर कोई विश्वविद्यालय नहीं है।

□

पहले तुम

एक बार एक महिला अपने पति की गैर-मौजूदगी में अपने प्रेमी के साथ बेडरूम में सो रही थी।

पति शहर से दूर कहीं दौरे पर गया था। पत्नी को मालूम था कि पति दो दिन बाद ही आएगा, पर उस रात पति अचानक घर जल्दी पहुँच गया। उसने अपनी चाबी से कमरे का दरवाजा खोला और भीतर चला आया।

पत्नी अचानक कमरे में अपने पति को देखकर ज़रा भी नहीं घबराई। उसने बहुत संयत होकर पूछा, ''अरे, तुम जल्दी कैसे चले आए? तुम तो दो दिन के लिए दौरे पर गए थे न?''

पति ने पत्नी के सवालों का जवाब देने की जगह पत्नी से पूछा कि ये कौन है?

अब पत्नी का गुस्सा सातवें आसमान पर था। वह लगभग चिल्लानेवाली स्थिति में थी। उसने कहा, ''तुम बात मत बदलो। मैंने जो पूछा है, पहले उसका जवाब दो, तुम जल्दी कैसे आ गए?''

❦ ✲ ❦

हमारे हुक्मरान ऐसे ही हैं।

आप उनसे पूछेंगे कि इस देश में इतनी गरीबी और बेरोजगारी क्यों है, तो वे आपको लगभग डपटते हुए कहेंगे कि तुम बताओ कि इतना प्रदूषण क्यों है? हवा इतनी गंदी क्यों है? तुमने अपनी गाड़ियों से जो इतना प्रदूषण फैला दिया है, उसका जवाब कौन देगा?

❦ ✲ ❦

उस महिला का पति बेचारा सन्न रह गया था।

वह पूछ रहा था कि हमारे कमरे में ये अनजान शख्स कौन है और पत्नी कह रही थी कि तुम्हारी बात बदलने की आदत बहुत बुरी है।

हम सरकार से जैसे ही कोई सवाल करते हैं, सरकार हमें उलझा देती है। जिस प्रदूषण नीति के लिए सारी जिम्मेदारी ही उसकी है, उसका ठीकरा वह हमारे सिर पर फोड़कर आँखें दिखा सकती है।

❧ ⁂ ❧

आप सरकार से पूछते हैं कि आपने चुनाव से पहले कहा था कि सबको रहने के लिए घर मिलेगा। कब मिलेगा घर?

वे आपको यह कहकर उलझा देंगे कि तुम उन चिड़ियों के बारे में सोचो, जिनके घोंसले तुमने उजाड़ दिए हैं। तुमने पक्षी अभयारण्य के दस किलोमीटर के दायरे में उस बिल्डर से मकान खरीदकर जो गुनाह किया है, उसकी सज़ा कौन भुगतेगा?

आप कहेंगे कि उस बिल्डर को जमीन आपने दी है। उसे ऊँची-ऊँची इमारतें बनाने की अनुमति भी आपने दी है। मैंने तो उसमें एक फ्लैट खरीदा है।
वे आपको फिर डाँट देंगे। हमने जमीन दी थी, हमने अनुमति दी थी, इसीलिए तो हमने उसका काम रोक दिया। हमने आपसे थोड़े न कहा था कि आप जाकर वहाँ फ्लैट बुक करा लो।

आपको फ्लैट बुक कराने से पहले सोचना चाहिए था कि कहीं आसपास चिड़ियों का घोंसला तो नहीं।

❧ ⁂ ❧

मैंने पिछले महीने ही एक कार खरीदी है।

अब सुन रहा हूँ कि सरकार ने डीजल की कार पर प्रतिबंध लगा दिया है। दिल्ली सरकार में ढेर सारे लोग कभी हमारे साथी हुआ करते थे। अपनी गाड़ी की रक्षा के लिए मैं अपने एक दोस्त से मिला। मैंने पूछा कि आप लोगों को इतनी ही चिंता थी तो कंपनी को यहाँ कारखाना लगाने ही क्यों दिया? बेचारों का इतना नुकसान हो गया।

''हो गया तो हो गया। हम हवा का नुकसान नहीं सह सकते।''

''आपको पता है, इन गाड़ियों से प्रदूषण नहीं फैलता। यह तो डीजल में मिलावट से फैलता है। मैं पत्रकार हूँ, मैंने कई बार रिपोर्टिंग की है कि डीजल में आसानी से मिट्टी का तेल मिला दिया जाता है। पेट्रोल पंपवाले अपने मुनाफे के लिए ऐसा करते हैं। आप पेट्रोल पंपवालों के खिलाफ काररवाई क्यों नहीं करते?''

''तुम चुप रहो, संजय सिन्हा। तुम्हें क्या जरूरत थी इतनी बड़ी गाड़ी खरीदने की? तुम सरकार हो क्या? तुम टाटा नैनो पर चलते तो क्या तुम्हारी शान में बट्टा लग जाता? तुम इतने सवाल मत किया करो। शहर की आबोहवा तुमने और तुम्हारे जैसे लोगों ने खराब की है। मेरी खाँसी के लिए सिर्फ और सिर्फ तुम्हीं जिम्मेदार हो।''

''सर, पर दिल्ली में प्रदूषण तो राजस्थान से आनेवाली हवाओं के साथ आता है। वहाँ से धूल-कण आते हैं।''

''हम हवा को तो नहीं रोक सकते, न!''

''सर, पंजाब में जो किसान अपनी फसल के भूसे जलाते हैं, उससे भी प्रदूषण होता है।''

''शटअप। पंजाब में चुनाव होने हैं। हम वहाँ के किसानों को नाराज नहीं कर सकते। हम कहीं के किसानों को नाराज नहीं कर सकते।''

''सर, दिल्ली में जो टैक्सी और ऑटो चलते हैं, उनसे बहुत प्रदूषण होता है।''

''तुम फालतू बात मत करो। हम तुम्हारे वोट से नहीं जीते हैं। हम इन ऑटो वालों के वोट से ही जीते हैं। उन्हें तो बिल्कुल नाराज नहीं कर सकते।''

''ये जो बड़े-बड़े ट्रक रोज़ आते हैं, उनका क्या?''

''चंदा क्या तुम देते हो पार्टी के लिए। हम अपने इतने सारे दोस्तों को तुम्हारे टी. वी. चैनल पर चाँय-चाँय करने के लिए भेजते हैं, उनका खर्चा तुम चलाते हो? इन ट्रकवालों की लॉबी पर कुछ बोलने से पहले अपने गिरेबान में झाँको। तुमने हवा में गंधक की मात्रा कितनी फैला दी है।''

''पर सर, इन गाड़ियों से प्रदूषण हो ही नहीं सकता। आप फिएट और अंबेसडर के जमाने की बात सोच रहे हैं। ये गाड़ियाँ दुनिया के मानकों पर बनी हुई हैं। वह बीते दिनों की बात हुई कि पहले अमेरिका में गाड़ियाँ आती थीं, फिर जब वहाँ कबाड़ हो जाती थीं तो वह तकनीक भारत को टिका दी जाती थी। अब तो जैसे दिल्ली-पटना में एक साथ फिल्में रिलीज होती हैं, वैसे ही गाड़ियाँ भी दुनिया भर में साथ ही आती हैं।''

''फिल्में बहुत देखते हो। जाओ फिल्म देखो। इस हवा के गुनहगार तुम्हीं हो।''

''अच्छा, आपने कहा था—फ्री इंटरनेट देंगे।''

''संजय, सवाल बहुत करते हो। तुम जवाब एक भी नहीं देते। हवा में जो कार्बन, सल्फर, नाइट्रोजन, जेडपीटीओ, लेडपीटीओ, हेडपीटीओ और न जाने कितने पीटीओ तुमने मिला दिए हैं, पहले उनका जवाब लेकर आओ। फिर मुझसे बात करना कि फ्री इंटरनेट क्यों नहीं। सबको नौकरी क्यों नहीं। सबको घर क्यों नहीं।''

❦ ✻ ❦

बेचारा पति अपनी फाइल खोलकर बैठा है, यह पता करने के लिए आखिर उसकी मीटिंग दो दिन पहले क्यों खत्म हो गई।

मैं बैठा हूँ अपनी गाड़ी का इंजन खोलकर यह देखने के लिए प्रदूषण कहाँ से हो रहा है।

इसके बाद मैं आज दफ्तर से छुट्टी लेकर निकलूँगा गाड़ी का प्रदूषण प्रमाण-पत्र लेने के लिए, क्योंकि प्रदूषण जाँच दिल्ली में सुबह नौ से शाम पाँच के बीच ही होती है, फिर सम नंबर वाले उस परिचित को ढूँढूँगा, जो मेरे समय पर उस रास्ते से गुजरता हो और वह मुझे अपने साथ तीन दिन दफ्तर ले जा सके। मेरी गाड़ी विषम नंबर की है।

सोचिए, अब मैं अपनी बचाऊँ कि यह सोचूँ कि सरकार क्या कर रही है।

आम जनता और पति में कितनी समानता है। है न!

□

चार शादियाँ

एक पिता ने मुझसे गुहार लगाई है कि मैं उनके बेटे को समझाऊँ। बेटा पिता की बात नहीं सुनता। वह पिता के साथ अभद्र व्यवहार करता है। मैंने सोच लिया था कि मैं चौथी कक्षा में पढ़ी वह कहानी उसे जरूर सुनाऊँगा, जिसे पढ़ते हुए मैं बहुत गहरी सोच में डूब जाया करता था।

पर अचानक मुझे उस आदमी की कहानी याद आ गई, जिसने चार शादियाँ की थीं।

"चार शादियाँ?"

"हाँ, चार शादियाँ। दरअसल हम सभी अपनी ज़िंदगी में चार शादियाँ करते हैं।"

"पहेलियाँ न बुझाओ, संजय सिन्हा। साफ-साफ बताओ कि हमने भला चार शादियाँ कब कीं? हमने चार शादियाँ क्यों कीं? हमने चार शादियाँ कैसे कीं?"

"ओह! एक साथ इतने सवाल? तब तो वो कहानी सुनानी ही पड़ेगी, जिसे मुझे मेरी टीचर ने सुनाई थी।"

"देर न करो। तुमने इतनी बड़ी बात कह दी है, तो अब कहानी सुनाओ।"

"और पिता की गुहारवाली कहानी?"

"वह कल सुनाना। आज तो चार शादियों का राज खोलो।"

❧ ❊ ❧

एक राजा था। उसकी चार पत्नियाँ थीं।

वह चौथी पत्नी से बहुत प्यार करता था। वह उसका बहुत ध्यान रखता था। उसकी सारी जरूरतें वह पूरी करता था। उसके दिल और दिमाग में वह बसी हुई थी। वह

उसकी सुख-सुविधा के लिए कुछ भी करने को तैयार रहता था।

वैसे राजा को अपनी तीसरी पत्नी से भी बहुत प्यार था। वह इतनी खूबसूरत थी कि उसके मन में हमेशा यह भय रहता था कि कहीं वह उसे छोड़कर किसी और के पास न चली जाए।

अब बात आती है राजा की दूसरी पत्नी की। तो सच यही है कि राजा अपनी दूसरी पत्नी को भी बहुत चाहता था। वह उसकी विश्वासपात्र थी। वह राजकाज चलाने में भी उसकी मदद करती थी। कभी-कभी किसी मुश्किल घड़ी में वह उसके लिए बेहतरीन सलाहकार का काम भी करती थी। अब बची पहली पत्नी। तो सच्चाई ये है कि पहली पत्नी राजा से बहुत प्रेम करती थी।

हालाँकि राजा को अपनी पहली पत्नी पसंद नहीं थी। वह उसकी ओर से उदासीन ही था, पर पहली पत्नी अपने पति से बहुत प्यार करती थी।

❧ ❋ ❧

एक दिन राजा बहुत बीमार पड़ गया। उसे लगने लगा कि अब उसका अंतिम समय नजदीक आ गया है। उसे अकेलेपन का भय सताने लगा कि वह अकेला कैसे मरेगा। उसके मन में आया कि कोई उसके साथ मर जाए तो वह अकेला नहीं रहेगा।

उसने अपनी चौथी पत्नी को, जिसे वह सबसे अधिक प्यार करता था, अपने पास बुलाया और कहा, ''मैंने तुम्हें जीवन भर बहुत प्यार किया है। दरअसल मैंने तुम्हें सबसे ज्यादा प्यार किया है। तुमने जो चाहा, मैंने तुम्हें दिया। क्या तुम मेरे साथ मरोगी? मैं तुम्हारे बिना मरकर बहुत उदास रहूँगा।''

पत्नी राजा की बात सुनकर घबरा गई। उसने कहा, ''आप कैसी बातें कर रहे हैं? मैंने संसार को ठीक से देखा तक नहीं। मैं नहीं मर सकती आपके साथ।''

राजा को बहुत अफसोस हुआ, फिर उसने तीसरी पत्नी को अपने पास बुलवाया।

उसने उससे भी यही कहा कि वो मरनेवाला है और वह नहीं चाहता कि अकेला मरे। उसने उससे गुजारिश की कि वह भी उसके साथ मर जाए।

तीसरी पत्नी ने भी उससे यही कहा, ''ऐसा भला कैसे हो सकता है! अभी तो मैं जवान हूँ। खूबसूरत हूँ। आपके मर जाने के बाद मैं दूसरी शादी करके नई ज़िंदगी जीना चाहूँगी। मैं अभी मरने की नहीं सोच सकती।''

राजा को बहुत दु:ख हुआ। उसे अपनी इस पत्नी से ऐसे जवाब की उम्मीद नहीं थी।

अब राजा को दूसरी पत्नी की याद आई।

दूसरी पत्नी से भी राजा ने यही कहा कि तुमने हमेशा मेरा साथ दिया है। क्या तुम मेरे साथ मरना पसंद करोगी।

दूसरी पत्नी ने भी मना कर दिया, ''नहीं, मैं आपके साथ नहीं मर सकती। कोई किसी के साथ नहीं मरता।''

राजा बिल्कुल टूट गया।

तभी उसकी पहली पत्नी उसके पास आई और उसने राजा से कहा कि मैं आपके साथ चलूँगी। मैं आपके साथ मरना चाहूँगी। मैंने हमेशा आपसे बहुत प्यार किया है।

राजा ने अपनी पहली पत्नी की ओर देखा। वह बहुत बीमार नजर आ रही थी। राजा ने बहुत दिनों से उसकी ओर देखा तक नहीं था।

अपनी पहली पत्नी की आवाज सुनकर राजा बिलख पड़ा। उसने बिलखते हुए कहा कि मैंने तुम्हारा कभी ध्यान नहीं रखा, जबकि मुझे सबसे अधिक तुम्हारा ही ध्यान रखना चाहिए था।

❧ ❊ ❧

''संजय सिन्हा, यह तो राजा और उसकी चार रानियों की कहानी हुई, जिसमें तीन ने उसके साथ मरने से मना कर दिया, पर इससे ये कैसे साबित हुआ कि हम सबने चार शादियाँ की हैं?''

❧ ❊ ❧

दरअसल हम सबकी चार पत्नियाँ होती हैं।

चौथी पत्नी हमारी देह है। हम चाहे इसका जितना भी ध्यान रखें, ये हमारा साथ छोड़ ही देती है।

संपत्ति हमारी तीसरी पत्नी है। हमारे मर जाने के बाद वह किसी और के पास चली जाती है।

हमारा परिवार हमारी दूसरी पत्नी है। परिवारवाले जीवित रहते तो हमारे करीब रहते

हैं, लेकिन हमारे चले जाने के बाद भुला देते हैं।

पहली पत्नी हमारी आत्मा है। हम सारी ज़िंदगी धन-दौलत, लोभ, मोह, परिवार के पीछे उसे भुलाए रहते हैं, पर साथ वही जाती है।

❊

एक रिश्ता अपनी आत्मा के साथ भी बनाकर देखिए, अच्छा लगेगा।

□

वरदान, जो बन गया शाप

मुझे पूरा यकीन है कि आज जो कहानी मैं आपसे साझा करने जा रहा हूँ, वह आप सबने अपने-अपने बचपन में पढ़ी होगी। पढ़ी क्या होगी, जी होगी। आखिर हम सब कभी-न-कभी बच्चे ही तो थे। हम सभी को अपने पिता की बाँहों में झूलने का सौभाग्य मिला ही है। हम सभी ने अपने-अपने पिता से पूछा ही है कि बाबा, यह क्या है ? बाबा, वह क्या है ? बाबा, चंदा मामा रात में ही क्यों आते हैं ? बाबा, सितारे क्यों टिमटिमाते हैं ? बाबा, हवाई जहाज कैसे उड़ता है ? बाबा, कौआ काला क्यों होता है ?

❧ ✻ ❧

बस मेरी कहानी आज कौए पर आकर रुक जाती है।

हम सबने यह कहानी पढ़ी है, पर आज मैं उस बेटे के लिए ये कहानी दुहरा रहा हूँ, जिसके पिता ने मुझसे अनुरोध किया है कि मैं उनके बेटे को समझाऊँ कि वह उनकी बात सुने, उनकी बात समझे। पिता का कहना है कि बेटा अब उनकी बात बिल्कुल नहीं सुनता। वह अपने कुछ बिगड़े हुए दोस्तों के साथ गलत राह पर चल पड़ा है। पिता से कोई बात साझा नहीं करता, पूछने पर उन्हें ही डपट देता है।
बहुत बड़ी विडंबना है। आदमी सारी दुनिया पर राज कर लेता है, पर अपनी ही संतान के आगे हार जाता है।

आज मैं उस हारे हुए पिता के बेटे के नाम बचपन में पढ़ी कहानी को साझा करना चाहता हूँ। मैं उस बेटे को बताना चाहता हूँ कि वह जो कर रहा है, उससे न सिर्फ पिता के दिल को ठेस पहुँचेगी, बल्कि बेटे की पूरी ज़िंदगी बरबाद हो जाएगी।

❧ ✻ ❧

बस, बहुत हुआ ज्ञान, संजय सिन्हा। अब सीधे-सीधे वह कौएवाली कहानी सुना दो, जिसे सुनाने के लिए तुम कल से बेचैन हो। उम्मीद है कि कौएवाली कहानी सुनकर बेटा शायद पिता की बातें सुनने लगे। समझ जाए कि पिता अगर कुछ कहते हैं, कुछ पूछते हैं, कुछ जानना चाहते हैं, तो यह उनका हक है।

❦ ❊ ❧

एक छोटा बच्चा घर के आँगन में आए एक कौए को देखकर बहुत उत्साहित था। बच्चा पिता की गोद में बैठा था और आँगन में फुदक रहे कौए को देखकर खुश हो रहा था। बच्चे ने अपने पिता से पूछा कि बाबा, यह क्या है?

पिता ने कहा, "यह कौआ है, बेटा।"

बेटा कौए को देखने में खो गया। कौआ मस्त भाव से आँगन में इधर-उधर बिखरे अनाज के दानों को चुग रहा था।

बेटा पिता के सीने से लिपटता हुआ फिर बोला, "यह क्या है बाबा?"

पिता ने फिर कहा, "यह कौआ है, बेटा।"

बेटा फिर खेलने में मस्त हो गया। अचानक उसने फिर पूछा, "बाबा, यह क्या है?"

"यह कौआ है, बेटा।"

धीरे-धीरे यह खेल बन गया। बेटा बार-बार पिता से पूछता कि यह क्या है और पिता बार-बार जवाब देता कि यह कौआ है। ऐसा एक भी मौका नहीं आया, जब पिता बेटे के सवाल पर खीझा हो, चिढ़ा हो।

❦ ❊ ❧

बेटा बड़ा हो गया। पिता बूढ़ा हो गया।

एक दिन घर पर कोई आया। पिता ने पूछा कि कौन आया है, बेटा?

बेटे ने वहीं से जवाब दिया कि शर्माजी हैं।

पिता ने नहीं सुना।

उन्होंने कमरे में लेटे-लेटे दुबारा पूछा कि कोई आया है क्या, बेटा?

बेटे ने वहीं शर्माजी के सामने दरवाजे पर खड़े-खड़े चीखकर कहा कि कौन आया है, आकर बाहर देख लीजिए। कमरे से चिल्लाकर क्या बार-बार एक ही सवाल पूछे जा रहे हैं ? इतनी उम्र हो गई है, सवाल खत्म ही नहीं होते।

❁

पिता और उसके बेटे का रिश्ता बड़ा अजीब होता है।

बेटियाँ अगर पिता के लिए नैतिकता होती हैं, तो बेटे पिता का हौसला होते हैं। ऐसा नहीं है कि पिता का येहहौसला एक दिन में बनाता है, यह उनकी वर्षों की तपस्या का फल होता है।

तपस्या का फल वरदान की जगह शाप बन जाए, तो सोचिए कैसा लगेगा!

□

मुझे माँ बनना है

आज मेरा एक बहुत बड़ा सपना पूरा होने जा रहा है। अब से कुछ देर बाद मुझे 'माँ' बनने का सौभाग्य मिलेगा।

मैं जानता हूँ कि मेरे ऐसा कहते ही आप उलझ गए होंगे कि आखिर संजय सिन्हा ऐसी बहकी-बहकी बातें क्यों लिखने लगे। सब ठीक तो है न?

जी हाँ, सब ठीक है, पर आज मुझे वह सौभाग्य मिलने जा रहा है, जिसकी चाहत मेरे दिल में न जाने कब से थी।

मैं माँ बनना चाहता था। मैं मातृत्व को महसूस करना चाहता था। आज अब से कुछ देर बाद मेरी यह मुराद पूरी होने जा रही है।

❊

कल मैं दिल्ली से जबलपुर पहुँचा। पहले मेरा टिकट हवाई जहाज का था। हवाई जहाज का जबलपुर आना कैंसिल हो गया, फिर मैंने ट्रेन का टिकट लिया। ट्रेन में टिकट कनफर्म नहीं हुआ, पर मैं तो तय कर चुका था कि मैं जबलपुर जाऊँगा। शाम को पाँच बजे मुझे ट्रेन पकड़नी थी, लेकिन ट्रेन में सीट नहीं मिली। अब क्या हो? अब मैं जबलपुर कैसे जाऊँगा? दफ्तर में बैठकर मैं सोच ही रहा था कि अब क्या करूँ कि अचानक दिल में आया कि कार से जबलपुर चला जाए और आधे घंटे बाद मेरी कार एक्सप्रेस वे पर दौड़ रही थी। कुल हजार किलोमीटर का सफर तय करना था। दिल्ली से पाँच सौ किलोमीटर दूर झाँसी तक तो मैं बिना कहीं रुके ही पहुँच गया। रात में झाँसी में रुका और सुबह जब गाड़ी चलनी शुरू हुई, तो वह रुकी जबलपुर शहर की सीमा, भेड़ा घाट पर। वहाँ अपने फेसबुक परिजन राजीव चतुर्वेदी मेरा इंतजार कर रहे थे।

❊

राजीव चतुर्वेदी वैसे तो बिजनेस करते हैं। पर पिछले कई वर्षों से वे वृक्षारोपण कार्यक्रम से जुड़े हुए हैं। उनका सपना है, हर रोज़ एक पौधा लगाना। वे पिछले कई वर्षों से हर रोज़ एक पौधा लगाते हैं। खुद लगाते हैं, लोगों को पौधा लगाने के लिए प्रेरित करते हैं। स्कूल में जाकर बच्चों को बीज लगाने का पाठ पढ़ाते हैं। वे यहाँ कदम संस्थान से जुड़े हैं और अपने इस शौक को जुनून की हद तक जाकर पूरा करते हैं।

जबलपुर शहर की सीमा पर मैं उनके साथ कार में बैठ गया था।
वे आश्चर्य जता रहे थे कि मैं कार से दिल्ली से जबलपुर पहुँच गया।

मैं आश्चर्य जता रहा था कि आप हर रोज़ पौधा लगाने जैसे महान यज्ञ से जुड़े हुए हैं।

❧ ✻ ❧

राजीवजी ने मुझे बताना शुरू किया कि वे स्कूलों में जाकर बच्चों को बीज बाँट आते हैं। वे बच्चों को समझाते हैं कि तुम इस बीज को मिट्टी में लगाना, फिर तुम इस बीज को पौधा बनते देखना। एक दिन उस पौधे को वृक्ष बनते देखना तुम्हें अच्छा लगेगा।

मैं बहुत ध्यान से उनकी बातें सुन रहा था। वे कह रहे थे, ''संजयजी, जो बच्चे पौधा लगाना सीख जाते हैं, जो इस जीवन के आनंद को प्राप्त करना सीख जाते हैं, वे बच्चे कभी हिंसक नहीं होते। ऐसा मैंने कई बच्चों के व्यवहार में नोट किया है कि पौधे लगानेवाले बच्चे, उन्हें रोज़ सींचनेवाले बच्चे अचानक अपने भीतर एक जिम्मेदारी महसूस करने लगते हैं। वे एक बार पौधे से जब प्यार कर बैठते हैं, तो मिट्टी से जैसे-जैसे कोपलें फूटनी शुरू होती हैं, उनके मन में भी ज़िंदगी की कोपलें फूटनी शुरू होती हैं।''

राजीवजी इतना कहकर चुप हो गए।

पर मेरा मन उनके इतने से कहे पर अटक गया।

वाह! कितनी बड़ी बात है। मैंने आज तक ऐसा क्यों नहीं सोचा? सारी दुनिया कहती है कि पौधा लगाओ, वृक्षारोपण करो। इससे धरती बचेगी, आसमान बचेगा, नदियाँ बचेंगी, पर्यावरण बचेगा।

छोड़िए इन बातों को। मैं तो कहता हूँ कि आप पौधा लगाइए, इससे इनसानियत बचेगी। मनुष्यता बचेगी। रिश्ते बचेंगे। प्यार बचेगा। नफरत मिटेगी। हिंसा मिटेगी।

महिला जब माँ बनती है, तो उसके भीतर आश्चर्यजनक रूप से प्रेम का भाव फूटता है। जिस दिन वह अपनी कोख से संतान को जन्म देती है, उसके तन और मन में आमूल बदलाव आता है।

जानते हैं क्यों?

क्योंकि वह जन्म देने के एहसास से गुजरती है।

मैंने न जाने कितनी बार लिखा है कि महिलाएँ कोमल होती हैं और उनकी इस कोमलता के पीछे उनका मातृत्व भाव सबसे अहम होता है।

मेरे मन में था कि काश मैं माँ बन पाता!

आज मेरा वह सपना पूरा होगा। आज राजीव चतुर्वेदी मुझे अपने साथ पौधा रोपण कार्यक्रम में ले जाएँगे। उन्होंने मुझसे कहा है कि वे मुझसे जबलपुर में एक पौधा लगवाएँगे। एक पौधा, जो कभी वृक्ष बनेगा। उस एक पौधे को बड़ा होते हुए देखने के लिए मैं फिर जबलपुर आऊँगा। एक बार नहीं, कई-कई बार आऊँगा। जैसे ही पौधे को मिट्टी में मैं लगाऊँगा, पानी की कुछ बूँदें उसमें डालूँगा, मेरे भीतर मातृत्व की कोमल कोपलें फूटेंगी। मैं उस एहसास से गुजरूँगा, जिस एहसास से सिर्फ और सिर्फ एक औरत ही गुजरती है। मैं माँ बन जाऊँगा।

एक पौधा मेरा होगा। मेरे वात्सल्य से भरा हुआ पौधा!

❦ ✻ ❦

मातृत्व है क्या? एक एहसास ही तो है। माँ बनना तन की प्रक्रिया नहीं, मन की प्रक्रिया है। आज मैं मन की इसी प्रक्रिया से गुजरूँगा।

आप भी बीज लगाइए। एक पौधे को सींचिए। उसे वृक्ष बनते देखिए और आप भी गुजरिए उस एहसास से, जो शायद संसार का सबसे कोमल एहसास होता है।

□

एक और विजय

"एक बार जब मैं कोई कमिटमेंट कर लेता हूँ, तो फिर खुद की भी नहीं सुनता।"

बतौर डॉयलाग सिनेमा में इसे सुनना बहुत आसान होता है, पर जीवन में इसे उतार पाना बहुत मुश्किल होता है। अब कल मैंने अपना कमिटमेंट जता दिया था कि आज मैं आपको जबलपुर में बैठकर कमल ग्रोवर की कहानी सुनाऊँगा। कल सुबह जब मैंने आपसे अपनी पोस्ट में यह वादा किया था, तब मेरे मन में उनकी कहानी राजधानी एक्सप्रेस की रफ्तार से दौड़ रही थी, पर जब आज मैं अपनी तय कहानी लिखने बैठा तो वह कई स्टेशन दूर तक का सफर तय कर चुकी थी। उसके बाद तो न जाने कितनी कहानियों का जन्म हो चुका था। चम्मच से पौधों को पानी पिलानेवाली कहानी, दूध से नदी भर देने वाली कहानी और न जाने कितनी कहानियाँ दिमाग में आकार ले चुकी थीं, पर मैं कमिटमेंट कर चुका था कि मैं कमल ग्रोवरजी की कहानी ही सुनाऊँगा।

*

इस बार की अपनी जबलपुर यात्रा में मैं ठहरा हूँ होटल 'सत्य अशोका' में।

दो दिन पहले जब मैं जबलपुर पहुँचा तो मेरे ठहरने का इंतजाम इसी होटल में किया गया था। मेरी गाड़ी होटल के बाहर रुकी और कमल ग्रोवरजी मुझे वहीं मिल गए। मैं उनके साथ होटल की लॉबी में घुसा। सारा स्टाफ उन्हें देखकर एकदम अटेंशन की मुद्रा में नजर आया, फिर हम लिफ्ट से होटल की चौथी मंजिल तक पहुँचे। मेरा कमरा इसी मंजिल पर था।

चौथी मंजिल पर पहुँचते ही मेरे कमरे में जाने से पहले बगल का एक कमरा और खुला। मैं कमल ग्रोवरजी के साथ उस कमरे में दाखिल हुआ, तो उन्होंने कमरे की

खिड़की से परदा हटाया और मुझसे कहा, ''संजयजी ये मेरा दफ्तर है। मैं अक्सर यहीं आकर बैठता हूँ। आप इस खिड़की के बाहर उस स्टेडियम में देखिए, आप जिस कार्यक्रम में शिरकत करने आए हैं, उसे आप यहाँ से देख सकते हैं।'' मैं हैरान था। होटल में एक कमरा कमल ग्रोवरजी का है। उन्होंने अपना दफ्तर यहाँ क्यों बनाया है ? कमल ग्रोवरजी ने मेरी आँखों में उठ रहे सवाल को पढ़ लिया। उन्होंने मुझसे बैठने का इशारा किया और खो गए यादों में।

❧ ✻ ☙

बहुत साल पहले मैं एक बार इस होटल में ठहरने आया था। मुझे यही कमरा मिला था। उन दिनों यहाँ दशहरा का कोई मेला चल रहा था। मेला नहीं शायद कोई सांस्कृतिक कार्यक्रम था। मैंने खिड़की से परदा हटाया, तो मुझे स्टेडियम में चल रहा वह समारोह यहाँ से बिल्कुल साफ नजर आ रहा था। मुझे बहुत अच्छा लगा। मेरे मन में उस दिन ख्याल आया कि अब मैं जब भी इस होटल में ठहरा तो कोशिश करूँगा कि मुझे यही कमरा मिले।

पर इतने से कहाँ मन को संतोष मिलने वाला था। मुझे लगा कि अगर यह कमरा मेरा होता तो कितना अच्छा होता।

❧ ✻ ☙

ऐसा कई बार होता है, जब आपको कोई चीज इतनी पसंद आ जाती है तो आप चाहते हैं कि काश वह चीज आपकी होती!

फिल्म का नाम था—'दीवार'।

अमिताभ बच्चन मुंबई में एक ऊँची सी इमारत को खरीद रहे होते हैं और बेचनेवाला सेठ सौदा हो जाने के बाद उनसे कहता है कि मिस्टर विजय कुमार आपको बिजनेस करना नहीं आता। अगर आपने मुझसे कहा होता कि इस बिल्डिंग की कीमत दो-चार लाख रुपए कम दीजिए तो मैं आपके लिए इसकी कीमत कुछ कम कर देता।

अमिताभ बच्चन एक पल को रुकते हैं, फिर अपनी जेब में हाथ डालकर वे बेहद गंभीर स्वर में धीरे से कहते हैं कि सौदा करना आपको नहीं आता। अगर आपने मुझसे इस बिल्डिंग की कीमत दस-बीस लाख रुपए ज्यादा माँगी होती, तो मैं मना नहीं करता।

पूरा हॉल तालियों की गड़गड़ाट से गूँज रहा होता है।

❧ ✻ ☙

कमल ग्रोवर मुझे बता रहे थे कि वे चाहते थे कि ऐसा ही कमरा उनके पास होता तो उनका सपना पूरा हो जाता।

इतना बताते-बताते उन्होंने पानी का गिलास हाथ में उठाया और थोड़ा रुक-रुक कर पानी पीने लगे। मैं खामोश उनकी आँखों में झाँक रहा था।

वे कह रहे थे, ''मैं चाहता था कि यह कमरा मेरे पास हो।''

मैं सोच रहा था कि अब कमल ग्रोवर मुझसे कहेंगे कि मैंने इस कमरे को किराए पर ले लिया और दफ्तर बनाकर अपना सपना पूरा कर लिया।

पर नहीं। मैं गलत था।

कमल ग्रोवरजी मुझसे कह रहे थे, ''मैंने इस होटल को ही खरीद लिया। हालाँकि बहुत आसान नहीं था होटल खरीद लेने का फैसला लेना, पर...।''

~ * ~

ओह! तो जिस होटल में आज मैं ठहरने आया हूँ, जो जबलपुर का सबसे शानदार होटल है, अपने फेसबुक परिजन कमल ग्रोवर उसके मालिक हैं?

कमलजी ने यह बात बहुत आसानी से कह तो थी कि मैंने यह चार सितारा होटल खरीद लिया, पर बहुत आसान नहीं था यह फैसला लेना। वे बता रहे थे कि उनका खानदानी काम कंस्ट्रक्शन बिजनेस से जुड़ा है, पर एकदम से हमने होटल लेने का फैसला ले लिया।

मैं चुपचाप खड़ा रहा।

मेरी आँखों के आगे एक बार अमिताभ बच्चन थे। त्रिशूल के अमिताभ बच्चन। अमिताभ बच्चन मिस्टर आर.के. गुप्ता से मिलने उनके दफ्तर में आए थे और उनसे कह रहे थे कि मैं पाँच लाख का सौदा करने आया हूँ, पर मेरी जेब में पाँच फूटी कौड़ियाँ भी नहीं हैं।

अमिताभ बच्चन ने इतना कहा और सिनेमा हॉल तालियों से गूँज उठा।

कमल ग्रोवर मुझे बता रहे थे कि होटल खरीद लेने का ख्याल एकदम अलग सा था, पर हमने खरीद लिया। होटल खरीदने के बाद चौथी मंजिल का यह कमरा, जिसमें आप खड़े हैं, उसे मैंने अपना दफ्तर बना लिया।

~ * ~

मैं अपने कमरे में आया।

सलीम-जावेद, यश चोपड़ा सबकी सिनेमा वाली कहानियाँ परदे से निकल मेरी आँखों के सामने कमरे की दीवार पर दौड़ रही थीं।

मैं बहुत देर तक चुपचाप बैठा रहा।

सोचता रहा कि जिस किसी को सिनेमा की कहानियाँ सच्ची नहीं लगती हों, उन्हें एक बार जबलपुर आना चाहिए। कमल ग्रोवर से मिलना चाहिए और सपने कैसे सच में तब्दील होते हैं, यह देखना चाहिए। आप एक बार कमल ग्रोवर से मिलेंगे तो समझ जाएँगे कि आदमी सचमुच दिल से कुछ करने की ठान ले तो सारी कायनात उसे पूरा कराने में लग ही जाती है।

आप भी सपने देखिए। फिर उन्हें पूरा होते हुए देखिए। और जब कोई संजय सिन्हा आपके सामने आए, तो उससे अपनी कहानी साझा कीजिए।

क्या पता अगली पटकथा आपकी ही लिखी जा रही हो।

□

पानी और दूध

मुझे कहानियाँ बहुत अच्छी लगती हैं। मेरा बचपन कहानियों के संसार में गुजरा है। मेरी शिक्षा कहानियों की चाशनी में डुबोकर हुई है। माँ कहती थी कि ज़िंदगी के पाठ अगर कहानियों के माध्यम से पढ़ाए जाएँ तो वे याद रह जाते हैं।

माँ बिल्कुल सही कहती थी।

मैंने बचपन में जो कुछ पढ़ा था, मुझे सब याद है। जैसे ही मुझसे कोई सवाल पूछा जाता है, मुझे उससे जुड़ी कहानी याद आ जाती है। कहानी याद आते ही मुझे उसमें छिपा संदेश भी याद आ जाता है।

मैं जीवन के संदेश को बहुत अच्छे से आत्मसात् करता हूँ। अगर मुझसे कोई गलती होती है, तो मैं सहज भाव से उसे स्वीकार करता हूँ। जैसे ही मैं कोई कहानी सुनता हूँ, उसमें छिपे ज्ञान के रस को प्राप्त करने की कोशिश करने लगता हूँ। मैं जानता हूँ कि हर कहानी कुछ-न-कुछ कहना चाहती है। इसलिए मैं जब किसी से मिलता हूँ, तो मैं उसके अनुभवों को बहुत ध्यान से सुनना चाहता हूँ।

⁂

मैं दो दिनों की जबलपुर यात्रा पर था। जबलपुर की इस यात्रा में मैं न जाने कितनी कहानियों के बीच से गुजरा।

आज आपको उन्हीं कहानियों में से मैं एक सुनाने जा रहा हूँ। यह कहानी मुझे नर्मदा में नौकायन के दौरान संजय सिन्हा फेसबुक परिवार के परिजन कमल ग्रोवर साहब ने सुनाई थी।

हम दोनों साथ बैठे थे और जैसे ही बात चली कि आजकल के बच्चे बड़ों को मान नहीं देते, वे उनके अनुभवों से लाभ नहीं लेना चाहते। ग्रोवर साहब ने मुझे एक कहानी सुनाई।

वैसे आज मेरा मन था कि मैं आपको कदम संस्था के संस्थापक योगेश गनोरेजी की कहानी सुनाऊँ। आपको एक ऐसे हीरो की कहानी सुनाऊँ, जिसे सुनने के बाद ज़िंदगी के विषय में आपका सोचने का तरीका ही बदल जाएगा। मेरा यकीन कीजिए, मैं ये कहानी आपको जल्दी ही सुनाऊँगा। आपको उस हीरो से मिलवाऊँगा, जिसकी कहानी सुनने के बाद आप खुद-ब-खुद नतमस्तक हो जाएँगे,
पर अभी कहानी अनुभव के पाठ की।

❦ ✻ ❦

एक बार दो गाँव के दंबग परिवारों के लड़का और लड़की की शादी तय हुई।

लड़केवाले शादी के लिए बारात लेकर जा रहे थे कि लड़कीवालों ने शर्त रख दी कि इस बारात में कोई बुजुर्ग शामिल नहीं होगा।

लड़केवाले मान गए। गाँव से बारात चली तो एक बुजुर्ग अड़ गया कि तुम मुझे अपने साथ ले चलो। नौजवानों ने कहा कि बाबा, हम आपको साथ नहीं ले जा सकते, पर बुजुर्ग नहीं माना। उसने कहा, ''मेरे पास ज़िंदगी का जो अनुभव है, वह तुम लोगों के पास नहीं। तुम लोग कहीं फँस न जाओ, इसलिए जरूरी है कि तुम मुझे साथ ले चलो।''

बुजुर्ग चलने को आतुर था। नौजवान साथ नहीं ले जाने की शर्त से बँधे थे।
आखिर में बुजुर्ग ने कहा कि तुम लोग मुझे बक्से में छिपाकर ले चलो। बात बन गई।
उसे एक लोहे के बक्से में छिपाकर वे अपने साथ ले गए।

❦ ✻ ❦

शादी में किसी बात पर दोनों गाँव के नौजवान अपनी-अपनी संपन्नता को लेकर उलझ गए। लड़की के गाँववालों ने एक नई शर्त रख दी थी और अड़ गए कि लड़केवाले उनकी चुनौती पूरी नहीं करेंगे, तो ये शादी नहीं होगी। बात गाँव की शान तक पहुँच गई। ऐसा लगने लगा कि अब बारात खाली हाथ ही वापस जाएगी।

गाँववालों ने शर्त रख दी थी अगर लड़केवाले खुद को इतना बड़ा बता रहे हैं, इतना संपन्न बता रहे हैं तो वे उनके गाँव से जो नदी गुजर रही है, उसे दूध से भर दें।

अजीब़ बात हो गई। भला नदी को दूध से कैसे भरा जा सकता है?
बात आन-बान और शान की हो गई। लड़केवालों को लगा कि अब तो उनकी मूँछ नीची हो गई। लड़कीवालों की यह शर्त कोई पूरी नहीं कर सकता था।

आखिर में एक व्यक्ति को याद आया कि एक बुजुर्ग को वे छिपाकर अपने साथ लाए हैं। उसने कहा था कि जब कभी फँस जाओ तो मेरे अनुभव तुम्हारे काम आएँगे। वह व्यक्ति उस बुजुर्ग के पास गया और उसने उससे कहा कि बाबा, सभी फँस गए हैं। लड़कीवाले कह रहे हैं कि नदी को दूध से भर दोगे, तभी ब्याह होगा, नहीं तो बारात खाली हाथ ले जाओ।

❦ ✻ ❦

बुजुर्ग यह सुनकर मुस्कुराने लगा। उसने कहा कि तुम लोग ज़रा भी परेशान न हो।

तुम उनसे कहो कि हम पूरी नदी को दूध से भर देंगे, लेकिन पहले तुम नदी को खाली तो करो। नदी से सारा पानी निकाल दो, हम उसे दूध से भर देंगे।

❦ ✻ ❦

कमल ग्रोवर साहब ये कहानी सुना रहे थे, मैं तालियाँ बजा रहा था।
सचमुच अपने बड़ों के अनुभवों से हमारे पास सीखने को काफी कुछ है।
बेशक यह एक कहानी है, लेकिन जब कभी आप किसी मुसीबत में फँस जाएँ, तो अपने बड़ों से एक बार राय जरूर लीजिए। मेरा यकीन कीजिए, इस संसार में हर बीमारी का इलाज होता है। बस जरूरत है, सही डॉक्टर तक पहुँचने की।

□

उम्मीद और ज़िंदगी

आपने यह पढ़ा होगा कि जहाँ उम्मीद है, वहीं ज़िंदगी है। आपने सुना होगा कि 'जहाँ प्यार होता है, वहीं संसार होता है'।

आपने बचपन में ध्रुव तारा की कहानी भी सुनी होगी। आपने न जाने कितने नायकों की कहानियाँ सुनी होंगी। आपने सिनेमा के रूपहले परदे पर हीरोगीरी भी देखी होगी। ऐसी कहानियाँ सुनकर, पढ़कर और परदे पर देखकर आपने न जाने कितनी बार तालियाँ भी बजाई होंगी।

पर क्या आपने कभी सचमुच का हीरो देखा है?

क्या आप कभी उस हीरो से मिले हैं, जिसकी कहानी सुनकर आप कह उठें कि सचमुच जहाँ उम्मीद है, वहीं ज़िंदगी है।

आइए, आज मैं आपको एक रीयल हीरो से मिलवाता हूँ। पत्रकारिता में होने की वजह से तो मुझे सिनेमा के हीरो से मिलने के हजार मौके मिलते हैं, पर पिछले दिनों अपनी जबलपुर यात्रा में मैं एक सच्चे हीरो से मिलकर आया हूँ। जब से उनसे मिला हूँ, मैं सबसे यही कहता फिर रहा हूँ कि इस संसार में मुहब्बत से बढ़ कर कुछ भी नहीं। प्रेम और उम्मीद में वह शक्ति है, जिससे आदमी हर जंग जीत सकता है।

❦ ✻ ❦

अब सीधे-सीधे आता हूँ आज की कहानी पर। आज आपको मिलवाता हूँ एक ऐसे व्यक्ति से जिससे मिलने के बाद आपके कदम थम जाएँगे। आप सोचने पर मजबूर हो जाएँगे कि क्या सचमुच ऐसा होता है?

❦ ✻ ❦

आपको बता चुका हूँ कि पिछले दिनों मैं जबलपुर गया था। वहाँ मेरी मुलाकात हुई योगेश गनोरेजी से।

बेहद शांत और मुस्कुराता हुआ चेहरा। बेहद गंभीर आवाज और सिर से पाँव तक प्रेम से भरा व्यक्तित्व। योगेश गनोरेजी से मैं मिला तो मुझे बताया गया कि इन्होंने बहुत साल पहले पर्यावरण की रक्षा के लिए यह संकल्प लिया था कि वे कुछ करेंगे।

कुछ करेंगे—इस सोच के साथ ही इन्होंने अपना एक 'कदम' आगे बढ़ाया बीजारोपण की दिशा में।

उस एक कदम को साथ मिला कई कदमों का और धीरे-धीरे कदम संस्था की नींव पड़ गई। एक ऐसी संस्था, जो पिछले कई वर्षों से हर रोज़ एक पौधा लगाती है। अब तक न जाने कितने हजार पौधे यह संस्था लगा चुकी है।

मैं जब गनोरेजी से मिला, तो मुझे बहुत खुशी हुई यह जानकर कि इस संसार में ऐसे लोग भी हैं, जो सामाजिक कार्यों के लिए अपना पूरा जीवन खर्च कर देते हैं।

❊

रुकिए!

आज मैं आपको पौधारोपण की कहानी नहीं सुनाने जा रहा हूँ। आज मैं आपको जो कहानी सुनाने जा रहा हूँ, उसे सुनकर आप ठहर जाएँगे। आपके कानों में तालियाँ गूँजने लगेंगी। आप कह उठेंगे, वाह! संजय सिन्हा, आज तुमने सचमुच एक असली हीरो से मिलवा दिया।

❊

मैं जबलपुर के एक रेस्तराँ में लंच टेबल पर बैठा था योगेश गनोरेजी के साथ।

गनोरेजी ने मुझसे पूछा कि मेरे मन में यह बात कैसे आई कि फेसबुक के आभासी संसार को मैं एक वास्तविक संसार में बदल दूँ। मैं ऐसा कैसे सोच पाया कि इस काल्पनिक दुनिया के लोगों को आपस में मिलने के लिए उकसाया जाए।

मैंने उन्हें पूरी कहानी संक्षेप में सुनाई कि ढाई साल पहले अपने छोटे भाई के निधन के बाद मैं ज़िंदगी से टूट रहा था, तभी मैं फेसबुक के संसार से जुड़ा और इस कल्पनालोक में मैंने अपने रिश्ते तलाशने शुरू कर दिए। मुझे यहाँ भाई मिला, बहनें मिलीं, माँ मिलीं और मैं उसी को सच मानकर जी उठा। फेसबुक के इस काल्पनिक

संसार से जुड़ने से पहले हमारी हर सुबह हमारे ही करुण क्रंदन से भरी होती थी। मैं सुबह उठकर अपने भाई को याद करता, मेरी पत्नी अपने देवर को याद करती और हम रोने लगते। हमें लगने लगा था कि ज़िंदगी धोखा है।

जब मैं फेसबुक के इस काल्पनिक संसार से जुड़ा और यहाँ रिश्तों के कारवाँ बनने लगे, तो मेरी सुबह पोस्ट लिखने में गुजरने लगी और मेरी पत्नी की मेरी पोस्ट और उस पर आए कमेंट को पढ़ने में। हमारी दुनिया बदलने लगी।

❦ ❋ ❦

गनोरेजी ने मुझसे पूछा कि क्या मेरी पत्नी मेरे इस काल्पनिक संसार में मुझे जीने से रोकती नहीं? आम तौर पर घरों में ऐसे आभासी संसार से पति या पत्नी के जुड़ने पर बहुत बखेड़ा होता है।

मैंने कहा कि मेरी पत्नी मुझे नहीं रोकती। वह मेरी खुशी में खुश होती है। मैं उसकी खुशी में खुश होता हूँ। हम दोनों एक प्रतिबद्धता के साथ एक-दूसरे से जुड़े थे। मैंने उन्हें अपने विवाह की कहानी भी सुनाई।

उनके सभी सवालों के जवाब देता हुआ, मैं उनसे भी पूछ बैठा कि आपने पौधों के लिए इतना कमिटमेंट कैसे पाल लिया?

गनोरेजी पल भर को रुके, फिर उन्होंने कहा कि उनका जीवन भी प्रतिबद्धता से भरा रहा है।

अब आगे की कहानी मैं नहीं सुनाऊँगा। आगे की पूरी कहानी आप खुद गनोरेजी से सुनें।

❦ ❋ ❦

"मैंने सोच लिया था कि मैं अपना जीवन सामाजिक कार्य करते हुए ही गुजारूँगा। मेरी दिलचस्पी सामान्य ज़िंदगी जीने में कभी नहीं थी। मेरे भीतर ऐसी कोई चाहत नहीं थी कि मेरे पास बंगला हो, गाड़ी हो और मैं बेमकसद ज़िंदगी को जीता चला जाऊँ।

अपनी इसी सोच के साथ मैंने एक कदम वृक्षारोपण की ओर बढ़ाया था, जो आज इतना बड़ा परिवार बन चुका है। मैंने सोचा नहीं था कि इतना सब हो पाएगा, पर मेरे मन में शुरू से था कि कुछ अलग करना है। ईश्वर ने जो जीवन दिया है, उसे सिर्फ

अपने जीने में जाया नहीं करना है।''

मैं उनकी बातें ध्यान से सुन रहा था।

वे कह रहे थे, ''मैंने बहुत पहले तय कर लिया था कि मैं विवाह नहीं करूँगा। परिवार के बंधन में नहीं बँधूँगा, पर एक दिन मेरी मुलाकात कहीं एक ऐसी लड़की से हुई, जिसे ब्रेन ट्यूमर था। वह कैंसर में बदल रहा ब्रेन ट्यूमर था। डॉक्टरों ने कह दिया था कि यह बीमारी आखिरी स्टेज में है।

मैं उस लड़की से मिला। मैंने उसकी आँखों में देखा कि मौत के बेहद करीब पहुँच चुकी उस लड़की की आँखों में जीने की चाहत है, पर घर-परिवार के पास उसके इलाज के साधन मौजूद नहीं थे।

मैं उससे कई बार मिला। वह लड़की, जो मौत के साथ से लड़ रही थी, उसके मन में एक इच्छा थी कि काश! उसका भी विवाह हुआ होता। काश! वह भी किसी की पत्नी बन पाई होती, पर ईश्वर के फैसले के आगे वह मजबूर थी।

ऐसे में एक दिन मैंने ही तय कर लिया कि मैं उसके साथ विवाह करके उसकी ये मुराद पूरी करूँगा, साथ ही एक कोशिश करूँगा कि जबलपुर से बाहर उसका कहीं बड़े अस्पताल में इलाज हो सके।

फिर मैंने उससे विवाह किया। सबने मुझे समझाने की कोशिश की, पर मुझे लगा कि मुझे ऐसा ही करना चाहिए। मैंने उस लड़की से विवाह कर लिया और उसे इलाज के लिए चेन्नई ले गया। वहाँ डॉक्टरों ने देखा, कहा कि उम्मीद बहुत कम है।

पर मैं अड़ा रहा कि एक कोशिश करके देखिए।

डॉक्टरों ने मेरी पत्नी की आँखों में ज़िंदगी के प्रति चाहत देखी और उसका ऑपरेशन कर दिया।

संजयजी, आज मेरी पत्नी बिल्कुल ठीक है। शादी के सत्रह साल बाद मेरी पत्नी माँ बनी।

⁂

खाने की टेबल पर प्लेट पड़ी-की-पड़ी रह गई।

मैं सोच में डूब गया कि उम्मीद और सार्थक सोच से आदमी क्या नहीं कर सकता?

आदमी क्या नहीं पा सकता?

जिस लड़की की ज़िंदगी के पौधे को डॉक्टरों ने कह दिया था कि वह सूखने वाला है, उसे योगेश गनोरेजी के प्यार ने एक वृक्ष में बदल दिया। डॉक्टर हैरान होते हैं, जब गनोरेजी की उम्मीद के पौधे को आँखों के आगे फलते हुए देखते हैं। अब तो उनके पास भी सिर्फ यकीन करने के सिवा कोई और चारा नहीं कि जहाँ उम्मीद होती है, वहाँ ज़िंदगी होती है। जहाँ प्यार होता है, वहीं संसार होता है।

एक पल और रुकिए। मुहब्बत की इस कहानी की एक पंक्ति अभी बाकी है।

गनोरेजी टी.वी. नहीं देखते। उनके घर टी.वी. नहीं है।

जानते हैं क्यों?

क्योंकि डॉक्टरों ने उनकी पत्नी को टी.वी. देखने से मना किया था। बहुत साल पहले कहा था कि इससे उनकी आँखों और दिमाग पर जोर पड़ेगा, जो उनके लिए ठीक नहीं। पत्नी को तकलीफ न हो, इसलिए योगेश गनोरेजी ने टी.वी. देखना छोड़ दिया।

□

अभी कुछ बाकी है

बहुत साल पहले जब मैं स्कूल में पढ़ता था, जयप्रकाश नारायण ने बिहार में स्कूल बंद करा दिए थे।

जयप्रकाश नारायण जनता के नेता थे और उन्होंने इंदिरा गांधी को मात देने के लिए छात्रों से अपील की थी कि वे आंदोलन करें और स्कूल-कॉलेज बंद करा दें। बिहार के लोगों को लगने लगा था कि जेपी ऐसा कुछ करने जा रहे हैं, जिससे उनकी ज़िंदगी के सभी दुःख दूर हो जाएँगे।

काश ऐसा होता!

तब मैं बहुत छोटा बच्चा था। जिस उम्र में धर्मेंद्र मेरी दीदी के हीरो थे, सुनील गावस्कर मेरे चाचा के हीरो थे, मेरे मन में जेपी की तस्वीर बतौर हीरो उभर रही थी।

मैंने यहीं फेसबुक पर बहुत पहले लिखा था कि एक बार मैं अपनी साइकिल से पटना में जेपी के घर पहुँच गया था। जेपी पलंग पर लेटे हुए थे और बहुत मनुहार के बाद मुझे उनसे मिलवा दिया गया था। निकर और बुशर्ट पहने हुए एक छोटा सा लड़का, जिसका नाम संजय सिन्हा था, जेपी के सामने था। जेपी बहुत बूढ़े से लग रहे थे। कई लोग उन्हें घेरे हुए खड़े थे। मैं जेपी के सामने गया, तो जेपी ने मेरे सिर पर हाथ फेरा और कहा था कि तुम मन लगाकर पढ़ाई करना।

इतना सुनकर मैं जब उनके घर से निकला, अपनी साइकिल पर बैठा तो मेरे मन में यह सवाल बार-बार उठा कि जेपी ने तो स्कूल-कॉलेज नहीं जाने की बात कही थी, फिर उन्होंने मुझसे क्यों कहा कि तुम पढ़ाई करना।

❦ ✻ ❦

शायद जेपी समझ गए थे कि उन्होंने स्कूल-कॉलेज बंद कराकर जिस आंदोलन को

जन्म दिया है, वह दरअसल इतिहास की किताब में भले ही जन आंदोलन के नाम से दर्ज होगा और उनके लड़ाके छात्र नेता कहे जाएँगे, पर हकीकत में यह बिहार के साथ अन्याय हो गया है। बिहार की एक पूरी पीढ़ी बरबादी की राह पर चल पड़ी है। इंदिरा गांधी तो परास्त हो गईं, जेपी जीत भी गए, पर हकीकत में आम आदमी हार गया था। जेपी ने अपनी ताकत दिखाई थी आम आदमी के बूते, पर उस आम आदमी को पता नहीं था कि उनका 'अभी कुछ और होना बाकी है'।

मेरा यकीन कीजिए, जेपी के उस आंदोलन के बाद बिहार में कभी शिक्षा व्यवस्था सुधरी ही नहीं। जो लोग वहाँ नहीं गए, उन्हें नहीं पता होगा कि स्कूल-कॉलेज के सत्र कई-कई साल पीछे हो गए। इंदिरा गांधी हार गईं, इंदिरा गांधी फिर जीत गईं। जेपी मर गए।

पर बिहार के छात्र मर-मरकर जीते रहे। कुछ रंगदार टाइप के छात्र तो नेता बन गए, कुछ सीधे छात्र टुटपुंजिया पत्रकार।

बहुतों की पढ़ाई पूरी नहीं हुई तो कोई किरानी बना, कोई दलाल।

कभी नालंदा विश्वविद्यालय के गौरव से दीप्तिमान बिहार की पढ़ाई चरवाहा विश्वविद्यालय में तब्दील हो गई।

बिहार का अभी यही होना बाकी था।

*

मैंने कुछ दिन पहले यहीं फेसबुक पर पंडित और खोपड़ीवाली कहानी लिखी थी। आज एक बार फिर दोहराने जा रहा हूँ।

एक पंडितजी थे। बहुत दरिद्र थे। एक दिन जंगल से गुजरते हुए उन्हें जमीन पर एक खोपड़ी दिखी। पंडितजी ने उस खोपड़ी को उठाया और उसके मस्तिष्क की रेखाओं को पढ़ा। उस पर लिखा था कि अभी इसका कुछ बाकी है।

पंडितजी बहुत हैरान हुए। कम-से-कम सौ साल पहले मरे आदमी की खोपड़ी पर क्यों लिखा है कि अभी इसका कुछ बाकी है।

उन्होंने खोपड़ी अपने थैले में रख ली।

घर आए। उस दिन कहीं से कुछ मिला नहीं था। बेचारे मायूस थे। थैली को खूँटी पर टाँगकर वे गंगा में स्नान के लिए निकल पड़े।

इधर पंडिताइन ने अँधेरे में पंडितजी के थैले को टटोला। उसमें उन्हें कोई गोल सी चीज मिली। बेचारी पंडिताइन के पास कुछ खाना बनाने को था नहीं, इसलिए उन्होंने उस गोल सी चीज को मूसल में डालकर खूब कूटा और आटा बना दिया।

पंडितजी गंगा स्नान से लौटे तो पंडिताइन ने मुँह बनाकर कहा, "आज क्या लेकर आए थे? हाथ दुःख गया कूटने में।"

पंडित ने पूछा, "क्या कूट दिया?"

"वही जो थैले में था।"

"उसे कूट दिया?"

"हाँ।"

पंडित ने माथा पकड़ लिया। ओह! तो अभी इसका यही होना बाकी था।

□

फँसना जरूरी है

कई कहानियाँ मुझ तक चलकर भी आती हैं। आज भी एक कहानी मेरे पास चलकर आई है। मुझे कहानी इतनी पसंद आई कि मैं पिता-पुत्र की, जो कहानी लिखने बैठा था, उसे फिलहाल रोककर शानदार शेरवानी और मछली के जाल वाली कहानी सुनाने को तड़प उठा हूँ।

क्या करूँ, कभी-कभी कुछ कहानियाँ अपना असर बहुत दूर तक छोड़ती हैं। मैं तो मन-ही-मन सोच रहा हूँ कि आखिर जिस किसी ने ये कहानी लिखी होगी, वह कितने दर्द से गुजरा होगा। बिना दर्द से गुजरे ऐसी कहानियों को रचा नहीं जा सकता। ऐसी कहानियाँ सुनकर बेशक हँसी आती है, पर समाज को भरपूर आईना दिखानेवाली ये कहानियाँ बहुत भुगतकर ही रची जा सकती हैं। ऐसी कहानियाँ स्याही से नहीं, आँसुओं से लिखी जाती हैं।

❧ ✻ ☙

संजय सिन्हा, प्लीज इतनी बातें न बनाओ। सीधे-सीधे मुद्दे पर आओ। तुम्हारे परिजन समझदार हैं और वे तुम्हारी कहानी का मर्म भी समझ जाएँगे। वे समझ जाएँगे कि तुम मुल्ला नसरुद्दीन की आड़ में किसकी कहानी सुनाने जा रहे हो।

बस शुरू हो जाओ।

ओके। तो सुनिए वह कहानी, जो कानपुर के सुनील मिश्र भाई ने मुझे फोन कर खास तौर से सुनाई। कहानी सुनाकर पहले तो एकदम चुप रहे, फिर जैसे ही मैं हँसा, वे ठठाकर हँस पड़े।

❧ ✻ ☙

एक छोटा सा राज्य था। वहाँ का राजा बहुत अच्छा था। राज्य में वजीर की दरकार

नहीं थी, पर जनता ने माँग की कि राज्य में एक वजीर होना चाहिए। बिना वजीर के राज्य कैसा? राजा कैसा?

राजा के लोग वजीर की तलाश में लग गए। गाँव-गाँव, शहर-शहर घूमकर उनके गुप्तचर लोगों की टोह लेने लगे कि कहीं कोई वजीर बनने की योग्यता वाला नजर आ जाए।

मुल्ला नसरुद्दीन कुछ करते नहीं थे। पहले एक दो जगह काम मिला था, पर उनसे वह काम हो न सका। जैसे ही उन्हें यह पता चला कि इस राज्य में वजीर की तलाश हो रही है, तो उन्होंने फौरन अपने लिए एक अच्छी सी शेरवानी सिलवाई और उस शेरवानी को पहनकर उन्होंने अपने सिर पर मछली पकड़ने वाला जाल लटकाया और निकल पड़े सड़क पर।

राजा के गुप्तचरों की नजर इस अजीब से शख्स पर पड़ी। इतनी महँगी शेरवानी पहने, सिर पर मछली पकड़नेवाला जाल लिये ये कौन चला जा रहा है?
गुप्तचरों ने मुल्ला नसरुद्दीन को अपने पास बुलाया और पूछा कि भाई, तुम कौन हो? कपड़े-लत्ते से तो तुम अच्छे घर के लगते हो, फिर तुमने सिर पर यह मछली पकड़नेवाला जाल क्यों लटका रखा है?

मुल्ला ने गुप्तचरों से बहुत भोलेपन से कहा, ''भाइयों, हूँ तो मैं अच्छे घर का, लेकिन पहले मैं मछली पकड़ने का काम ही करता था, पर अब मैं जब बड़ा आदमी बन गया हूँ, तो भी मैंने अपनी औकात नहीं भूली है। मैंने इतनी अच्छी शेरवानी के ऊपर मछली पकड़नेवाला जाल इसीलिए लपेटा है, ताकि मेरी असली औकात मुझे हमेशा याद रहे।''

गुप्तचरों को यह आदमी पसंद आ गया।

उन्होंने राजा को इस बात की खबर दी कि एक ऐसा आदमी है, जो बेहद ईमानदार है, सच बोलता है। उसने शेरवानी के साथ-साथ मछली पकड़नेवाला जाल इसलिए सिर पर लपेट रखा है, ताकि उसे अपनी औकात हमेशा याद रहे।
राजा खुश हो गया। समझ गया कि उसे असली हीरा मिल गया है।

उसने तुरंत उसे बुलवाया और वजीर नियुक्त कर लिया।

❦ ✻ ❦

मुल्लाजी वजीर बन गए। वजीर बनने के बाद जब वे राजा की सभा में पहुँचे तो लोगों

ने देखा कि मुल्लाजी ने सिर पर जाल नहीं लपेटा है।

लोगों ने उनसे पूछा कि अरे भाई, आपने जाल क्यों उतार दिया?

मुल्लाजी ने मुस्कुराते हुए कहा, "भाई, जाल में तो मछली फँस गई है।"

❧ ✻ ❧

कहानी सुनाने के बाद मिश्राजी कुछ पल खामोश रहे। जैसे ही मेरी हँसी की आवाज उनके कानों तक पहुँची, वे ठठा पड़े।

ऐसा ही होता है, जब कोई सिर पर जाल लपेटकर सड़क पर जाता हुआ दिखता है तो हम उसे अपना वजीर चुन लेते हैं।

□

पापा सुनो

मेरे दफ्तर के एक साथी को कुछ महीने पहले पिता बनने का सौभाग्य मिला है। कल शाम मैंने उसे दफ्तर की कैंटीन में खाना खाते देखा। मैं यूँ ही उसके पास कुछ देर के लिए बैठ गया और उससे बातचीत करने लगा। मैंने उससे पूछा कि तुम अभी खाना खा रहे हो, तो क्या घर जाकर खाना नहीं खाओगे?

मेरे साथी ने कहा, ''नहीं।''

मैंने उसे टोका, ''तुम दोपहर में खाना यहीं खाते हो। रात में भी खाना यहीं खाते हो। इसका मतलब यह कि तुम घर में अपने परिवार के साथ खाना खाते ही नहीं।''

वह मेरी ओर देखने लगा। उसे मुझसे इस तरह की टिप्पणी की उम्मीद नहीं थी।

मैंने उससे आगे पूछा, ''कुछ महीने पहले तुम पिता बने हो, बच्चा कितना बड़ा हो गया? अब तो वह उठने-बैठने लगा होगा?''

उसने अब धीरे कहा, ''संजय, तुमने आज बड़ी अजीब बात कह दी। सचमुच पिछले कई वर्षों से मैं अपनी पत्नी के साथ दोपहर या रात का खाना नहीं खा पाता। हमारी ड्यूटी ही अजीब है। हम घर जाते ही सिर्फ सोने के लिए हैं और तुमने बच्चे के बारे में पूछकर तो मुझे उलझन में ही डाल दिया।

''मैं जब घर पहुँचता हूँ, तो बच्चा सोया हुआ होता है। सुबह मैं उठते ही इतना व्यस्त हो जाता हूँ कि मैंने ध्यान ही नहीं दिया कि वह बैठने लगा है या नहीं। वह जरूर बैठने लगा होगा, पर मैंने उसे ज्यादातर समय सोए हुए ही देखा है। सुबह कभी-कभी मेरे जागने से पहले नौकर उसे गोद में लेकर बाहर पार्क में चला जाता है, ताकि मेरे तैयार होने में मुझे मुश्किल न हो।''

इतना कहकर वह एक गहरी सोच में डूब गया।

❦ ✻ ❦

हम में से ज्यादातर लोग अपने काम में इतना व्यस्त होते हैं कि अपने घर-परिवार के लोगों, जिनके साथ रहते हैं, सोते हैं, जागते हैं, उन्हीं से नहीं मिल पाते। हमें ऐसा लगता है कि सब हमारे साथ ही तो हैं, पर हकीकत यह है कि हम साथ रहते हुए भी अपने रिश्तों से बहुत दूर रहते हैं।

❦ ✻ ❦

एक बार जंगल में एक शेर का बच्चा इधर-उधर घूमता हुआ बाकी जानवरों से पूछता फिर रहा था कि बहादुर कैसे बनते हैं?

बात शेरनी तक पहुँची। शेरनी ने अपने बच्चे को पास बुलाया। उससे पूछा कि बेटा, तुम जंगल के दूसरे जानवरों से यह क्यों पूछ रहे थे कि बहादुर कैसे बना जाता है?

शावक ने बहुत मासूमियत से कहा, "माँ, मैं बहादुर बनना चाहता हूँ। मैं जानना चाहता हूँ कि शिकार कैसे किया जाता है। अभी तो मैं छोटा हूँ, अभी नहीं सीखा, तो कब सीखूँगा?"

माँ ने अपने बच्चे से कहा, "बेटा, तुम्हारे पिता इस जंगल के सबसे बहादुर जानवर हैं। सारा जंगल उनकी बहादुरी से थर्राता है। तुम उनसे सीखो, तुम इधर-उधर क्यों भटक रहे हो, बहादुरी सीखने के लिए?"

शेर के बच्चे ने धीरे से कहा, "माँ, पिताजी के पास समय ही कहाँ है? वे तो सुबह मेरी नींद खुलने से पहले ही शिकार पर निकल जाते हैं। जब वे आते हैं, तो मैं सो चुका होता हूँ। यह सही है कि वे हमारे लिए बहुत मेहनत करते हैं, वे हमारे लिए शिकार लेकर आते हैं, लेकिन मैं उनसे मिल ही नहीं पाता, तो सीखूँगा कब? इसीलिए मैं बहादुरी का पाठ पढ़ने के लिए बाकी जानवरों के चक्कर काट रहा हूँ।"

❦ ✻ ❦

आप भी अपने घर, परिवार, रिश्तों को समय दीजिए।

वे रिश्तों की तलाश कहीं और करने लगें, इससे पहले आप सोचना शुरू कर दीजिए। अगर आज नहीं सोचेंगे, तो एक दिन बहुत देर हो जाएगी।

दफ्तर में तरक्की खूब मिल जाएगी, कई गाड़ियाँ और कई बँगले बन जाएँगे, बैंक में भी खूब बैलेंस हो जाएगा।

फिर जब आप चाहेंगे कि मिलकर इसका भोग किया जाए, तो आप पाएँगे कि आप अकेले हैं।

□

असली बिल्ली

मेरे पड़ोस की एक दीदी की शादी बहुत कम उम्र में हो गई थी।

दीदी बहुत सुंदर थीं, लेकिन जब शादी हुई थी, तब वे पंद्रह या सोलह साल से अधिक की नहीं थीं। मुझे नहीं पता कि क्यों, लेकिन दीदी की सास दीदी की बहुत पिटाई करती थीं। दीदी पिटती थीं, रोती थीं, चुप हो जाती थीं।

हमें तो पता भी नहीं चलता था कि ऐसा कुछ होता है। दीदी कभी किसी से शिकायत नहीं करती थीं।

एक बार मैं दीदी के घर गया था। दीदी की हथेलियों से खून रिस रहा था। गाल पर पूरी हथेली का गहरा लाल निशान था। मैंने दीदी से पूछा, तो वे हँसने लगीं।

मैं हैरान था।

''दीदी, आपको इतनी चोट लगी है और आप हँस रही हैं?''

''अरे पगले, मैं गिर गई थी, चोट लग गई।''

''नहीं दीदी, यह गाल पर हथेली का निशान कैसे?''

दीदी चौंकी, फिर थोड़ा रुककर उसने बताया कि गिरते हुए उसकी हथेली गाल के नीचे आ गई होगी, उसी का निशान है।

~*~

दीदी की सास उसे मारती रहीं। दीदी मार खाती रहीं।

एक बार दीदी की बहुत पिटाई हुई तो वे वहाँ से भागकर अपने मायके चली आईं। घर में लोगों को पता चला। सभी बहुत दुःखी हुए, पर किसी ने कुछ नहीं कहा।

सबने यही कहा कि अब शादी हो चुकी है, एडजस्ट करो।

दीदी मेरी माँ से भी मिलने आईं।

माँ ने दीदी को देखा और बिलख पड़ी।

"अरे ये क्या हुआ?"

दीदी ने माँ को सारी बात बताई। माँ ने कहा कि तुम्हें यह सब नहीं सहना चाहिए था। तुम पुलिस के पास चली जाती। दीदी ने कहा कि घर के लोग कहते हैं कि कोई अपने घरवालों के खिलाफ पुलिस के पास जाता है क्या?

समस्या बड़ी थी। दीदी भी परेशान थीं। वे माँ से पूछ रही थी कि आखिर उसे करना क्या चाहिए?

माँ ने दीदी को पास बिठाया और राजा की बिल्ली की कहानी सुनाई।

❦✻❦

एक घर में चूहों ने उत्पात मचा रखा था। वे किसी से नहीं डरते थे। घर का मालिक एक दिन कहीं से तलवार लेकर आया। उसने तलवार से चूहों को डराने की कोशिश की। वह तलवार लेकर इधर-से-उधर चूहों पर हमला करता, पर चूहे फुदककर भाग जाते।

फिर वह राजा के पास गया। राजा ने उस आदमी को अपनी बिल्ली दी। वह आदमी राजा की बिल्ली लेकर घर आया। वह एक शिकारी बिल्ली थी, पर जैसे ही चूहों ने बिल्ली की आँखों में झाँका, उसी पर हमला बोल दिया। बिल्ली बेहोश होकर गिर पड़ी।

पूरे राज्य में हल्ला मच गया कि राजा की बिल्ली चूहों को देखकर बेहोश हो गई।

अजीब बात थी। बिल्ली चूहों से डर गई थी।

आखिर में बिल्ली से पूछा गया कि अब तुम्हीं बताओ कि इन चूहों का इलाज क्या है?

बिल्ली ने कहा कि आप एक आम बिल्ली ले आइए। वह इन चूहों को भगा देगी।

आदमी एक आम बिल्ली ले आया। बिल्ली सारा दिन सोती रहती, पर मजाल जो चूहे

उसके पास भी फटक पाएँ! चूहे उस बिल्ली से डरते थे।

बिल्ली जब भी घर में घूमती, तो चूहे बिल में छुप जाते।

आखिर एक दिन सारे चूहे उस बिल्ली के डर से घर छोड़कर भाग गए।

जब सारे चूहे चले गए, तो आदमी ने बिल्ली से पूछा कि राजा की बिल्ली से चूहे नहीं डरे, पर तुमसे डरते थे, ऐसा क्यों?

बिल्ली ने कहा कि राजा की बिल्ली एक शिकारी बिल्ली थी। चूहों ने उसकी आँखों में पढ़ लिया था कि यह शिकार के गुर जानती है। चूहे उस गुर से बचने की कला जानते थे, पर मैं एक साधारण बिल्ली हूँ। मुझे शिकार के गुर बिल्कुल नहीं आते, पर मुझे ये पता है कि मैं बिल्ली हूँ, वे चूहे हैं। बस मेरा इतना जानना ही मेरे लिए काफी था।

❧ ❊ ❧

बदमाश की शक्ति तो दुनिया जानती है, पर शरीफ आदमी की शक्ति के विषय में किसी को पता नहीं होता।

माँ कह रही थीं, ''बिल्ली को बस पता होना चाहिए कि वह बिल्ली है। चूहे डरने लगेंगे।''

□

गुड ब्वॉय

कई लोगों को अपनी तारीफ अच्छी नहीं लगती। कई लोग अपनी तारीफ सुनकर थोड़ा झेंप जाते हैं, लेकिन मुझे अपनी तारीफ पसंद है। मैं बहुत से अच्छे काम इसलिए करता हूँ, ताकि मुझे तारीफ मिले।

अपनी तारीफ सुनने का मेरा शौक बचपन से है। जब मुहल्ले के बहुत से बच्चे आपस में किसी बात पर झगड़ा करते, तब भी मैं खुद को उस झगड़े से बचाता था। मुझे पता था कि माँ को जब यह बात पता चलेगी कि उनके बेटे ने झगड़ा नहीं किया, तो वे मुझसे कहेंगी, ''ये तो मेरा राजा बेटा है।''

माँ से 'राजा बेटा' शब्द सुनने के लिए बहुत से ऐसे काम हैं, जो मैंने नहीं किए।

स्कूल में भी मास्टर साहब, जब मुझे 'गुड ब्वॉय' कहते थे, तो मैं बहुत खुश हो जाता था। मास्टर साहब से 'गुड ब्वॉय' सुनने के लिए भी मैंने बहुत से ऐसे काम नहीं किए, जिन्हें बाकी बच्चे कर लेते थे, जैसे—मैं अपने दोस्तों के साथ स्कूल से भागकर उस सर्कस को देखने नहीं गया था, जिसे देखने के लिए मेरी क्लास के आधे से ज्यादा बच्चे क्लास से चुपचाप निकल गए थे। इतने बच्चे क्लास से चले गए थे कि मास्टर साहब ने उस दिन क्लास में कुछ पढ़ाया ही नहीं, पर मैं चुपचाप अपनी सीट पर बैठा रहा। मेरे मन में चल तो रहा था कि सफेद-सफेद अप्सराएँ झूले पर इधर-से-उधर उछल रही होंगी। जोकर एक पहिएवाली साइकिल चला रहा होगा, बब्बर शेर रिंग मास्टर के इशारों पर नाच रहा होगा, हाथी सूँढ़ में आरती की थाली लेकर 'ओम जय जगदीश हरे' की धुन पर थिरक रहा होगा, लेकिन मैं गुड ब्वॉय था, इसलिए मैं स्कूल से भागकर सर्कस देखने नहीं गया था।

अगले दिन सारे बच्चे स्कूल में बस सर्कस की सुंदरियों की बातें करते रहे। मैं मन-ही-मन खुद को समझाता रहा, फिर मास्टर साहब क्लास में आए, तो उन्होंने

सबके सामने कहा कि संजू 'गुड ब्वॉय' है। संजू का चेहरा खिल उठा, गुड ब्वॉय सुनकर।

जब मैं कॉलेज में गया, तो ज्यादातर लड़के-लड़कियाँ क्लास छोड़कर बिना घर में बताए सिनेमा देखने चले जाते, पिकनिक पर जाते, पर मैं नहीं जाता। मैं नहीं जाता था, क्योंकि मैं गुड ब्वॉय था।

मेरे गुड ब्वॉय बने रहने की चाहत से मेरे भीतर खुद के लिए एक आदर का भाव पनपने लगा। मैं खुद को इज्जत देने लगा।

गुड ब्वॉय बने रहने की चाहत ने मुझे स्कूल-कॉलेज में उन बच्चों से दूर रहने को उकसाया, जो अपने जेबखर्च के पैसे से सिगरेट खरीदने लगे थे। अच्छा बच्चा कहलाने की चाहत ने ही मुझे कॉलेज की उन पार्टियों से दूर रखा, जिसमें लोग शराब आदि पीकर खुद को धन्य समझते थे। मेरे कई साथी यह मानने लगे थे कि सिगरेट नहीं पीनेवाले तो मर्द होते ही नहीं। मैं तमाम बातों को सुनता रहा, लेकिन कॉलेज में मर्दानगी दिखाने की कभी कोशिश नहीं की।

यह सब मैंने नहीं किया और मुझे इन बातों का रत्ती भर अफसोस नहीं। मुझे खुशी होती है कि मैंने ऐसी आदतें नहीं पालकर अपने बहुत से पैसे बचाए और अपने स्कूल, अपने घरवालों, अपने दफ्तरवालों की निगाह में गुड ब्वॉय रहा।
अपने गुड ब्यॉय बने रहने की चाहत की वजह से ही मैंने ऐसी ढेरों गलतियाँ नहीं कीं, जिनको करने के लिए शायद कभी मेरा मन मचला भी हो, फिर मुझे लगा कि अगर मैंने ये वाली गलती कर दी तो मेरी इतने दिनों तक गुड ब्वाय बने रहनेवाली छवि को धक्का पहुँच सकता है।

जिसे अपनी छवि की चिंता होती है, वह बहुत से अनैतिक काम चाहकर भी नहीं करता।

अपनी छवि की चिंता उसे ही होती है, जिसे अपनी छवि की परवाह होती है। अपनी छवि की परवाह वही करता है, जो वाकई में गुड ब्वॉय होता है। जो गुड ब्वॉय होता है, उसे अपने अच्छे कामों की चर्चा सबसे करते रहनी चाहिए।

कई लोग मुझसे कहते हैं कि संजय सिन्हा, तुम अपनी बहुत तारीफ खुद ही करते हो।

मैं कहता हूँ कि मैं ऐसे काम करता हूँ कि मुझे खुद पर ही नाज होने लगता है। मैं अपने मुँह मियाँ मिट्ठू बन जाता हूँ। जब मैं अपने मुँह मियाँ मिट्ठू बन जाता हूँ, तो

मुझे इसका एक बड़ा फायदा यह होता है कि मैं अपनी इतनी तारीफ कर चुका होता हूँ कि कई बार उस तारीफ की रक्षा करने के लिए मुझे अच्छे काम करने पड़ते हैं।

❊

एक बार किसी कारवाँ से दो आदमी रेगिस्तान में भटक गए। बहुत भटकने के बाद दोनों को सामने एक दीवार नजर आई। दोनों ने दीवार के उस पार झाँककर देखा, तो पाया कि उस पार हरियाली–ही–हरियाली है। उस पार पक्षी चहचहा रहे हैं। पास ही नदी बह रही है। एक आदमी दीवार पर चढ़ा और उस पार कूद गया।

पर दूसरा आदमी उस पार नहीं कूदा। वह रेगिस्तान में ही पीछे मुड़ चला, बाकी भटके लोगों को यह बताने के लिए तुम इधर आओ। इधर दीवार के पार स्वर्ग है।

❊

बहुत से लोग दीवार के उस पार कूदकर खुश हो जाते हैं कि उन्हें तो हरियाली मिल गई, लेकिन संजय सिन्हा जैसे लोग दीवार कूदकर सिर्फ अपने लिए हरियाली नहीं ढूँढते। ऐसे लोग रेगिस्तान में भटक रहे और लोगों को रास्ता बताने निकल पड़ते हैं कि इधर है हरियाली।

मेरे कुछ परिजनों, जिन्हें यह शिकायत है कि संजय सिन्हा अपने आप अपनी बहुत तारीफ करते हैं, उनसे मैं बहुत विनम्र होकर इतना ही कहना चाहता हूँ कि सबको कुछ ऐसा करना ही चाहिए कि वह खुद अपनी तारीफ कर पाए। अपनी तारीफ करने का मतलब होता है, अपनी इज्जत करना। जो अपनी इज्जत नहीं करना जानते, वे किसी और की क्या करेंगे।

मैं दूसरों में अच्छा ढूँढता हूँ, खुद में भी अच्छा ही ढूँढता हूँ।

□

रणछोड़ बनो

आप मुझे कायर कहिए। आप मुझे डरपोक कहिए, पर आप प्लीज युद्ध की दुआ मत कीजिए। आपने युद्ध की रिपोर्टिंग नहीं की है। मैंने की है।

मैं कारगिल युद्ध का चश्मदीद हूँ। मैं उस मेजर पुरुषोत्तम की मौत का भी चश्मदीद हूँ, जिसकी चर्चा कल यूँ ही अपने फेसबुक परिजन राजीव चतुर्वेदी ने कर दी थी। मैं नहीं जानता था कि चतुर्वेदीजी मेजर पुरुषोत्तम को जानते भी होंगे।

तब मैं जी न्यूज में रिपोर्टिंग करता था। मेरे बॉस ने मुझे एक शाम बुलाकर कहा कि संजय, तुम्हें कल कारगिल के लिए निकलना है। वहाँ पाकिस्तानी घुसपैठिए घुस आए हैं।

मैंने सुबह इंडियन एयरलाइंस की फ्लाइट ली। उड़ान भरने के साथ ही एयर होस्टेस की ओर से अनाउंसमेंट हुई कि विमान की सारी खिड़कियाँ बंद रखें। मतलब खुले आसमान को देखने पर रोक लगा दी गई थी।

हम कब जम्मू पहुँचे, पता ही नहीं चला। जम्मू में भी हमें बाहर देखने की मनाही थी। हमारा विमान श्रीनगर पहुँचा। वहाँ से सीधे हम लाल चौक स्थित अहदूस होटल पहुँचे।

अब हमें कारगिल के लिए निकलना था।

पर कारगिल जाने के लिए तब कोई तैयारी नहीं थी। हमारे साथ उसी होटल में और भी कई पत्रकार ठहरे थे।

किसी पत्रकार ने बताया कि संजय, कल तुम मेरे साथ बादामीबाग छावनी चलना। वहाँ मेजर पुरुषोत्तम से मिलना। वे सेना के जनसंपर्क अधिकारी हैं। वो पत्रकारों की खूब मदद करते हैं।

मैं मुस्कुराया, ''अच्छा! तो कल रात जो रम की बोतल तुम्हारे कमरे में थी, वह वहीं से आई है।''

मेरे पत्रकार साथी के होंठों पर चार इंच लंबी मुस्कुराहट दौड़ गई।

मैं अगली सुबह बादामीबाग छावनी में था।

मेरे सामने एक मुस्कुराता हुआ नौजवान खड़ा था।

''हैलो, मिस्टर सिन्हा, मैं मेजर पुरुषोत्तम।''

''जी, आपकी बहुत तारीफ मैंने सुनी है।''

''पता नहीं तारीफ वाली क्या बात है, पर आपको जब भी यहाँ श्रीनगर में किसी चीज की जरूरत हो, तो आप मुझसे बिना किसी पूर्व सूचना के भी मिल सकते हैं।''

''फिलहाल तो मैं सिर्फ कारगिल जाना चाहता हूँ। अगर सेना की कोई गाड़ी जा रही हो तो मुझे बता दें।''

''ओह! अभी तुरंत तो संभव नहीं, पर मैं आपको भिजवा दूँगा। अभी आप अहदूस में ही आराम कीजिए। श्रीनगर के मजे लीजिए।''

''श्रीनगर में मजा कैसा? यहाँ तो हर जगह तनाव-ही-तनाव है। लाल चौक पर तो आए दिन फायरिंग होती है।''

''ओह! आप इतने से घबरा गए। हमें देखिए, न जाने कब हम पर हमला हो जाए। हमें तो ज़रा भी घबराहट नहीं होती। जनाब, यह श्रीनगर है। यहाँ तो पानी में भी इतना लोहा है कि लोहा भी डर जाए।''

''मेजर साहब, आपको तो शायर होना चाहिए था। कहाँ फौज में फँस गए!''

''यार सिन्हा, फौज से अच्छी कोई नौकरी नहीं। यहाँ आदमी पूरे टिप-टाप में रहता है। गोली लग जाए और आदमी मर भी जाए तो एकदम टिप-टाप मरता है। किसी सैनिक को तुमने कभी बिस्तर पर पड़े-पड़े खाँसते हुए मरते देखा है? एक सैनिक को आप संसार के किसी कोने में भेज दीजिए, वह खुद को फँसा हुआ महसूस नहीं करता और ये तो कशमीर है। वही कश्मीर जिसके लिए कहा जाता है कि अगर संसार में कहीं स्वर्ग है, तो यहीं है, यहीं है, यहीं है।

मैं स्वर्ग में हूँ।''

❦ ✻ ❦

आमतौर पर मेरे सभी साथी मुझे संजय ही बुलाते थे, लेकिन पहली बार कोई मुझे सिन्हा नाम से संबोधित कर रहा था।

पहली ही मुलाकात में मैं समझ गया था कि पुरुषों में उत्तम ये शख्स जो पुरुषोत्तम नाम से जाना जा रहा है, वह है बहुत बिंदास और दिलचस्प आदमी।

मेरी समझ में यह बात भी आ चुकी थी कि अगर मुझे कारगिल तक पहुँचना है, तो यही आदमी मदद कर सकता है।

❦ * ❧

वह गर्मी का मौसम था। श्रीनगर में भी ठंड नहीं थी। हम अहदूस होटल से निकलते, दिनभर श्रीनगर और आसपास के इलाकों में घूमते और कारगिल जाने को बेचैन रहते। अगले दिन मेजर पुरुषोत्तम का फोन आया। ''सिन्हा, कल तुम अपनी कैमरा टीम तैयार रखना। कारगिल निकलना है।''

बाकी की कहानी आपको मुझसे अधिक पता है। सैनिक वहाँ सिर्फ दुश्मनों से लोहा भर नहीं ले रहे थे, हम पत्रकारों की भरपूर मदद भी कर रहे थे।

कारगिल से टी.वी. पर खूब रिपोर्टिंग हुई। हमारे दफ्तर को अंदाजा था कि कारगिल में काफी मुश्किल हालात हैं, इसलिए उन्होंने कई रिपोर्टरों की टीम बना दी और यह तय हुआ कि एक टीम दिल्ली वापस बुलाई जाए और दूसरी टीम वहाँ भेज दी जाए। ऐसा ही हुआ।

मैं कारगिल से वापस श्रीनगर पहुँचा, दिल्ली से दूसरी टीम वहीं अहदूस होटल पहुँच चुकी थी।

मेरे साथी ने मुझसे पूछा कि कारगिल कैसे पहुँचना होगा!

मैंने मुस्कुराते हुए कहा कि अपने मेजर पुरुषोत्तम हैं न! वे बताएँगे।

शाम को मैं अपने साथी को लेकर मेजर से मिलने गया। मेजर एकदम प्रसन्न भाव से मिले, ''चिंता न करो, जी। भिजवा देंगे। बताओ क्या लोगे?''

''चाय।''

''यार, चाय भी लेने की चीज है?''

मेरे दोस्त ने मुझे कोहनी मारी, ''यार, मैं तो दिल्ली से निकला था बहुत टेंशन में

कि पता नहीं श्रीनगर में क्या हालात हों। एयरपोर्ट से होटल तक पहुँचने में मेरी जान निकली पड़ी थी। दिल्ली में बैठकर और टी.वी. पर खबरें देखकर तो मेरा दम निकला पड़ा था, पर यहाँ तो मेजर साहब से मिलकर सारी टेंशन गायब हो गई।''

मैंने कहा, ''हाँ, मैं भी पहली बार सेना के इस जनसंपर्क अधिकारी से मिला हूँ। यह बंदा बड़ा खुशदिल है और सबसे बड़ी बात कि मीडिया फ्रेंडली है।''

अपने साथी को मेजर से मिलवाकर मैं दिल्ली के लिए निकल पड़ा।

*

जहाँ तक मुझे याद आ रहा है, कारगिल का युद्ध खत्म हो चुका था। हम जीत गए थे। आज मैं यहाँ यह बयाँ नहीं करने जा रहा कि कितने सैनिक हमारे शहीद हुए थे। कितनी लाशें मैंने खुद देखी थीं। कारगिल की कितनी विधवाओं से मैं खुद मिला था। कइयों के छोटे-छोटे बच्चों को मैंने माँ से यह पूछते हुए खुद सुना था कि मम्मी, पापा की फोटो टी.वी. पर क्यों आ रही है।

टी.वी. मीडिया उन दिनों नया-नया था। एक-एक कर सारी टीमें वहाँ गई थीं। खूब रिपोर्टिंग हुई। कभी लिखने बैठा तो मैं तब सेनाअध्यक्ष रहे जनरल वी.पी. मलिक के साथ एकदम अकेले सीमा तक की उन यात्राओं और यादों को भी जरूर आपसे साझा करूँगा कि एक सैनिक को शहीद कह देना, जितना आसान होता है, उसके पीछे की ज़िंदगी उतनी आसान नहीं रह जाती है। फिलहाल उसका वक्त नहीं है। फिलहाल तो वक्त है मेजर पुरुषोत्तम की कहानी सुनाने का।

*

युद्ध खत्म हो चुका था, पर श्रीनगर भितरघात का शिकार था। आतंकवाद अपने चरम पर था। हालात का जायजा लेने के लिए हम एक बार फिर श्रीनगर में थे, फिर उसी अहदूस होटल में। लाल चौक पर आए दिन धमाके हुआ करते थे, पर हमें किसी बात का डर नहीं था। अपने पास मेजर पुरुषोत्तम थे।

मैं दिनभर रिपोर्टिंग करता और शाम को मेजर से मिलता। मेजर साहब अब मीडिया के लिए सेनावाले नहीं रह गए थे। वे हमारे लिए मीडिया मैन बन गए थे। उनके पास दिनभर पत्रकारों का जमावड़ा लगा रहता। संसार की सारी खबरें उनके पास होतीं। मैंने कई बार देखा, कोई नया पत्रकार कहीं से उनका नाम पूछता हुआ उनके पास पहुँचता, तो वे उससे ऐसे मिलते, मानो वर्षों से जान-पहचान हो। वे बहुत मजबूती से

हाथ मिलाते। पहली मुलाकात में ही ऐसा लगता कि बंदे में दम है। इतनी गरमजोशी उनके चेहरे पर होती कि आदमी यह भूल जाता कि वह फिलहाल जिस शहर में है, वह बारूद के ढेर पर है। हम बादामी बाग इलाके में होते, तो लगता कि यहाँ कोई क्या कर लेगा! यह तो श्रीनगर की सबसे महफूज जगह है।

अब श्रीनगर में सर्दी शुरू हो चुकी थी। हमें मेजर से मिलना था, तभी खबर आई कि आतंकवादियों ने बादामी बाग छावनी पर हमला कर दिया है।

''बादामी बाग? वहाँ कोई कैसे घुस सकता है। वह तो सैनिकों का इलाका है। यार, वहाँ तो मेजर पुरुषोत्तम भी होंगे?''

''नहीं यार, वे नहीं रहे। कुछ पत्रकार वहाँ उनसे मिलने गए हुए थे। वे उनके साथ बैठे थे, तभी अचानक गोलियों की आवाज आई।

मेजर को अपनी चिंता नहीं थी। उन्हें चिंता थी तो बस अपने पत्रकार साथियों की। उन्होंने पता नहीं कैसे, लेकिन सभी पत्रकारों को किसी सुरक्षित स्थान पर पहुँचा दिया और खुद उन आतंकवादियों से लोहा लेने लगे। इसी हमले में हमारा मेजर शहीद हो गया। उसके साथ कुछ और जवान भी शहीद हुए हैं।''

हमारा खबरची मुझे बता रहा था। मेरे कान सुन्न पड़ चुके थे।

जबलपुर का वह नौजवान, जो कहता था कि एक सैनिक को कहीं भी भेज दो, वह खुश रह लेगा, अब नहीं है?

कारगिल में किसी पहाड़ी पर चढ़कर सीमा पार से बम लुढ़काकर भारत की सीमा में गिरा देना आसान था, पर यहाँ श्रीनगर में, एकदम सेना की नाक के नीचे भला कैसे कोई इस तरह गोला-बारूद से लैस होकर घर में घुसकर हमला कर सकता है? दुश्मन तो सीमा पार था, पर यहाँ कौन?

मेजर पुरुषोत्तम मेरी यादों से कभी मिटे ही नहीं। मेरी क्या, मुझे लगता है कि जो भी पत्रकार कारगिल वार के दिनों में श्रीनगर गया होगा, उसकी यादों में मेजर पुरुषोत्तम बसे होंगे।

कल जब मैंने कहा कि नीतिविहीन रणनीति एक ऐसी आग है, जिसकी लपटें दुश्मनों

की तुलना में खुद को अधिक जलाती हैं, इसलिए युद्ध को कभी विकल्प नहीं बनाना चाहिए, तो कई लोगों ने मुझे कायर कहा। मुझसे कहा कि मुझे पठानकोट जाकर उन सात शहीदों के घर के लोगों से मिलना चाहिए और उनसे पूछना चाहिए कि युद्ध या शांति?

मैं उन लोगों से कहना चाहता हूँ कि पठानकोट में जो हुआ, वह भितरघात है। आप युद्ध की बात करते हैं। सात में आप इतने विचलित हैं। सोचिए, यह आँकड़ा सात सौ या सात हजार हो जाए तो आप पर क्या बीतेगी?

❋

मैं इतनी लंबी पोस्ट नहीं लिखता, लेकिन आपको यह बताना चाह रहा था कि जैसे कलिंग युद्ध के बाद सम्राट् अशोक ने शांति की राह चुन ली थी, वैसे ही आपका यह रिपोर्टर, जो हर सुबह रिश्तों की कहानियाँ आपको सुनाता है, वह बारूद की सुरंग में घुसकर रिपोर्टिंग कर चुका है। वह लाशों के बीच रातें गुजार चुका है। वह दहशत के धमाकों बीच पीटीसी कर चुका है। वह सबकुछ करके, सबका हश्र देखकर आज शांति की बातें करता है, रिश्तों की बातें करता है। आपका यह रिपोर्टर आपसे रिश्तों की कहानियाँ इसलिए साझा करता है, क्योंकि इसने मृत्यु के दंश को बहुत करीब महसूस किया है, क्योंकि यह जानता है कि जब अपना कोई इस संसार से चला जाता है, तो उसकी विजयगाथा चाहे जितनी लंबी लिखी जाए, सड़कों के नाम उसके नाम पर रख दिए जाएँ, लेकिन घरवालों के सीने में धड़कने वाला दिल हर सुबह अपनी गति से समझौता करता है।

युद्ध कभी विकल्प नहीं होता।

युद्धनीति और राजनीति दो अलग-अलग चीजें हैं। युद्धनीति भले ही तलवार का जवाब तलवार से देने को व्याकुल हो, लेकिन राजनीति गिरती तलवार के आगे सिर झुकाकर बच निकलने की शिक्षा भी देती है।

कई बार जान-बूझकर दुश्मन युद्ध के लिए सिर्फ इसलिए भी उकसाते हैं, ताकि आप उसमें फँस जाएँ।

जरासंध ने भी मथुरा में कृष्ण को बहुत उकसाया था युद्ध के लिए, पर कृष्ण उसमें नहीं फँसे। उनसे यह तक कहा गया था कि आप रण छोड़ रहे हैं।

कृष्ण ने कहा था—छोड़ नहीं रहा, बल्कि बहादुरी से पीछे हट रहा हूँ। कहने वाले ने

उनसे कहा था कि भगवन् आप तो रणजीत समझे जाते रहे हैं, आप रणछोड़ क्यों बन रहे हैं ?

तब कृष्ण ने जवाब दिया था, ''इतिहास इस पर विचार करेगा कि मैं रणछोड़ क्यों बना ? भले ही इतिहास की किताब में मेरी सही तस्वीर न उभरे, लेकिन मथुरा के इतिहास में रक्त के छींटे तो नहीं बिखरे होंगे।''

कभी-कभी अनिच्छा को भी इच्छा की तरह स्वीकार करना चाहिए।

□

गिद्ध का लंच

जिन लोगों ने सिर्फ गति को देखा है, दुर्गति को नहीं, वही युद्ध के हिमायती होते हैं। ऐसे लोग मान लेते हैं कि संसार के चिरंतन में वो शाश्वत हैं। ऐसे लोग भूल जाते हैं कि भूत उनका होकर भी उनका नहीं रहता और भविष्य तो किसी का होता ही नहीं है।

कारगिल का युद्ध खत्म हो चुका था।

अब समय आ गया था अपनी-अपनी पीठ थपथपाने का।

रिपोर्टरों की कई टीम रक्षामंत्री के साथ जीत की गाथा का सजीव चित्रण करने निकलती।

सभी के पास सुनाने के लिए अपनी-अपनी कहानियाँ थीं।

युद्ध के बाद कहानियाँ ही बचती हैं। कोई यह समझने की जहमत भी नहीं उठाता कि क्यों युद्ध के बाद के बाद कहानियों के सिवा कुछ नहीं बचता।

❦ ❊ ❦

मेरे पास भी ऐसी एक नहीं, कई सौ कहानियाँ हैं।

मैं रिपोर्टर हूँ। मैं तो तब भी रिपोर्टर ही था, जब युद्धभूमि में अर्जुन के हाथ काँप रहे थे। मैं तब भी वहीं था, जब अर्जुन कह रहे थे कि प्रभु, मुझसे युद्ध की यह विभीषिका नहीं देखी जा रही।

मैंने खुद सुना था कि कृष्ण कह रहे थे, ''मरनेवाला तो शरीर है। आत्मा कहाँ मरती है ? वह तो संसार के शुरू से है, संसार के अंत तक रहेगी। बीच-बीच में वह अपना वस्त्र बदलती रहेगी। ऐसे ही जीवन चलता रहेगा। हम पहले भी थे, हम आज भी हैं,

हम कल भी रहेंगे।''

''तो क्या यह आखिरी युद्ध नहीं होगा? क्या हम कल भी युद्ध करेंगे? क्या हम अनंत काल तक युद्ध ही करते रहेंगे?''

''हाँ पार्थ, लेकिन क्या फर्क पड़ता है? युद्ध में आत्मा तो जीवित रहेगी ही। मैंने कहा न कि वह अनंत काल तक रहेगी। मरना तो सिर्फ शरीर को ही है।''

काले चश्मे और सेना के हैलिकाप्टर के पास खिंची मेरी तस्वीरों पर आप मत जाइए। मेरा जन्म कहानियाँ सुनाने के लिए हुआ है। मैं आपको शरीर रूपी वस्त्र के बदले जाने की ढेरों कहानियाँ सुनाऊँगा, पर अभी नहीं

अभी तो मैं आपको सुनाऊँगा कुरुक्षेत्र की कहानी। वहाँ युद्धभूमि में शवों से उठनेवाली दुर्गंध की कहानी। गिद्धों के झुंड के रोज़ कुरुक्षेत्र के मैदान में उतरने और रणभूमि में बिखरी लाशों के भोज की कहानी। उनके कल फिर आने की कहानी।

किसी ने कृष्ण से उसी रणभूमि में पूछा भी था कि प्रभु आखिरी गिद्ध भोज कब होगा?

कृष्ण ने जवाब दिया था, ''जब तक आदमी मोह में डूबा रहेगा, गिद्धों का भोज चलता रहेगा।''

''तो क्या जब तक सृष्टि है, तब तक ऐसे ही गिद्धभोज चलता रहेगा?''

''हाँ, यह सत्ता मोह का भोज भी तो है।''

''पर कान्हा, शुरू में तो युद्धभूमि से ऐसी दुर्गंध नहीं आती थी।''

''शुरू में तो मरनेवाले भी थे, लाशों को सँभालने वाले भी थे, पर अब न कोई मरनेवाला बचा है, न मारनेवाला। न शवों के अंतिम संस्कार करनेवाला। यह गिद्धभोज उसी का परिणाम तो है।''

''अब क्या होगा कान्हा?''

''कुछ नहीं। लोग विलाप करेंगे। जीतनेवाले भी, हारनेवाले भी। लोग कसमें खाएँगे कि अब कभी युद्ध नहीं करेंगे।''

''फिर इन गिद्धों का क्या होगा? क्या ये गिद्ध भूख से मर जाएँगे?''

''नहीं, आदमी फिर भूल जाएगा कि युद्ध में किसने क्या खोया। उसकी लालसा फिर जागेगी, फिर कोई द्रौपदी अपने केशों को खोल लेगी कि दुर्योधन के रक्त से ही अपने बालों को धोऊँगी। अपनी इस प्रतिज्ञा को पूर्ण करने के लिए वह अपने सभी पुत्रों की आहुति देने को फिर तैयार हो जाएगी। वह अपनी कोख के उजड़ने का इतना अफसोस नहीं मनाएगी, जितना अपनी प्रतिज्ञा के पूरा होने का जश्न मनाएगी, फिर कोई दुर्योधन किसी शकुनी का पासा बन जाएगा, फिर कोई कर्ण सूतपुत्र सुनने का दंश नहीं सह पाएगा, फिर किसी धृतराष्ट्र के अहं को चोट पहुँचेगी। तुम इन गिद्धों की ज़रा भी चिंता न करो। जब तक गिद्ध हैं, लाशें होंगी। जब तक लाशें होंगी, मेरे पास मानव मन को समझाने के लिए तर्क होगा कि शरीर कुछ नहीं है। जो है आत्मा है। ''

''पर प्रभु! अगर किसी दिन आदमी यह समझ ही गया कि युद्ध से किसी को कुछ नहीं मिलता, सिवा गिद्धों के, तब क्या होगा?''

''ऐसा कभी नहीं होगा। काले चश्मेवाला संजय सिन्हा फेसबुक पर लिख-लिखकर अपनी उँगलियाँ घिस लेगा, तब भी कुछ नहीं होगा। कुछ लोग आएँगे, फेसबुक पर वीरता दिखलाएँगे। लोगों को उकसाएँगे कि युद्ध करो। युद्ध करो, नहीं तो गिद्धों का क्या होगा? ऐसे लोग ही गति की दुर्गति के इतिहास के जनक होते हैं। मेरा क्या है? मैं तो खुद समय हूँ। कल भी था। आज भी हूँ। कल भी रहूँगा।''

□

मेरे घर आना माँ

कल रात मुझे एक लड़की ने फोन किया और रोने लगी। मैं बहुत देर तक समझ नहीं पाया कि आखिर माजरा क्या है। मैं चुपचाप उस तरफ से रोने की आवाज सुनता रहा, फिर जब वह ज़रा शांत हुई, तो मैंने पूछा कि आप कौन हैं और क्यों रो रही हैं ?

उसने पूछा, ''आपने मुझे पहचाना नहीं ?''

''नहीं।''

''ओह ! कल ही तो आपसे बात हुई थी। आपने कहा था कि जब भी कोई मुश्किल हो, मुझे बताना।''

मैं बात करते हुए मन-ही-मन आवाज को पहचाने की कोशिश भी कर रहा था। मुझे आवाज थोड़ी पहचानी-पहचानी सी लग तो रही थी, पर एकदम से कुछ नहीं याद आ रहा था। उसने जैसे ही कहा कि कल ही तो आपने कहा था,
मुझे याद आ गया कि मैं पत्रकारिता के एक इंस्टीट्यूट में कुछ बच्चों के लिए एक विशेष क्लास लेने गया था। मुझे उन्हें पढ़ाना था कि स्क्रिप्ट कैसे लिखें।

स्क्रिप्ट लिखने की क्लास पढ़ाते-पढ़ाते मैं उन्हें यह पढ़ाने लगा था कि एक अच्छा पत्रकार बनने के लिए एक बेहतर इंसान बनना ज्यादा जरूरी है। मैं उन्हें यह पढ़ाने लगा कि पत्रकारिता सिर्फ नौकरी नहीं, कहीं-न-कहीं मन में एक मिशन भाव का होना भी जरूरी है। अगर आपको सिर्फ पैसे कमाने हों, एक सुरक्षित ज़िंदगी चाहिए, तो फिर कोई और नौकरी करनी चाहिए, पर पत्रकारिता में आने के लिए बेहतर इंसान बनने की कोशिश जरूर करें, क्योंकि आप जो कहेंगे, आप जो लिखेंगे, उसका असर जाने-अनजाने दूर-दूर तक होगा। मैं उन्हें बता रहा था कि यह एक नोबल काम है।

इस पेशे में आदमी को आधुनिक और वैज्ञानिक ढंग से चीजों को देखना और समझना चाहिए।

अपने पढ़ाने की इसी कड़ी में मैं उन विद्यार्थियों को अपना फोन नंबर दे आया था और बोल आया था कि अगर मैं कभी आपके काम आ सका तो मुझे बहुत खुशी होगी।

❧ ❊ ❧

"सर, अब तो आपने पहचान लिया न?"

"हाँ, बिल्कुल। बोलो क्या तकलीफ है और मैं क्या मदद कर सकता हूँ?"

"सर, आपके चैनल पर फलाँ ज्योतिषी का शो आता है, मुझे उनका नंबर चाहिए।"

"ज्योतिषी का नंबर? उनसे तुम्हारा क्या काम?"

"सर, मुझे उनसे कुछ पूछना है। अपने परिवार के बारे में पूछना है। मैं बहुत मुश्किल दौर से गुजर रही हूँ। मेरी भाभी मेरी माँ को बहुत परेशान करती है। मुझे लगता है कि वह उन पर कुछ जादू-टोना भी करती है। सर, मेरे पिता इस संसार में नहीं हैं। भैया पूरी तरह भाभी की गिरफ्त में हैं। सर, मुझे चिंता है कि मेरी माँ का क्या होगा? अगर आप फलाँ ज्योतिषी का नंबर मुझे दे दें, तो मैं उनसे अपने परिवार के इस संकट का कुछ उपाय पूछूँगी।"

❧ ❊ ❧

वह बोलती जा रही थी, मैं चुप था।

मुझे याद आ रहा था कि बहुत साल पहले टी.वी. पर अजब-गजब खबरों का दौर आया था। हम लोगों ने भी ऐसी बहुत सी खबरें दिखलाई थीं। कभी कोई जादूगर आता, कभी कोई नाक से गाने वाला आता और कभी कोई नाक से खाने वाला। कोई बालों से ट्रक खींचता, तो कोई ट्यूबलाइट ही खा जाता। मेरे एक साथी को ऐसी खबरों में बहुत आनंद आता था। वह इन खबरों को इंटरनेट पर ढूँढता और फिर उन्हें अजब-गजब के नाम से दिखलाता।

एक दिन वह दफ्तर नहीं आया। मैंने उसे फोन किया तो वह रोने लगा। रोते-रोते उसने बतलाया था कि कल जब वह दफ्तर में बल्ब खानेवाला शो दिखला रहा था,

उसी समय उसके सात साल के बेटे ने एक पुराने बल्ब को तोड़कर उसकी तीन साल की बेटी को खाने के लिए दिया। उसने कहा कि देखो, टी.वी. पर आ रहा है।

वह तो समय रहते उन बच्चों पर निगाह पड़ गई और वह नहीं हुआ, जिसके बारे में सोचकर रूह काँप जाती है, पर उसके बाद उसे लगने लगा कि हम टी.वी. पर जो दिखलाते हैं, उसका असर दूर-दूर तक होता है। उसके बाद ऐसी खबरों से उसने तौबा कर ली। मैं उसे अक्सर मना करता था ऐसी खबरें दिखलाने से, पर जब तक अपने पर नहीं आती है, आदमी समझता नहीं।

❀

कल वह छोटी सी लड़की, जिसे अभी अपनी पढ़ाई पूरी करनी है, अपना कैरियर शुरू करना है, वह मुझसे पूछ रही थी कि क्या फलाँ ज्योतिषी का नंबर मिल जाएगा?

इसका मतलब यह हुआ कि जिन भविष्यवाणियों को हम टी.वी. पर यूँ ही टी.आर. पी. के चक्कर में और मनोरंजन के चक्कर में दिखलाते हैं, उनका असर इस नई पीढ़ी पर भी पड़ रहा है।

तो क्या ऐसा भी होता होगा कि घरेलू समस्याओं को सुलझाने के लिए लोग इन चक्करों में फँसते होंगे?

जरूर होता होगा।

अब तक तो मैं दूसरों को नसीहत ही देता आया हूँ कि ऐसा करना चाहिए, वैसा नहीं करना चाहिए, पर कल के फोन के बाद मुझे लगने लगा है कि पहले मुझे सीखने की जरूरत है कि हमें टी.वी. पर क्या दिखलाना चाहिए, क्या नहीं दिखलाना चाहिए। पहले मैं सोचता था कि पुरानी पीढ़ी ही इन ज्योतिषियों की बातें सुनती होगी और उसका समय कटता होगा।

नई पीढ़ी को तो मुझे इतना ही बतलाना है कि रिश्ते मन के भाव से सुधरते हैं, प्रेम से सुधरते हैं।

फिलहाल उस एक फोन ने मुझे बहुत कुछ सोचने पर मजबूर कर दिया है। मैं कल रात से बहुत बार कुछ-कुछ सोचता रहा हूँ। मैं जो फैसला लूँगा, वह तो लूँगा ही, लेकिन फिलहाल मेरा दु:ख यह भी है कि आखिर सास-बहू में क्यों नहीं बन पाती है? क्यों उनके बीच अहं की इतनी लड़ाई है? कुल जमा चार लोग घर में हैं, क्यों खुशी-खुशी साथ नहीं रह पा रहे?

जब-जब मैं इस तरह के दु:ख से गुजरता हूँ, मेरे हाथ थम जाते हैं। जब हाथ थम जाते हैं, तो लिखने में देर तो होगी ही।

❦ ✻ ❦

मेरी हैसियत इतनी नहीं है, लेकिन मेरे मन में अक्सर यह ख्याल आता है कि जो बहुएँ अपनी माँ को तंग करती हैं, उन माँओं को मैं अपने घर बुला लूँ।
मैं तो सुबह-सुबह माँ बोलकर ही खुश हो लूँगा।

□

जल्दी का काम

आज जब आप यह पोस्ट पढ़ रहे होंगे, मैं एक बार फिर आसमान में होऊँगा। पोस्ट लिख तो मैं विमान में बैठने से पहले ही रहा हूँ, लेकिन आपके लाइक बटन दबते-दबते एयर होस्टेस अनाउंस करने लगेगी कि सभी यात्री अपने मोबाइल बंद कर दें। किसी भी इलेक्ट्रॉनिक उपकरण को चलाने की छूट नहीं रहेगी, फिर करीब छह घंटे मैं उड़ता रहूँगा। मेरा विमान नीले समंदर के किनारे, जिस जमीं पर लैंड करेगा, वह जमीं सिंगापुर की होगी। मैंने आपको बताया था कि पटना से आने के बाद मैं सिंगापुर के लिए उड़ जाऊँगा। भारत के आसमान में उड़ने से पहले पोस्ट को आप तक पहुँचाकर मैं सिंगापुर में अपने मोबाइल फोन को ऑन करूँगा और मेरा विमान भले ही जमीं पर होगा, लेकिन आपके लाइक को देखकर मैं एक बार फिर सातवें आसमान पर पहुँच चुका रहूँगा।

आपके लाइक को देखने के लिए मैं सुबह से शाम तक बहुत धैर्य से इंतजार करता हूँ। ज़रा भी उतावलापन मुझमें नहीं रहता।

जब से मैंने फेसबुक पर लिखना शुरू किया है, एक भी दिन मेरा लिखना नहीं रुका है। ऐसा संभव हुआ है सिर्फ आपके स्नेह और प्यार के बूते पर। यही है संजय सिन्हा का फेसबुक परिवार। मैं हर बार कोशिश करता हूँ कि मेरी उड़ान का समय ऐसा हो, जिसमें सुबह आपसे हैलो तो हो ही जाए। मैं जानता हूँ कि मेरे ढेर सारे परिजन मेरी पोस्ट का इंतजार करते हैं।

कई लोगों ने तो यह तक लिखा है कि जब तक वे पोस्ट पढ़ नहीं लेते, चाय नहीं पीते।

बस, यहीं मैं आपकी मुहब्बत का कायल हो जाता हूँ। कई बार देर हो जाती है लिखने में। कई बार मन करता है कि अभी कुछ देर और आँखें बंद करके कुछ-कुछ

सोचता रहूँ। कई बार सोचता हूँ कि यह लिखूँ कि वह लिखूँ। कई बार तो यह भी होता है कि लिखने बैठता हूँ कुछ, लिख बैठता हूँ कुछ और।

अब देखिए न, चाय की बात की तो याद आ गई—अमेरिकी सीरियल सायनफील्ड की एक कहानी।

सायनफील्ड अमेरिका का एक कॉमेडी शो है और हिंदुस्तान में आप जो भी कॉमेडी शो देखते हैं, वह उसी की तर्ज पर बने हैं।

सायनफील्ड में एक कैरेक्टर है, क्रेमर। छह फीट लंबा एक बेफिक्र युवक।

आज मैं आपको क्रेमर की कहानी सुनाता हुआ उड़ने चला जाऊँगा। आप इस कहानी को बहुत गंभीरता से पढ़िएगा, मनन कीजिएगा और समझने की कोशिश कीजिएगा कि आदमी जल्दबाजी में क्या-क्या गलतियाँ करता है।

❧ ❋ ❧

क्रेमर एक ऐसा नौजवान है, जो हमेशा हड़बड़ी में रहता है।

एक बार वह एक बड़ी दुकान से गरमागरम कॉफी लेता है। वह पीने ही वाला होता है कि कॉफी उसके शरीर पर गिर पड़ती है। मामूली रूप से वह उस कॉफी से जल जाता है। क्रेमर इस बात पर अदालत में चला जाता है कि जिस कंपनी की कॉफी उसने पीने के लिए खरीदी थी, उस कप पर कहीं नहीं लिखा था कि गिरने से आदमी जल सकता है। अगर ऐसा लिखा रहता तो वह कॉफी पीने में सावधानी बरतता, क्योंकि कप पर ऐसा नहीं लिखा था कि कॉफी गिरने से आदमी जल सकता है, इसलिए उस कॉफी कंपनी के खिलाफ मुकदमा दर्ज होना चाहिए।

बात कॉफी कंपनी तक पहुँचती है। जैसा कि आप जानते हैं कि अमेरिका में उपभोक्ता मामलों पर बहुत कड़े फैसले आते हैं, इसलिए कॉफी कंपनी अपने अधिकारियों के साथ बैठकर यह फैसला लेती है कि क्रेमर से बातचीत की जाए। उसके साथ सौदा किया जाए। कंपनी तय करती है कि उसे बतौर हर्जाना एक लाख डॉलर दे दिए जाएँ और उसे यह भी ऑफर किया जाए कि इस कंपनी की कॉफी उसे ज़िंदगी भर मुफ्त मिलेगी। अगर वह इतने पर भी न माने तो हर्जाने की रकम थोड़ी और बढ़ा दी जाए, पर मामला अदालत के बाहर ही सुलझा लेना ठीक रहेगा।

कंपनी के अधिकारी क्रेमर से मिलने का समय माँगते हैं।

क्रेमर बहुत खुश होता है कि कॉफी कंपनी के अधिकारी उससे मिलने आ रहे हैं। वह खूब तैयार होकर उन अधिकारियों से मिलने जाता है। कंपनी के अधिकारी क्रेमर से मिलते हैं, उससे सॉरी कहते हैं और बहुत संकोच के साथ धीरे-धीरे उसे अपनी ओर से मुआवजे का ऑफर देने की कोशिश करते हैं। कंपनी का एक अधिकारी सबसे पहले बोलता है कि सॉरी मिस्टर क्रेमर, कॉफी आपके शरीर पर गिरी और आप जल गए। कंपनी आपको उसके बदले...मुफ्त कॉफी देने का ऑफर करती है।

क्रेमर इतना सुनता है और खुशी से उछल पड़ता है।

''अहा! मुफ्त कॉफी।''

मुफ्त कॉफी सुनकर वह इतना खुश हो जाता है कि वह बोल पड़ता है कि वह तो मुझे मंजूर है, अब मैं अपना मुकदमा वापस ले लूँगा।

कॉफी कंपनी के अधिकारी समझ जाते हैं कि अब उन्हें उसे एक लाख डॉलर नहीं देना। ये आदमी जल्दबाजी में बहुत छोटे से प्रस्ताव पर बड़े प्रस्ताव तक पहुँच ही नहीं पाया। वह सोच ही नहीं पाया कि ज़िंदगी में उसे क्या मिल सकता था।

ऐसा बहुत बार होता है, जब हम बहुत छोटी बात पर समझौता कर बैठते हैं। कई बार ज़िंदगी हमें बहुत कुछ देने को तैयार बैठी होती है, पर हम छोटी सी चीज को पाकर उछल पड़ते हैं और बड़ी चीज को पाने से वंचित रह जाते हैं। ऐसा अक्सर उतावलेपन की वजह से होता है।

मैं जानता हूँ कि धैर्य में बहुत ताकत होती है। इसीलिए मैं सबकी बातें धैर्य से सुनता हूँ। इसीलिए मैं आपके एक-एक कमेंट को बहुत ध्यान से पढ़ता हूँ। आपकी हर बात को बहुत गंभीरता से महसूस करता हूँ।

जानते हैं क्यों?

क्योंकि आप ही मेरी ताकत हैं। आप ही मेरा प्यार हैं। जब-जब मैं अपने वतन से दूर होता हूँ, आपके प्यार की दरकार और बढ़ जाती है।
यही है रिश्ता, यही है ज़िंदगी!

□

दो अकेले शहर में

कल शाम मैं सिंगापुर के एक रेस्तराँ में बैठा था।

मेरा मन पिज्जा खाने का था। आर्किड रोड पर हल्की बारिश के बीच मैंने उस इटालियन रेस्तराँ में बैठकर पिज्जा का ऑर्डर किया। मेरे ठीक बगल वाली मेज पर एक दंपती बैठे थे। उन्होंने भी पिज्जा ऑर्डर किया था। मैं मन-ही-मन सोच रहा था कि यहाँ के लोग कितने खुश रहते हैं। पति-पत्नी या दोस्त शाम को साथ घूमने निकलते हैं, साथ बैठते हैं, डिनर करते हैं।

मैं इस बात पर हैरान था कि दोनों दंपती करीब आधे घंटे तक उस टेबल पर बैठे रहे, लेकिन दोनों ने आपस में एक शब्द भी बात नहीं की। दोनों लगातार अपने-अपने मोबाइल फोन पर लगे रहे।

मेरा कौतूहल बढ़ गया था। उन्होंने अपना डिनर किया और बिल देकर चले गए। मेरा भी खाना हो चुका था, पर मुझे लगा कि अभी मुझे कुछ देर और यहाँ रुकना चाहिए। मैं समझना चाह रहा था कि आखिर तकनीक ने हमें एक-दूसरे के करीब किया है या दूर कर दिया है।

कुछ देर बाद मेरी निगाह दूसरी मेज पर पड़ी। वहाँ भी एक युवा दंपती आए। उन्होंने भी खाने का ऑर्डर किया। दोनों पति-पत्नी या दोस्त ने अपने लिए अलग-अलग खाने के ऑर्डर किए थे। मेरा पिज्जा खत्म हो चुका था, पर मैं कुछ देर और रुकना चाह रहा था, इसीलिए मैंने फिश ऑर्डर कर दिया। मुझे मालूम था कि फिश में देर लगेगी।

मैं चुपचाप दूसरी टेबल की ओर देखता रहा। वहाँ भी वही हाल था। दोनों लोग आपस में कोई बात नहीं कर रहे थे। पुरुष तो अपने साथ आईपैड जैसी कोई चीज

लिये हुए था, वह उसमें पूरी फिल्म देख रहा था और महिला लगातार फोन पर लगी थी।

❧ ❊ ☙

मैं और मेरी पत्नी कभी कहीं किसी रेस्तराँ में जाते हैं, तो हम ऑर्डर चाहे जो करें, पर थोड़ी ही देर में हम एक-दूसरे के ऑर्डर पर हाथ मारने लगते हैं। पत्नी तय करके गई होती है कि वह सिर्फ डोसा खाएगी और मैं छोले-भटूरे, लेकिन दो मिनट के बाद आधा भटूरा वह खा जाती है और मैं उसका डोसा साफ कर चुका होता हूँ। दुनिया के सारे गमों की चर्चा हम खाने की मेज पर कर लेते हैं।

लेकिन यहाँ सिंगापुर में बैठकर मुझे लगा कि आधुनिकता अपने साथ अकेलापन लेकर आगे बढ़ रही है।

सड़कें चमचमा रही हैं।। शहर जगमगा रहा है। तकनीक के एक इशारे पर सारी सुविधाएँ कदमों में हैं। बड़ी-बड़ी गाड़ियाँ हैं।

पर आदमी तन्हा है।

तो क्या एक दिन हम भी एक-दूसरे के बेहद करीब होंगे, पर हकीकत में बहुत दूर होंगे।

जब-जब मैं रिश्तों में इस दूरी को देखता हूँ, मुझे अपना वतन, अपना घर, अपना परिवार और आप सब बहुत याद आने लगते हैं। मुझे तब तक अकेलेपन का एहसास नहीं होता, जब तक ऐसी चुप्पी से मैं गुजर नहीं चुका होता हूँ। तीन दिन हो गए, सिंगापुर में। अब यहाँ इस रेस्तराँ में बैठकर मुझे अकेलापन बहुत साल रहा है।

पता नहीं ये लोग इस सच तो समझते हैं या नहीं, पर अकेलापन एक सज़ा है।

रेस्तराँ में लोग एकांत की तलाश में आते हैं और अकेले होकर चले जाते हैं।

□

जेट लैग

अब कोई कितनी भी कोशिश कर ले, लंबी हवाई यात्रा में जेट लैग हो ही जाता है।

भारत से सिंगापुर करीब ढाई घंटा आगे है। हालाँकि समय की ये दूरी बहुत कम है, पर जब वहाँ आधी रात होती है, तब यहाँ डिनर का वक्त होता है। इसी तरह जब यहाँ लोग एक-दूसरे को गुडमॉर्निंग कह रहे होते हैं, तब वहाँ लंच चल रहा होता है। मतलब, समय की यह चाल चाहे-न-चाहे आदमी को अपनी गिरफ्त में ले ही लेती है।

❧ ⁕ ❧

सिंगापुर से भारत की दूरी कुल छह घंटे की है। ऐसे में जेट लैग का असर उतना नहीं होता, जितना अमेरिका की यात्रा में होता है। हम जब पहली बार अमेरिका गए थे, तब हमारा बहुत बुरा हाल था। शुरू का हफ्ता तो ऐसा था, मानो हमारा पूरा सिस्टम उल्टा हो गया है। हम रात में जागते, दिन में सोते। समझ में नहीं आता था कि इस पर नियंत्रण कैसे किया जाए। धीरे-धीरे लोगों ने समझाया कि इसके लिए कोशिश करनी पड़ती है। अगर कोशिश नहीं करेंगे, तो यह लंबा चलेगा।

पहली बार जेट लैग से मुक्ति की शुरुआत बहुत आसान नहीं थी, पर धीरे-धीरे सब सामान्य हो गया।

❧ ⁕ ❧

करीब साल भर अमेरिका में रहकर जब पहली बार हम भारत वापस आए, तो पत्नी ने कहा कि अब उसे जेट लैग नहीं होगा।

"अब जेट लैग नहीं होगा, पर कैसे?"

"वह तो मैंने भारतीय समय के हिसाब से प्लेन में ही अपनी बॉडी को एडजस्ट कर लिया है। मतलब मैं विमान में इंडिया टाइम के हिसाब से जागती और सोती रही।"

मैं मन-ही-मन बुद्बुदाया, वाह! मेरी पत्नी कितनी स्मार्ट है। एक मैं हूँ, कुछ समझने की कोशिश ही नहीं करता। अब इंडिया जाऊँगा, फिर उल्टाराम बनकर हफ्ते भर तक डोलता रहूँगा।

❧ ✻ ❧

हम भारत पहुँचे। मैं सारा दिन ऊँघता रहता। पत्नी फिट रहती।

भारत पहुँचने के दूसरे दिन हमारे एक मित्र ने हमें खाने पर बुलाया। मैं और मेरी पत्नी दोनों उनके घर गए। मैं कुछ देर अपने घर में सोकर गया, ताकि वहाँ मेरी नाक न बजने लगे। वहाँ पहुँचकर मैंने अपने दोस्त से कहा कि मेरी पत्नी बहुत समझदार है। जब हम अमेरिका गए थे, तब जेट लैग ने हमें बहुत परेशान किया था। वापसी पर इसने अपने सोने-जागने का समय ऐसे कर लिया है कि इसे कोई परेशानी ही नहीं। इसीलिए मैं आपके घर थोड़ा सोकर आया हूँ, ताकि यहाँ नींद न आए, पर मेरी पत्नी एकदम फिट है।

खाना टेबल पर लगा। मैं एकदम तरोताजा टेबल पर बैठा। अचानक मेरे मित्र ने पूछा, "अरे दीप कहाँ है?"

"हैं! दीप कहाँ चली गई?"

अपनी बातचीत में हमने ध्यान ही नहीं दिया कि वह कहाँ गई, "हो सकता है अंदर गई हो। हाँ, हाँ, वह भीतर ही गई थी, पर उसे तो काफी देर हो चुकी है।"

खाना खाने के लिए दीप की तलाश शुरू हुई।

पता चला मैडम भीतर लगे एक सोफे पर सो रही हैं।

❧ ✻ ❧

अब मैं यह बात समझ चुका हूँ कि जेट लैग शरीर में घटनेवाली एक घटना है। शरीर

कुछ दिनों में खुद ही समय के साथ तालमेल बैठाना सीख जाता है।
तन का जेट लैग अपने सोने और जागने का समय खुद एडजस्ट कर लेता है, पर कई बार मन का जेट लैग भी होता है।

मन के जेट लैग के लिए आपको कहीं यात्रा नहीं करनी पड़ती। मन के जेट लैग में मन खुद-ब-खुद यात्रा करने लगता है। ऐसा आपको कई बार महसूस हुआ होगा, जब आपने खुद से कहा होगा कि आज मन नहीं लग रहा। जब आप कहते हैं कि मन नहीं लग रहा, तो इसका मतलब यही होता है कि आपका मन कहीं की यात्रा पर गया हुआ है। यह यात्रा किसी रिश्ते को लेकर हो सकती है, किसी चाहत को लेकर भी हो सकती है।

तन की उड़ान और मन की उड़ान दोनों अलग-अलग प्रक्रिया हैं। एक का जेट लैग हफ्ते भर में मिट जाता है। दूसरे का जेट लैग जीवन भर भी चल सकता है।

❧ ※ ❧

मेरी एक परिचित, जिनकी कुछ साल पहले ही शादी हुई है, उनका मन अब तक उनके कॉलेज के उस दोस्त के पास से लौटकर उनके पास नहीं आया है, जिससे वे कभी विवाह करना चाहती थीं। मेरी परिचित किसी से कुछ कहती नहीं, पर मैं उनके मन के जेट लैग को जानता हूँ। मैं जानता हूँ कि वे चाहे अपने पति और अपने रिश्तेदारों के बीच खुद को जितना जेट लैग मुक्त घोषित कर दें, लेकिन उन्हें जहाँ कोने में सोफा पड़ा मिलेगा, उनका मन यादों की नींद में डूब ही जाएगा।

बहुत बुरा होता है कुछ खास यादों में जीना।

कई बार मन पीछे ही नहीं आगे भी यात्रा करता है। कई बार तन यहीं होता है और मन कहीं और चला जाता है। ऐसी परिस्थिति में भी मन को बहुत यंत्रणा से गुजरना पड़ता है।

अमेरिका जैसे विकसित देशों में लोग अपने मन के जेट लैग का इजहार कर देते हैं। ऐसी परिस्थिति में उन्हें कोने में छिपकर नींद पूरी करने की दरकार नहीं रहती, पर भारत में अभी रिश्तों का पाखंड जिंदा है। ऐसे में महिला और पुरुष दोनों इस जेट लैग को छिपाने की कोशिश करते हैं। मन का जेट लैग सालोसाल चलता रहता है। शरीर तो यहीं रहता है, पर मन कहीं और चला जाता है।

अगर ऐसा आपके साथ भी हो तो मन को रोकिए। उसे समझाइए। जैसे सूरज के साथ ही शरीर की लय को मिलाना उसके स्वस्थ रहने का राज है, वैसे ही मन को भी परिस्थिति के हिसाब से ढाल लेना उसके खुश रहने का राज है।

मन अगर नियंत्रण में रहना सीख जाए, तो समझ लीजिए आपके रिश्तों की विमान यात्रा कभी आपको नहीं थकाएगी। तन थक जाए, कोई बात नहीं। मन को नहीं थकना चाहिए। तन कहीं सोफे पर लुड़क जाए, कोई बात नहीं। मन को नहीं लुड़कना चाहिए।

□

आई लव यू

मुझे लगता है कि लड़का चाहे जितना पढ़-लिख लें, सलीके और तौर-तरीके में वह लड़कियों के मुकाबले कम समझदार होता है। एक ही स्कूल, कॉलेज में साथ-साथ पढ़कर भी लड़के फिजिक्स, केमेस्ट्री, बायोलॉजी, गणित में चाहे जितनी समझदारी दिखाएँ, पर ज़िंदगी के सलीके में लड़कियों से पीछे ही रह जाते हैं।

उन दिनों मैं भोपाल में था। एक सुबह कॉलेज जाने के लिए बस स्टैंड पर खड़ा था, मेरी क्लास की एक लड़की वहाँ पहुँची और उसने अंग्रेजी में मुझसे कुछ कहा। अपनी अंग्रेजी ठीक थी, पर उसने जो कहा पता नहीं क्यों, वह पल्ले नहीं पड़ा। उसने जो कहा, उसे नहीं समझ पाने के कारण मैं उसकी ओर बस देखता रह गया। कुछ देर वह मुझे देखती रही, उसकी समझ में नहीं आया कि मैंने उसे जवाब क्यों नहीं दिया। कुछ देर में बस आई और हम दोनों चुपचाप बस में चढ़ गए ।

मेरी हिम्मत ही नहीं हुई यह पूछने की कि उसने कहा क्या था।

वह रोज़ मेरी ओर देखती, मैं नजरें झुकाए उसके सामने से गुजर जाता।

भोपाल से ही मुझे कुछ समय के लिए मॉस्को जाने का मौका मिला। वहाँ कॉलेज में जिस लड़की को मैं रोज़ आते-जाते देखा करता था, उसने एक दिन मुझसे अपनी ओर से प्यार का इजहार कर दिया। मैं लजाकर लाल हो गया। समझ में ही नहीं आया कि कोई अगर आपसे 'आई लव यू' कह दे, तो पलटकर क्या कहें।

यह तो आप भी मानते ही होंगे कि एक आदमी अपनी ज़िंदगी में सिर्फ एक बार ही प्यार के दौर से नहीं गुजरता है। किताबों-कहानियों में प्यार की बातें एक बार की लिखी होती हैं, लेकिन मुझे लगता है कि बहुत से लोगों को कई-कई बार प्यार के अनुभव से गुजरने का मौका मिलता है और सबसे दिलचस्प बात यह कि हर बार लगता है कि इस बार उसे असली वाला प्यार हुआ है।

कई बार हमारा मन इस सच को मान लेता है, कई बार नहीं।

मुझे तो जब भी किसी से प्यार होता था, यही लगता था कि यह फाइनल वाला प्यार है।

आज प्यार पर सोचने बैठूँगा तो न जाने कितनी कहानियाँ याद आने लगेंगी, पर अपनी मर्दानगी कभी प्यार के इजहार तक पहुँची ही नहीं। बस मन में लड्डू फूटते रहे और वहीं चूर-चूर होते रहे।

❦ ❊ ❦

पढ़ने-लिखने-दिखने में ठीक था, पर लड़कियों वाला सलीका नहीं सीख पाया था।

जब किसी लड़की से दोस्ती होती, तो बस मन-ही-मन यह डर सताता रहता कि कहीं यह मुझे आई लव यू न बोल दे। अगर इसने ऐसा कुछ बोल दिया तो मैं क्या कहूँगा? बस यहीं अपना मन चिंतित हो उठता। बस यूँ समझ लीजिए कि गिनती नहीं याद कि जब किसी ने मुझसे आई लव यू कहा तो मैं कैसे दुम दबाकर भागता नजर आया। जैसे शेर के सामने हिरण दौड़ना भूल जाता है, जैसे बिल्ली के सामने कबूतर उड़ना भूल जाता है, वैसे ही मैं ये तीन मैजिक शब्दों को सुनकर जड़ हो जाता।

लड़कियाँ थोड़ी देर मेरी ओर देखतीं, पर मेरी आँखों में व्याप्त भय और मेरे उज्जड़पन को देखकर वह मुँह ही मोड़ लेतीं। मैं बेचारा मन-ही-मन खुद को कोसता। जब तक इजहार-ए-इश्क नहीं होता, तब तक सब ठीक चलता।

''आप कैसी हैं? आपने परीक्षा की कितनी तैयारी कर ली? आपको क्या अच्छा लगता है?''

''आप बहुत अच्छे हैं। आई लव यू।''

❦ ❊ ❦

एक गहरी चुप्पी, फिर होश गुम!

❦ ❊ ❦

वह तो भला हो कि एक लड़की से मेरी शादी हो गई। मैं तो शादी से पहले भी होनेवाली पत्नी को आई लव यू नहीं बोल पाया था। शादी के बाद मेरी उज्जड़ता बरकरार रही।

एक दिन बहुत हिम्मत करके मैंने पत्नी से पूछ ही लिया था कि अगर कोई मुझे आई लव यू कहे, तो बदले में उससे क्या कहना चाहिए।

पत्नी ने मेरी ओर देखा, फिर मुस्कुराते हुए पूछ बैठी कि अब तुम्हें किसने आई लव यू बोल दिया है?

''अरे बाबा, मैं सिर्फ सीखने के लिए पूछ रहा हूँ कि अगर कोई बोल दे, तो मुझे क्या कहना चाहिए?''

''अब तो तुम कह देना कि तुम्हारी शादी हो गई है।''

''तुम समझ नहीं रही हो। बचपन से मैं किसी से यह सवाल पूछना चाहता था, पर पूछ नहीं पाया।''

''बचपन से जो नहीं पता चला, अब उसके बारे में जानकर क्या करना?''

''मतलब यह कि अगर तुम मुझे कभी आई लव यू बोलोगी तो मुझे यही कहना है कि मेरी शादी हो चुकी है, शादी होने के बाद आदमी आई लव यू का जवाब नहीं देते।''

तीर सही लगा था।

पत्नी ने एकदम समझा दिया, ''जब कोई आई लव यू कहे और तुम भी उसे उसकी भाषा में जवाब देना चाहो, तो तुम्हें कहना चाहिए, 'आई लव यू टू'।''

✻

हे भगवान! पहले क्यों नहीं मिली थी मेरी पत्नी। मेरी सारी समस्या का समाधान तीन शब्दों के जवाब को चार में बदल देने से हो जाता।

खैर, शादी के बाद मौका नहीं आया आई लव यू कहने–सुनने का, पर जब से फेसबुक पर आया हूँ, हजारों लोग मुझे 'आई लव यू' वाला संदेश भेजते हैं।

अब सलीका क्या कहता है?

यही न कि मैं सलीकेदार जवाब दूँ। तो सुनिए, आप सब सुनिए। मेरे प्यारे परिजनों, ध्यान से सुनिए।

आई लव यू टू। आई लव यू टू।

□

मार्क जरूर आएगा

कहानी मेरी नहीं। मार्क की है। मैंने कहानी लिखी भी नहीं, किसी ने मुझसे कहानी साझा की है। मुझे यह कहानी ऐसी लगी कि मेरा मन कर रहा है कि मैं इसे आपसे साझा करूँ।

मुमकिन है, आपने यह कहानी पढ़ी भी हो। दरअसल उम्मीदों से भरी इस कहानी में कभी कुछ पुराना पड़नेवाला नहीं।

मैं चाहूँ तो मार्क का नाम बदलकर संजय सिन्हा कर सकता हूँ या फिर आप संजय सिन्हा का नाम बदलकर अपना नाम भी इसमें जोड़ सकते हैं। संभव है, सब संभव है, अगर आदमी को प्रार्थना पर भरोसा और ज़िंदगी से उम्मीद हो।
सात समंदर पार अमेरिका से एक डॉक्टर भारत आया था। उसे यहाँ एक सम्मेलन में हिस्सा लेना था। उसे वहाँ अपनी एक रिपोर्ट सौंपनी थी। डॉक्टर का नाम था —मार्क।

मार्क अमेरिका से मुंबई तो पहुँच गया, लेकिन उसे वहाँ से जाना था कहीं और। उस दिन मुंबई से वहाँ की फ्लाइट कैंसिल हो गई। मार्क को जाना ही था। मार्क ने दोस्त को फोन कर उसकी गाड़ी मँगाई और खुद ड्राइव करता हुआ निकल पड़ा, वहाँ के लिए, जहाँ सम्मेलन था।

मार्क ने कंम्यूटर पर सारे रास्ते देख लिये थे। उसे रास्ते को समझने में कोई मुश्किल नहीं आनी थी, पर मार्क एक मोड़ गलत मुड़ गया। वह एक मोड़ गलत क्या मुड़ा, रास्ता ही भटक गया। अब वह जिस रास्ते से गुजर रहा था, वहाँ नेट नहीं चल रहा था। मार्क की समझ में नहीं आ रहा था कि वह कैसे आगे बढ़े, पर वह बढ़ता चला गया।

कुछ देर बाद बहुत तेज बारिश होने लगी। अब लगा कि मार्क और आगे नहीं बढ़

सकता है। तेज बारिश में दिखना भी मुश्किल हो गया। अब उसे रुकना था, पर कहाँ रुके। कहीं रोशनी की हल्की किरण तो दिखे!

मार्क धीरे-धीरे बढ़ता चला गया। इस उम्मीद में कहीं तो रोशनी की छोटी सी किरण दिखे।

मार्क चलता जा रहा था। बहुत अँधेरा हो गया था। अचानक उसे कुछ दूर एक घर दिखा। घर के बाहर जल रहे बल्ब से उसने अंदाजा लगा लिया कि कोई यहाँ है। बहुत उम्मीद से भरा हुआ, वह वहाँ पहुँच गया।

गाड़ी से उतरकर दरवाजे तक पहुँचते हुए मार्क भीग गया था। मार्क ने घंटी बजाई।

एक महिला ने दरवाजा खोला। पूरी तरह भीगे एक पुरुष को सामने देखकर महिला ने उससे बिना कुछ पूछे भीतर आने का निमंत्रण दिया। कहा कि आप बहुत भीग गए हैं। मैं अपने पति के कपड़े आपको देती हूँ। पति अभी बाहर गए हैं। आप आराम से बैठिए।

मार्क ने कपड़े बदले। उस रात वहीं रुकने के सिवा उसके पास कोई और रास्ता नहीं था। मार्क वहीं रुक गया।

महिला ने उसके लिए खाना बनाया, पर खाना बनाते हुए वो बार-बार अपने छोटे से बच्चे को गोद में लेकर पूजा के कमरे में जाती और कुछ देर भगवान से प्रार्थना करती।

मार्क सबकुछ देख रहा था।

ऐसा जब कई बार हुआ तो मार्क से रहा नहीं गया। खाने की मेज पर उसने उस महिला से कहा कि मुझे पूछना तो नहीं चाहिए, पर मैंने ऐसा नोट किया है कि आप अपने छोटे से बच्चे को साथ लेकर बार-बार उस पूजा के कमरे में जाती हैं, फिर बच्चे को बिस्तर पर लिटाकर आप अपने काम में व्यस्त हो जाती हैं।

''ऐसा क्या है, जिसे आप बार-बार ईश्वर से माँग रही हैं?''

''आपने बिल्कुल सही समझा है। मैं बार-बार ईश्वर के पास जाती हूँ। प्रार्थना करती हूँ। मेरा साल भर का बेटा बहुत बीमार है। उसे अजीब सी बीमारी है। मैंने कई जगह उसे दिखलाया है, पर सभी डॉक्टरों ने यही कहा है कि इसका इलाज अमेरिका में कोई डॉक्टर मार्क हैं, वही कर सकते हैं। उन्होंने इस बीमारी पर बहुत शोध किया है।

हमारे पास इतने पैसे नहीं कि हम कभी अमेरिका जा पाएँ। मेरे पति दिन-रात मेहनत करते हैं। मेरे पति रोज़ डबल शिफ्ट में काम करके सारे पैसे बचाते हैं कि एक दिन शायद वे अमेरिका जाने का इंतजाम कर पाएँ, पर मैं ईश्वर से प्रार्थना करती हूँ कि अमेरिका से डॉक्टर मार्क ही कभी भारत आएँ। वे भारत आएँगे, तो मैं उनसे मिलकर अपने बच्चे को देखने का अनुरोध करूँगी। वे मेरे बच्चे को देखेंगे तो मेरा बच्चा बच जाएगा। सुना है, डॉक्टर मार्क जल्दी किसी से मिलते नहीं, पर मुझे तो अपनी प्रार्थना पर भरोसा है। ईश्वर ने चाहा तो जल्दी ही मेरी उनसे मुलाकात होगी।''

*

डॉक्टर मार्क घटनाक्रम को याद कर रहे थे।

फ्लाइट कैंसिल हो गई। मैंने दोस्त से गाड़ी मँगाई। दोस्त ने कहा ड्राइवर के साथ चले जाओ, तो अचानक मेरी इच्छा हो गई कि मैं खुद ही गाड़ी चलाता हुआ पहुँच जाऊँगा। मैंने पूरा रोडमैप भी ले लिया था, पर एक मोड़ गलत मुड़ गया और फिर मैं यहाँ पहुँच गया।

सचमुच प्रार्थना में बहुत शक्ति होती है।

*

कई बार हमारी और आपकी ज़िंदगी में वह होता है, जिसकी हम कल्पना भी नहीं करते। कई बार नियति हमें उनसे मिलने पर मजबूर कर देती है, जिनसे मिलने की हमारी कोई योजना ही नहीं होती। यकीन कीजिए यह उनकी प्रार्थनाओं का असर होता है, जिनसे हमें मिलना होता है।

आप भी प्रार्थना पर यकीन कीजिए। प्रार्थना से उम्मीद बढ़ती है। जहाँ उम्मीद है, वहीं ज़िंदगी है।

□

कमाई की कटाई

पिछले दिनों मैं सिंगापुर गया था। वहाँ मुझे एक कॉन्फ्रेंस में शामिल होने का मौका मिला, जिसमें भारत के तमाम बिजनेसमैन आए थे।

व्यापारियों की उस बैठक में मुझे कुछ बोलना नहीं था, सिर्फ सुनना था।

भारत लगातार तरक्की कर रहा है। सारे बिजनेसमैन एक स्वर में यही कह रहे थे। कोई कह रहा था कि होटल उद्योग बहुत फल रहा है, किसी को पर्यटन में अच्छा कारोबार नजर आ रहा था, तो कोई कंप्यूटर के कारोबार का गुणगान कर रहा था। जितने लोग उतनी बातें। बैठक में भारत के एक बड़े अस्पताल समूह की सी.ई.ओ. भी मौजूद थीं। उन्होंने स्वास्थ्य सेवाओं में बिजनेस के विकास की संभावनाओं पर अपनी राय रखी और बताया कि भारत में इस समय साठ खरब रुपयों की स्वास्थ्य सेवाओं का कारोबार हो रहा है और यह आँकड़ा और बढ़ सकता है, अगर स्वास्थ्य सेवाओं से जुड़े लोग इसमें थोड़ी स्मार्टनेस और दिखाएँ। उन्होंने एक शब्द का इस्तेमाल किया कि भारत आनेवाले समय में दुनिया का सबसे बड़ा स्वास्थ्य पर्यटन स्थल बन जाएगा।

लोगों ने हेल्थ बिजनेस की कामयाबी पर तालियाँ बजाकर उनका स्वागत किया।

❧ ✻ ☙

पिछले दिनों मेरी एक परिचित को बुखार हुआ। डॉक्टर को दिखलाया तो पता चला कि कोई संक्रमण हो गया है। डॉक्टर ने उन्हें अस्पताल में भरती कर लिया। जाँच के लिए खून लिया गया और बताया गया कि तीन दिनों बाद रिपोर्ट आएगी, तब तक आपको अस्पताल में रहना होगा, तब तक उन्हें एंटीबॉयोटिक दिया जाने लगा। तीन दिन बाद रिपोर्ट आई तो पता चला कि जो एंटीबॉयोटिक अब तक दे रहे थे, उसकी जरूरत नहीं थी। इस वाले बैक्टेरिया पर दूसरा एंटीबॉयोटिक दिया जाता है। लीजिए,

अब हफ्ता भर दूसरा एंटीबॉयोटिक दिया जाने लगा। अस्पताल में हफ्ता गुजर गया।

डॉक्टर आए, उन्होंने मरीज को देखा और कहा कि अब आपका स्वास्थ्य बिल्कुल ठीक है, पर हम आपको दो हफ्ता और अस्पताल में रखेंगे।

''क्यों?''

''क्योंकि अभी आपकी दवा का कोर्स दो हफ्ते और चलेगा।''

''पर अभी जूनियर डॉक्टर आया था, वह कह रहा था कि आप लोग घर जा सकते हैं। यह दवा घर में लेते रहिएगा।''

उसे कुछ नहीं पता। आपको कम-से-कम चौदह दिन यहाँ और रहना ही पड़ेगा और आपको किस बात की चिंता है? आपका तो हेल्थ इंश्योरेंस है।''

''जी डॉक्टर! पर अस्पताल तो अस्पताल है।''

''जी नहीं, आपकी मर्जी नहीं चलेगी। जैसा मैं कह रहा हूँ, वैसा ही होगा।''

❧ ❊ ❧

मेरी परिचित का इलाज दिल्ली के बड़े प्राइवेट अस्पताल में चल रहा है। वे कुछ दिनों से बीमार हैं और उन्हें बार-बार अस्पताल जाना पड़ता है। शुरू में तो डॉक्टर पर पूरा भरोसा था, पर अब धीरे-धीरे लगने लगा है कि बीमारी पता नहीं थी या नहीं, पर इलाज बढ़ता जा रहा है। मैं कई बार उन्हें देखने अस्पताल जाता हूँ। मैंने डॉक्टरों को मरीजों से सीधे-सीधे पूछते हुए देखा है कि आपका हेल्थ इंश्योरेंस है कि नहीं। अगर इंश्योरेंस हुआ तो वे मरीजों को फौरन अस्पताल में भरती कर लेते हैं। एक दिन का सिंगल बेड कमरे का चार्ज होता है करीब दस हजार रुपए। उस कमरे में डॉक्टर जितनी बार हालचाल पूछने आएँगे, उनकी फीस अलग होती है। दवा, खाना सबके अलग चार्ज।

आज मैं सरकारी अस्पतालों के विषय में नहीं लिख रहा, पर होटलनुमा अस्पतालों का सच यही है कि सचमुच ये सोने का अंडा देनेवाली मुरगियाँ हैं। सिंगापुर में जब मैं उस अस्पताल की सी.ई.ओ. के मुँह से सुन रहा था कि भारत में अस्पताल उद्योग बहुत फल रहा है, तो सबने तालियाँ भले ही बजाई थी,पर मेरे हाथ बँधे हुए थे। मैं समझ रहा था कि जो लोग तालियाँ बजा रहे हैं, उन्हें नहीं पता कि एक दिन वे भी इस दंश का शिकार होंगे।

मुझे वहाँ कुछ बोलना नहीं था इसलिए मैं चुप रहा, पर मैं आपको एक सच यह भी बता रहा हूँ कि जिस देश में स्वास्थ्य और शिक्षा को कारोबार मान लिया जाता है, वह देश चाहे जितना चमकता नजर आए, वहाँ मानवता मर जाती है।

पूरी दुनिया के लिए इस सच को समझना बहुत जरूरी है कि ये दोनों काम व्यापार नहीं हैं, न ही होने चाहिए।

*

मेरे परिचित ने मुझे फोन किया कि डॉक्टर दो हफ्ते और रोक रहे हैं।
मैंने अस्पताल के अधिकारियों से बात की। उन्होंने उस डॉक्टर से बात की कि क्या मरीज को घर में दवा नहीं दे सकते?

''जी, दे सकते हैं।''

''इन्हें छोड़ दो।''

मेरी परिचित घर चली आईं। एक हफ्ते में इंश्योरेंस से डेढ़ लाख रुपए का बिल चुकाकर।

यहाँ सचमुच हेल्थ बिजनेस में सचमुच बहुत स्कोप है। तालियाँ।

□

सबसे बड़ा शोध

मेरे एक डॉक्टर दोस्त हैं। मेरी उनसे महीने-दो महीने में फोन पर बात हो जाती है, लेकिन उनसे मैं पिछले करीब 17 वर्षों से नहीं मिला।

अब आप सोचेंगे कि ये कैसा दोस्त है, जिससे 17 वर्ष से मुलाकात ही नहीं हुई।

है न हैरानी की बात?

मेरे ये दोस्त पहले दिल्ली के जी.बी. पंत अस्पताल में डॉक्टर थे। बहुत साल पहले मेरी पत्नी को गॉल ब्लाडर में पथरी की शिकायत हुई थी, तब उन्होंने ही मेरी पत्नी को देखा था और जी.बी. पंत अस्पताल में किसी सर्जन को रेफर कर उसका ऑपरेशन कराया था। पत्नी को पेटदर्द की शिकायत हुई थी और उन्होंने एक मिनट में बता दिया था कि गॉल ब्लाडर में स्टोन है, इसका ऑपरेशन करा लेना ही उचित है।

दिल्ली के सरकारी अस्पताल के जनरल वार्ड में भरती करके उन्होंने ये ऑपरेशन करा दिया था।

उसके बाद उनसे एकाध दफा ही मुलाकात हुई। आज जब मैं उन्हें याद करने बैठा हूँ तो यही याद आ रहा है कि फोन पर चाहे जितनी बात हुई हो, लेकिन पिछले 17 वर्ष से मैं उनसे नहीं मिला। फिलहाल वे दिल्ली में ऑल इंडिया इंस्टीट्यूट ऑफ मेडिकल साइंस (एम्स) में बहुत सीनियर डॉक्टर हो गए हैं।
जिन दिनों वे जी.बी. पंत अस्पताल में थे, मैंने उनसे कई बार कहा था कि आप इतने अच्छे डॉक्टर हैं, आप अपना नर्सिंग होम खोल लीजिए। डॉक्टर साहब बोलते थे कि यह पेशा मैंने पैसा कमाने के लिए नहीं चुना। पैसा कमाना होता, तो हजार धंधे थे।

उनकी बातें सुनकर मैं चुप हो जाता।

फिर वे एम्स में चले गए।

मेरी उनसे फोन पर तो बात होती रही, पर मिलना नहीं हुआ।

एक दिन मैंने उनसे कहा था कि आपसे मुलाकात नहीं होती। उन्होंने कहा कि डॉक्टरों से फोन पर ही बात ठीक रहती है। मिलने की जरूरत नहीं पड़नी चाहिए।

"आप इकलौते डॉक्टर ऐसे हैं, जो कहते हैं कि मिलने की जरूरत नहीं होनी चाहिए।"

"नहीं, मैं इकलौता नहीं। ऐसे तमाम डॉक्टर होंगे, जिनकी इच्छा होगी कि मरीजों को दरअसल डॉक्टर की जरूरत ही न पड़े।"

"अगर मरीजों को डॉक्टर की जरूरत न पड़े, तो डॉक्टरों का धंधा बंद हो जाएगा।"

"आप इसे धंधा कह रहे हैं, यही समस्या है। कुछ लोगों ने इसे 'धंधा' मान लिया है, पर डॉक्टरी धंधा नहीं है। हमारी कोशिश होनी चाहिए कि ऐसी दवाएँ बन जाएँ कि आदमी को डॉक्टर की जरूरत ही न रहे। सही मायने में चिकित्सा विज्ञान अपने चरम पर तभी पहुँच पाएगा, जब हम कह सकेंगे कि दुनिया में अब किसी को डॉक्टर की जरूरत नहीं पड़ेगी।"

"यह तो आपकी गजब की कल्पना है। ऐसा कभी हो सकेगा क्या?"

"यह मेरी कल्पना नहीं है। दुनिया के जाने-माने डॉक्टर विलियम जेम्स मेयो का ऐसा मानना है कि वैज्ञानिकों को ऐसी दवा ईजाद करनी चाहिए कि आदमी को डॉक्टर की जरूरत ही न पड़े।"

"ओह! तो इसीलिए आप कह रहे हैं कि मुलाकात का नहीं होना ही ठीक है?"

"बिल्कुल सही।"

❧ ✻ ❧

डॉक्टर मेयो का वह सपना पूरा नहीं हुआ।

वैज्ञानिकों ने ऐसी दवाएँ ईजाद कर ली हैं, जिन्हें खाने के बाद आपको बार-बार डॉक्टर के पास जाना पड़ता है।

आदमी बीमार पड़ता है, उसका इलाज होता है। वह डॉक्टर को धन्यवाद कहता है, उसे भगवान कहता हुआ घर लौट आता है, पर वह जो दवाएँ खाता है, उसकी वजह से उसे नई बीमारी हो जाती है ऐसी बीमारी जिसके इलाज के लिए उसे फिर डॉक्टर

के पास जाना पड़ता है।

❧ ⁂ ❧

मैंने इस बात की चर्चा पहले भी की है कि मेरे पिताजी का पटना के एक प्राइवेट नर्सिंग होम में गॉल ब्लाडर का ऑपरेशन हुआ था।

ऑपरेशन के बाद जब उन्हें तेज दर्द होता तो डॉक्टर उन्हें फोर्टविन नामक इंजेक्शन दे देते।

जब उनके ऑपरेशन के स्टिच खुल गए, वे घर चले आए, तब भी उन्हें फोर्टविन इंजेक्शन दिया जाता रहा, क्योंकि डॉक्टर ने कहा था कि जब भी दर्द हो, ये वाला इंजेक्शन देना पड़ेगा।

पिताजी को गॉल ब्लाडर में पथरी नहीं थी। उनके पेट में दर्द होता था, डॉक्टरों ने उन्हें पेप्टिक अल्सर बताया था। ऑपरेशन टेबल पर देखा कि अल्सर नहीं है तो उन्होंने कहा कि आगे गॉल ब्लाडर से भी परेशानी हो सकती है और उसे निकाल दिया।

खैर, अभी मैं यह बता रहा था कि पिताजी ठीक होकर घर चले आए और साथ में एक नई बीमारी भी लेकर आए।

बीमारी यह कि दिन में चार बार उन्हें फोर्टविन इंजेक्शन देना पड़ता।

अब दर्द होते ही कंपाउंडर कहाँ से ढूँढकर लाते, तो मैंने और मेरी छोटी बहन ने इंजेक्शन देना सीख लिया।

पिताजी के पेट में दर्द होता, हम फोर्टविन दे देते। फोर्टविन लेते ही पिताजी ठीक हो जाते।

एक दिन हमारे घर एक रिश्तेदार आए, जो रैनबैक्सी कंपनी में ही काम करते थे। उन्होंने मुझे पिताजी को फोर्टविन इंजेक्शन देते देखा तो हैरान रह गए। मैंने उन्हें बताया कि डॉक्टर ने कहा है।

मेरे रिश्तेदार ने बताया कि यह एक ड्रग है। तुम्हारे पिताजी को अब बीमारी की वजह से दर्द नहीं हो रहा। उन्हें अब इस इंजेक्शन की वजह से दर्द हो रहा है। उन्हें इस नशे की लत लग गई है। डॉक्टर को यह दवा इन्हें नहीं देनी चाहिए थी। यह दवा ऑपरेशन के दर्द से राहत देने के लिए एकाध बार दी जाती है।

❧ ⁂ ❧

उनके कहने पर हमने बाद में पिताजी को सिर्फ पानी भर कर सुई में देना शुरू किया। धीरे-धीरे डोज कम किया गया और करीब छह महीने में पिताजी उस दर्द से मुक्त हुए। बाद में हम बहुत हँसते भी थे कि पिताजी, जिन्होंने कभी कोई नशा नहीं किया था, एक डॉक्टर के चलते ड्रग लेने लगे थे।

❦ ❉ ❦

मैं जब भी डॉक्टरों पर कहानी लिखता हूँ, मेरे कुछ डॉक्टर परिजन दुःखी हो जाते हैं।

आज की कहानी में मैंने सिर्फ यही बताने की कोशिश की है कि यह सच है कि सभी डॉक्टर एक से नहीं होते। एम्स में मेरे जो डॉक्टर मित्र हैं, वैसे डॉक्टर भी हैं ही, पर हकीकत यही है कि डॉक्टरी अब धंधा है।

पुराने जमाने में कहते थे कि भगवान न करे कि आदमी को पुलिस या कोर्ट-कचहरी के चक्कर लगाने पड़ें।

मैं कहता हूँ कि भगवान न करे कि आदमी को कभी अस्पताल के चक्कर लगाने पड़ें।

आज तो नहीं, पर कभी-न-कभी जरूर लिखूँगा कि कैसे आजकल के निर्दयी डॉक्टर अच्छे भले आदमी को पहले बीमार करते हैं, फिर उसे लूट लेते हैं।

❦ ❉ ❦

पहले हमने पानी को खराब किया, फिर मिनरल वाटर बेचने लगे।
हमने पहले सरकारी स्कूलों में शिक्षा को बरबाद किया, फिर प्राइवेट स्कूलों में शिक्षा को बेचने लगे।

हमने पहले खेतों में दवाएँ डालकर उसे जहरीला किया, फिर कुछ बाबाओं को ठेका दिया कि आप बिना दवावाला खाद्य पदार्थ बेचिए। देखते-देखते अनपढ़ बाबा भगवान बन गए। पहले वे च्वयनप्राश तक सीमति थे, अब साबुन भी बनाने लगे।

पहले हमने सरकारी अस्पतालों को गंदा किया, फिर प्राइवेट अस्पतालों को होटल बनाकर मरीजों को लूटने लगे।

अब हम जल्दी ही हवा के कारोबार को फलते-फूलते देखेंगे।

❦ ❉ ❦

कसाई बकरी को काट रहा था।

बकरी हँस रही थी।

कसाई ने पूछा कि तुम हँस क्यों रही हो?

बकरी ने कहा कि मैंने कभी किसी का कुछ नहीं बिगाड़ा। मैं सिर्फ घास खाती हूँ, फिर भी मेरा अंत कितना कष्टप्रद होने जा रहा है, लेकिन मैं तुम्हारे विषय में सोचकर हँस रही हूँ कि जब मेरा अंत इतना कष्टदायी है, तो तुम्हारा क्या होगा?

❧❋☙

तेरा क्या होगा, कालिया?

□

पहले उसके दस्तखत लाओ

विजय और रवि दोनों सगे भाई थे।

एक दिन विजय और रवि के पिताजी घर छोड़कर कहीं चले गए। वे मजदूरों के नेता थे।

इस तरह अचानक उनके घर छोड़कर चले जाने से नाराज कुछ लोगों ने विजय को पकड़कर उसकी कलाई पर लिख दिया, ''मेरा बाप चोर है।''

विजय का बाप चोर नहीं था, लेकिन बड़ा होकर विजय चोर बन गया और रवि पुलिस अफसर।

एक दिन रवि ने विजय से कहा, ''तुम चोरी छोड़ दो। चोरी गुनाह है। तुम इस कागज पर दस्तखत करके अपने गुनाह कबूल कर लो।''

विजय ने कहा, ''मैं चोरी छोड़ दूँगा। मैं तुम्हारे दिए इस कागज पर दस्तखत भी कर दूँगा, लेकिन तुम पहले उन लोगों के दस्तखत लेकर आओ, जिन्होंने मेरी कलाई पर लिख दिया था, मेरा बाप चोर है।''

*

जब भी हम कोई गलत काम करते हैं तो हम उसे सही साबित करने के लिए दलील ढूँढ लेते हैं। हम दूसरों का हवाला देने लगते हैं। हम कहने लगते हैं कि संसार में सब चोर हैं, उन्हें तो कोई कुछ नहीं कहता। पहले उन्हें रोको, उन्हें टोको, फिर मुझे रोकना, मुझे टोकना।

राजनीति में यह आम बात है।

जब एक पार्टी, दूसरे की चोरी पकड़ लेती है, तो दूसरी पार्टी अपनी गलती पर शर्मिंदा

होने के बजाय आरोप लगानेवाले पर हमला कर देती है। कुछ घाघ राजनीतिबाज अतीत के उन पन्नों को खोलकर बैठ जाते हैं, जिनमें कभी उनके पुरखों को दूसरी पार्टी के पुरखों ने शायद सताया होगा। वे दलील देते हैं कि इस पार्टी ने सदियों से उनकी पार्टी के लोगों को सताया है, इसका तो बदला ऐसे ही चुकता होगा। ये राजनीतिबाज अपने ही लोगों की भावनाओं से खेलते हैं। उन्हें अमीर-गरीब, बड़ा-छोटा, ऊँच-नीच जैसे शब्दों से उकसाते हैं और कहते हैं कि तुम जो कर रहे हो, सही कर रहे हो। इन बड़े, अमीर, ऊँचे लोगों ने तुम्हें सताया है, अब तुम मुझे अपना राजा चुनो, अब मैं लूटपाट करूँगा और इन्हें दिखा दूँगा कि हम में भी दम है।

बेचारे भोले लोग उनकी बातों में आ जाते हैं और अब उनके हाथों लुटने लगते हैं, पर उन्हें संतोष मिलता है कि अपने ही लूट रहे हैं। अपने तो अपने होते हैं।

❧ ❊ ☙

मैं कहता हूँ कि आजकल प्राइवेट अस्पताल के नाम पर संगठित लूट का कारोबार चल रहा है, तो कुछ लोगों ने घोर आपत्ति जताते हैं। कहते हैं कि क्या बाकी लोग 'सत्य हरिश्चंद्र' हैं? दुनिया में सब चोर हैं तो संजय सिन्हा डॉक्टरों पर ही उँगली क्यों उठाते हैं? कुछ लोगों ने तो यह भी कहा कि पहले मीडिया पर सवाल उठाइए, फिर इधर झाँकिए।

कुछ लोगों ने पूछा है कि क्या डॉक्टर का परिवार नहीं होता है? क्या डॉक्टर के बच्चे स्कूल नहीं जाते? उनकी कमाई क्यों खल रही है?

ढेरों सवाल हैं। ढेरों जवाब हैं।

❧ ❊ ☙

फिलहाल मुझे तो यही कहना है कि मान लिया कि बहुत से धंधों में चोरी है। बहुत से लोग गलत काम करते हैं, पर क्या इससे डॉक्टर मरीजों से जो बेईमानी करते हैं, वह सही साबित हो जाएगी?

क्या दूसरी पार्टी चोर है, इसलिए पहली पार्टी को चोरी करने की छूट मिल जाती है? मीडिया में ढेरों बेईमान बैठे हैं, तो क्या मेरा यह कहने का हक ही खत्म हो जाता है कि किसी डॉक्टर, जो मरीजों को लूटते हैं, उन्हें ऐसा नहीं करना चाहिए।

❧ ❊ ☙

याद कीजिए विजय की माँ ने फिल्म दीवार के उस डायलॉग पर क्या कहा था।

जब विजय ने पहले उन लोगों के दस्तखत माँगे थे, जिन्होंने उसकी कलाई पर लिख दिया था कि "मेरा बाप चोर है", तो माँ ने कहा था कि जिन लोगों ने तुम्हारी कलाई पर यह लिखा था, वे तुम्हारे कोई नहीं थे, पर तुमने मेरा बेटा होकर मेरे माथे पर क्यों लिख दिया कि मेरा बेटा चोर है?

❦ ✻ ❦

मैं वही लिखता हूँ, जो मुझे सही लगता है। मैं आपकी प्रतिक्रिया का बुरा नहीं मानता, लेकिन मैं एक पत्रकार भी हूँ।

मुमकिन है, आपने सिर्फ सुना हो, पर मैंने देखा है।

मैंने भोले-भाले मरीजों को इलाज के नाम पर अपने अस्पताल में भरती करा कर उनकी एक किडनी निकालते हुए डॉक्टरों को देखा है।

आपने सिर्फ सुना होगा, पर मैंने देखा है।

मैंने देखा है कि मरीज को दिल की बीमारी नहीं थी, लेकिन डॉक्टर ने उसे बाईपास सर्जरी कराने की सलाह दे दी थी।

मेरे एक मित्र एक सुबह मेरे पास घबराए हुए आए थे कि कल रात मेरे सीने में दर्द हुआ था। मैं फलाँ अस्पताल में गया। उन्होंने ढेर सारे टेस्ट किए और बता दिया कि दिल के रास्ते को जानेवाली तीनों धमनियाँ बंद हो चुकी हैं, तुरंत बाईपास सर्जरी ही इलाज है।

मैंने उनसे कहा कि आप परेशान न हों। आप कल फिर उसी अस्पताल में जाइए और फिर से दुबारा वही टेस्ट कराइए। आप ये मत बताइएगा कि आपको दर्द हुआ था और इंश्योरेंस का तो नाम ही मत लीजिएगा। आप कहिएगा कि मैं यूँ ही जनरल टेस्ट के लिए आया हूँ और हाँ, अपना नाम कुछ और बताइएगा, ताकि उन्हें पता न चले कि आप यहाँ से पहले टेस्ट करा गए हैं।

उन्होंने वही किया। दुबारा उसी अस्पताल में गए। दूसरा डॉक्टर मिला। उसने सारे टेस्ट किए। कुछ नहीं निकला। पाँच साल तो हो ही गए इस घटना को। अभी तक तो दुबारा छाती में दर्द भी नहीं हुआ।

आपने नहीं देखा होगा, मैंने देखा है।

मेरे दफ्तर के एक कर्मचारी के मामा को रात में एक ट्रकवाले ने कुचल दिया। पुलिसवालों ने मामा को पास के प्राइवेट अस्पताल में पहुँचा दिया। मामाजी मर गए थे, पर अस्पताल वाले इलाज करते रहे। लाश रिश्तेदारों को तब दी, जब तीन लाख रुपए जमा कराए गए। मेरे दफ्तर के कर्मचारी ने कुछ पैसों की रियायत के लिए बहुत सिफारिश की, लेकिन क्योंकि डॉक्टर के बच्चे भी स्कूल जाते ही हैं, उनके घर में भी रोटी पकती ही है, सैलरी से इस देश में किसी का काम नहीं चलता तो डॉक्टर का भी क्यों चलना चाहिए, इसलिए मामा की लाश के बदले उन्होंने तीन लाख लिये, तो क्या गुनाह किया?

❦ ✻ ❦

आपको नहीं पता होगा, पर मुझे पता है कि प्राइवेट अस्पताल में मरीज कभी दिन में नहीं मरते। हमेशा रात में मरते हैं। दिन में अस्पताल होटल होता है। होटल में क्रंदन की गुंजाइश नहीं होती, इसलिए मरनेवाला रात के सन्नाटे का इंतजार करता है। रात में ही रिश्तेदारों को लाश सौंपी जाती है। दिन में तो माहौल बनाया जाता है कि बहुत गंभीर स्थिति है। ईश्वर से प्रार्थना कीजिए। वेंटिलेटर पर रखा गया है। कुछ समझदार रिश्तेदारों को डॉक्टर इशारा भी कर देते हैं कि बस यही दुआ कीजिए कि आज की रात निकल जाए!

जब डॉक्टर आज की रात निकलवाएँ तो समझिए कि उस रात की सुबह नहीं होगी।

❦ ✻ ❦

मैं पत्रकार हूँ। कुछ पत्रकार चोर भी होते होंगे।

क्योंकि पत्रकार भी चोर होते हैं, इसलिए उन्हें दूसरों की चोरी की कहानी सुनाने का हक नहीं है। आप सही कहते हैं, पर मैं चोर नहीं हूँ, इसलिए मैं डंके की चोट पर जो सही लगता है, लिखता हूँ।

□

तुम पार्क में खेलो

बच्चा पार्क में खेलने जा रहा था।

दादी घर में अकेली थी। दादी ने बच्चे को रोका और कहा कि क्या तू दिन भर खेलता रहता है। कभी अपनी दादी के पास भी बैठा कर। बातें किया कर। बच्चा दादी के पास बैठ गया।

दादी खुश हो गईं। उन्होंने बच्चे को दुलार किया और कहा कि तू कितना अच्छा है, मेरी सारी बातें मानता है।

बच्चे ने पूछा, "दादी लोग बातें क्यों करते हैं? बात करने से क्या फायदा है?"

"बेटा, परिवार में लोग साथ रहते हैं, एक-दूसरे से प्यार करते हैं। एक-दूसरे से बातें करके उसके बारे में जानते हैं। बात करने से रिश्ते और मजबूत होते हैं।"

"पर हम तो पता नहीं कब से छह लोग ही हैं घर में। हम तो एक-दूसरे को जानते हैं, फिर हमें बात करने से क्या फायदा?"

"बेटा, आज भले ही हम कुल छह लोग ही घर में हैं, पर धीरे-धीरे हमारा परिवार बढ़ेगा।"

"कैसे बढ़ेगा? मैं तो पता नहीं कब से यही देख रहा हूँ कि घर में आप, पापा, मम्मी, मैं, छोटी बहन मुन्नी और एक बिल्ली यानी कुल छह लोग ही हैं।"

"अगले साल तेरे जन्मदिन पर मैं एक कुत्ता तुम्हें गिफ्ट कर दूँगी। तब तो सात हो जाएँगे न!"

"नहीं। कुत्ता तो बिल्ली को मार देगा। हम तो फिर छह ही रह जाएँगे।"

"जब तू बड़ा होगा तो तेरी शादी हो जाएगी, तेरी बीवी घर आ जाएगी, तब तो हम सात हो जाएँगे, बेटा।"

''लेकिन जब मेरी शादी होगी, तब तक मुन्नी की भी शादी हो जाएगी। मुन्नी अपने घर चली जाएगी। हम तो फिर भी छह ही रहेंगे दादी।''

''अरे मेरे राजा बेटा, तू ऐसे क्यों सोचता है? तेरी शादी होगी तो तेरे बच्चा भी तो होगा। जब तेरा बच्चा होगा, तो फिर हम सात लोग हो जाएँगे।''

''पर दादी जब तक मेरा बच्चा होगा, तब आप दुनिया से चली जाएँगी। हम तो फिर छह लोग ही रह गए।''

''बेटा, तू पार्क में ही जाकर खेल। तेरे साथ बात करने का कोई फायदा नहीं।''

''ठीक है दादी। आप कह रही हैं तो मैं खेलने जा रहा हूँ। आप मोबाइल पर संजय सिन्हा की कहानियाँ पढ़िए। बात करने से कोई फायदा नहीं।''

❧ ❈ ❧

इस संसार में भाँति-भाँति के लोग होते हैं।

मैं ऑड-इवेन पर केजरीवाल को चिट्ठी लिखता हूँ, तो केजरीभक्त मुझे 'केजरी दुश्मन' करार दे बैठते हैं। मैं मोदी पर कुछ लिखता हूँ तो मुझे बी.जे.पी. वाला बताने लगते हैं। कांग्रेस के बारे में लिखता हूँ तो कांग्रेसी ठहराने लगते हैं।

कोई बात नहीं। पत्रकारों को यह सब सहना पड़ता है।

कुछ दिन पहले मैं नरेंद्र मोदी के एक सफाईवाले समारोह में गया था।

वहाँ उन्होंने एक बहुत अच्छी बात बोली थी। उन्होंने सफाई पर चर्चा करते हुए कहा था, ''आप लोगों को सफाईपसंद होना ही चाहिए। जैसे आप अपना घर साफ रखना चाहते हैं, वैसे ही आपको अपने देश को भी साफ रखने की कोशिश करनी चाहिए। आप इसे अपना कार्यक्रम समझिए। आप मोदी का कार्यक्रम मत समझिए। आप लोगों से यह मत कहिए कि सफाई की यह मुहिम मोदी ने शुरू की है। अगर आप ऐसा कहेंगे, तो विरोधी दल इसमें भी कुछ-न-कुछ पेंच ढूँढ लेंगे और इसे सफल नहीं होने देंगे। वे सफाई की जगह और गंदगी फैलाने लगेंगे, इसलिए आप लोग इसे मेरी योजना न कहकर अपनी योजना कहिए। हम सबको सफाई चाहिए। योजना किसी की हो, यह महत्त्वपूर्ण नहीं।''

❧ ❈ ❧

मेरा तो मानना है कि कुछ बच्चों को बातचीत के लिए रोकना ही नहीं चाहिए। उनसे कहना चाहिए कि बेटा, तू स्कूल से आकर पार्क में ही रुक जाया कर। वहीं खेला कर। तू खेलता रह। तुझसे बात करके कोई फायदा नहीं। तू विरोधी पार्टी के खानदान में पैदा हुआ है।

कोई सफाई करने चलेगा, तो तू उसमें भी कमी ढूँढ ही लेगा। कोई फेसबुक पर लिखेगा तो उसमें भी कमियाँ ही मिलेंगी। तू आँख में माइक्रोस्कोप लगाकर पैदा हुआ है। तेरी गिनती छह से ऊपर नहीं बढ़नेवाली। तू पहले बिल्ली को मारेगा, फिर दादी को मारेगा।

जा बेटा, तू पार्क में खेल। वही जगह तेरे लिए ठीक है।

□

खुशी का कारोबार

मैंने कहा था न कि कहानियाँ चलकर अब संजय सिन्हा के पास आने लगी हैं।

कल किसी ने मेरे पास एक ऐसी ही कहानी भेजी कि मैं खुद को रोक नहीं पा रहा आपको इसे सुनाने से। कहानी फकीर और राजा की है।

एक फकीर एक बार राजा के पास पहुँचा।

राजा से उसकी मुलाकात कराई गई। फकीर ने राजा से कहा कि वह बहुत अच्छा गाना गा सकता है।

राजा ने कहा, ''सुनाओ।''

भरे दरबार में फकीर गाने लगा। उसने एक गाना गाया, राजा ने फरमान सुनाया इसके घर सौ स्वर्ण मुद्राएँ भिजवा दी जाएँ।

फकीर को यकीन ही नहीं हुआ कि ऐसा भी हो सकता है। उसने एक और गाना राजा को सुनाया। राजा ने खुशी में झूमते हुए अपने लोगों को आदेश दिया कि अब इसके घर हजार स्वर्ण मुद्राएँ पहुँचनी चाहिए।

फकीर तो मानो खुशी से पागल ही हो गया। वह राजा को एक-एक कर कई गीत सुनाता गया। राजा भी स्वर्ण मुद्राओं की गिनती बढ़ाता गया।

फकीर खुशी में झूमता हुआ अपनी झोपड़ी में पहुँचा।

बच्चे बिलख रहे थे। पत्नी इंतजार कर रही थी कि आज कहीं से भीख में कुछ मिला हो तो पकाऊँ।

घर पहुँचते ही फकीर ने खुशी से चीखते हुए अपनी पत्नी से कहा, ''अब हमारे सारे दु:ख भरे दिन बीत गए। अब से हम नई ज़िंदगी जिएँगे। बच्चे स्कूल जाएँगे। पढ़ेंगे।

हम बड़े लोगों की तरह रहेंगे।''

पत्नी फकीर के मुँह तक अपना मुँह लेकर आई। उसे सूँघा। कहीं आज किसी ने मदिरापान तो नहीं करा दिया, पर मदिरा की कोई दुर्गंध नहीं।

पत्नी ने पूछा कि ऐसी बहकी-बहकी बातें क्यों कर रहे हो? आज कुछ मिला या नहीं?

''अरी भागवान्! धीरज रख। आज मैं राजा के पास गया था। मैंने उसे अपना गाना सुनाया। राजा बहुत खुश हुआ। उसने आदेश दिया है कि इतनी स्वर्ण मुद्राएँ मेरे घर भिजवा दी जाएँ।''

पत्नी को यकीन नहीं हुआ, पर फकीर ने उससे जब इतनी गंभीरता से पूरी कहानी सुनाई तो उसे यकीन हो गया कि वह सच बोल रहा है। दोनों ने एक-दूसरे से कहा, ''राजा हो तो ऐसा ही हो।''

उस रात घर में कुछ नहीं पका। बच्चे बिलख-बिलखकर सो गए।

फकीर इंतजार करता रहा कि आज कुछ आएगा, पर कुछ नहीं आया। वह रोज़ इंतजार करता, पर कुछ नहीं आता। फकीर किसी तरह माँग-माँगकर जीता रहा, पर स्वर्ण मुद्राएँ नहीं आईं। कई दिन बीत गए। साल बीत गया।

साल बीत जाने के बाद फकीर से नहीं रहा गया। वह दुबारा राजा के पास पहुँचा। राजा फिर फकीर से मिला। फकीर ने राजा से कहा कि महाराज, मेरे गाने से खुश होकर आपने वादा किया था कि इतनी स्वर्ण मुद्राएँ मेरे घर भिजवाएँगे, पर अब तक मेरे घर स्वर्ण मुद्राएँ नहीं पहुँचीं।

राजा ने फकीर से कहा, ''तुम बहुत अच्छा गाते हो फकीर। तुम्हारे गाने मुझे बहुत कर्णप्रिय लगे। मेरे कानों में तुम्हारे गाने से मानो मिश्री घुल गई। तुम्हारे गाने सुनकर मैंने तुमसे जो कहा, वह तुम्हारे कानों को भी बहुत अच्छा लगा होगा। तुम्हारे कानों में भी मिश्री घुली होगी। अब क्या लेना, क्या देना। जो तुमने कहा, वह मुझे अच्छा लगा। जो मैंने कहा, वह तुम्हें अच्छा लगा। बात खत्म।''

फकीर समझ गया।

❧ ❋ ❧

फकीर तो समझ गया।

हम कब समझेंगे, नहीं जानते। हम तो उन वादों को सुन-सुनकर सैकड़ों साल खुश होते रहेंगे, जो कानों को प्रिय लगते हैं।

वैसे भी फकीर ने समझकर क्या कर लिया, जो हम करेंगे। वह अपनी झोपड़ी में लौट गया, अगले दिन कुछ माँगने के लिए। कर्णप्रिय बातें करनेवाले राजा किसी को दुःख नहीं देते, पर वे कुछ भी नहीं देते। वे 68 साल तक सिंहासन पर बैठे रह जाएँ, तब भी फकीर की झोपड़ी, झोपड़ी ही रहेगी।

फकीर अब राजा के पास नहीं जाता।

फकीर अब गाना भी नहीं गाता। उसे कर्णप्रिय बातों से नफरत सी हो गई है। वह समझ गया है कि उसका जन्म माँगकर खाने के लिए हुआ था, माँगकर ही वह खाता है। वह समझ गया कि उसके बच्चे स्कूल नहीं जाने के लिए पैदा हुए हैं, इसलिए वह बच्चों को भी माँगने की ट्रेनिंग दे रहा है।

आप भी इस सच को समझिए। वादे किए जाते हैं, कानों को मधुर लगने के लिए। इससे आगे अगर कोई भी और उम्मीद आप पालते हैं, उन्हें यादों में जिंदा रखते हैं तो यह यादों की गलती है, वादों की नहीं।

□

हँसिए मत, कोसिए मत

मेरी आज की कहानी बड़ों से ज्यादा बच्चों के लिए है। अब बच्चे तो मेरे दोस्त हैं नहीं, तो बच्चों के पापाओं और बच्चों की मम्मियों से मैं अनुरोध करूँगा कि मेरी आज की पोस्ट वे अपने बच्चों को जरूर सुनाएँ।

कल मैं दिल्ली के एक बड़े शॉपिंग मॉल में गया। वहाँ मुझे एक दुकान में स्टोर मैनेजर से मिलना था। मैंने दुकान में खड़े सिक्योरिटी गार्ड से पूछा कि स्टोर मैनेजर कहाँ मिलेंगे। गार्ड मुझे अपने साथ मैनेजर के केबिन तक लेकर गया। वहाँ मुझे कमरे में एक दुबला-पतला युवक बैठा दिखा। उसने मोटा सा चश्मा लगा रखा था। गार्ड ने मुझे दूर से दिखाया कि यही मैनेजर हैं।

मैं मैनेजर के पास गया। मुझे उससे उसके स्टोर से खरीदे किसी सामान की शिकायत करनी थी।

मैनेजर ने ध्यान से मेरी बात सुनी और उसने मुझसे बैठने का इशारा किया और कहा कि वह इस सामान के विषय में किसी से फोन पर बात करके अभी लौट कर आ रहा है।

मैं मैनेजर का इंतजार करने लगा। संजय सिन्हा मैनेजर का इंतजार करने लगे, यह कितनी देर तक मुमकिन रहता?

मिनट भर बाद ही मुझे लगने लगा कि बहुत देर हो गई है।

कुछ पत्रकारों को छोटे लोगों पर रौब दिखाने की बुरी बीमारी हो जाती है। मुझे कल पता चला कि मैं भी इससे अछूता नहीं। एक मिनट बाद ही मुझे लगने लगा कि एक घंटा बीत गया है। मुझ जैसे पत्रकार को तो बड़े-बड़े नेता और अभिनेता भी इंतजार करने के लिए नहीं कहते, फिर यह अदना सा स्टोर मैनेजर मुझसे कह गया कि आप

यहाँ बैठकर इंतजार कीजिए!

❧ ⁜ ❧

मैं मैनेजर के कमरे से बाहर निकल आया, तो मैंने देखा कि वह छह फीट का गार्ड वहीं बाहर खड़ा है। अपनी आदत के मुताबिक मैं गार्ड से बात करने लगा।

''यह तुम्हारा मैनेजर कहाँ गया?''

''साहब, वे उस डिपार्टमेंट में गए हैं, जहाँ से आपने सामान लिया था।''

''ये मरियल सा चश्माधारी जानता नहीं कि मैं किसी का इंतजार नहीं करता। मैं सामान वापस करने आया था, फटाफट वापस करना चाहिए था।''

''पर साहब, सामान वापसी का नियम यही है। उस डिपार्टमेंट में उसके विषय में रिपोर्ट लिखानी पड़ती है। मैनेजर उनसे जवाब-तलब करते हैं कि गड़बड़ी क्यों हुई, फिर वे वाउचर पर साइन करके आपको दे देंगे।''

पत्रकारों को एक बीमारी बेवजह बात खींचने की भी होती है। मैं भी लगा रहा उस गार्ड से।

''तुम तो इतने हैंडसम हो। छह फीट के हो। तुम मैनेजर से डरते हो क्या?''

''साहब, मेरा हैंडसम होना, मेरा छह फीट का होना कोई मायने नहीं रखता। वह आदमी मुझसे अधिक पढ़ा-लिखा है।''

''पढ़ा-लिखा है तो क्या हुआ, तुमसे ज्यादा शक्तिशाली थोड़े न है?''

''कैसी बातें करते हैं साहब! उसके पास कलम की ताकत है। यह तो आप भी जानते ही होंगे कि शरीर की ताकत से अधिक ताकत कलम में होती है।''

''फिर तुमने पढ़ाई क्यों नहीं की?''

''इस बात का तो ज़िंदगी भर अफसोस रहेगा। माँ-बाप स्कूल भेजते थे, मैं ही स्कूल से भागकर खेलने निकल जाता था। माँ-बाप ने गाँव में टीचर को घर बुलाकर भी पढ़ाने की कोशिश की, पर अफसोस कि मेरी किस्मत में पढ़ाई थी ही नहीं।''

अब मुझे लगने लगा कि मैंने बेकार में ये टॉपिक इस गार्ड से छेड़ दिया। उसे सांत्वना देने के लिए मैंने कहा कि गाँव में पढ़ाई का माहौल भी तो नहीं होता। स्कूल-कॉलेज भी ठीक नहीं होते।

''नहीं साहब! यह सही बहाना नहीं है, पढ़ाई न कर पाने के लिए। गाँव में भी सरकार ने स्कूल खोले हैं। और तो और थोड़ी दूर ही शहर में कॉलेज भी है। नहीं पढ़ने के हजार बहाने होते हैं। मैं तो कहता हूँ कि जो भी यह बहाना करता है कि उसे पढ़ने का मौका नहीं मिला, वह एकदम झूठ बोलता है। मैं यह तो मान सकता हूँ कि शहर के स्कूलों में अलग टीचर होते होंगे, पर गाँव में भी वही किताबें पढ़ाई जाती हैं। असल में पढ़ वही बच्चा सकता है, जिसके सामने पढ़ने की मजबूरी हो या फिर उसे पढ़ने का शौक हो।''

''तुम इतना समझदार हो, फिर तो तुम्हें पढ़ाई करनी चाहिए थी।''

''बस साहब, इसी को किस्मत कहते हैं। यह जो मैनेजर है न! वो मेरे गाँव का ही है। यह भी उसी स्कूल में पढ़ा है। बाद में यह आगे पढ़ाई के लिए शहर चला गया, पर अपने बूते पर गया। हम ढेर सारे बच्चे जो आज छह फीट के हैं, बचपन में इसका मजाक उड़ाया करते थे। जिस दिन स्कूल में मास्टर नहीं आते, हम वहाँ से निकलकर दो मील दूर सिनेमा देखने पैदल चले जाते थे। यह पेड़ के नीचे बैठकर कुछ-कुछ पढ़ता था। मेरे पिताजी के पास जमीन थी, इसके पास कुछ नहीं था। मुझे जमीन का घमंड था। पिताजी ने बहुत कोशिश की कि मैं पढ़ लूँ, पर मैं नहीं पढ़ पाया, फिर पिताजी की बीमारी में जमीन बिक गई। मैं बेरोजगार बैठा था। गाँव में कोई पूछनेवाला नहीं था। बहुत दिनों बाद यही लड़का, जिसे आप मरियल कह रहे हैं, मुझसे मिलने आया। मैंने इससे अपनी तकलीफ साझा की। यह मुझे अपने साथ दिल्ली लेकर आया। मुझे किसी तरह यहाँ इसने नौकरी दिलाई। फिलहाल खर्चा-पानी चल रहा है। साहब, यह तो कहता है कि अभी भी कुछ नहीं बिगड़ा, अभी भी प्राइवेट पढ़ाई पूरी करो। यह मुझे आज भी पढ़ने के लिए उकसाता है। इसने गाँव के ढेर सारे बच्चों की, जो कुछ नहीं करते थे, अपनी तरफ से मदद की है। यह कहता है कि सरकार को कोसना बंद करो। लोगों पर हँसना बंद करो। पढ़ाई करो। नहीं तो एक दिन लोग तुम पर हँसेंगे, तुम्हें कोसेंगे। साहब! मैं तो कहता हूँ कि आप भी उन बच्चों को, जो बच्चे स्कूल से भाग कर यहाँ मॉल में शॉपिंग करते या सिनेमा देखते नजर आएँ, समझाइएगा कि आज की यह मस्ती कल तुम्हें भारी पड़ेगी।''

❧ ✻ ❧

मैं हैरान होकर उस गार्ड की बातें सुनता रहा, सोचता रहा।

मुझे लगा कि कुल दो मिनट में यह गार्ड मुझे कितनी बड़ी बात समझा गया।

लोगों को कोसना बंद करो। लोगों पर हँसना बंद करो। पढ़ाई करो। नहीं तो एक दिन लोग तुम पर हँसेंगे, तुम्हें कोसेंगे।

❧ ✻ ❧

मैनेजर वापस आ चुका था। उसने मेरे पैसे रिफंड करने का वाउचर मुझे दिया। असुविधा के लिए स्टोर की ओर से मुझसे माफी माँगी और हाथ मिलाकर चला गया।

□

गमले का पौधा

मेरी माँ की तबीयत जब बहुत खराब हो गई थी, तब पिताजी ने मुझे पास बिठाकर बता दिया था कि तुम्हारी माँ बीमार है, बहुत बीमार। मैं आठ-दस साल का था। जितना समझ सकता था, मैंने समझ लिया था। पिताजी मुझे अपने साथ अस्पताल भी ले जाते थे। उन्होंने बीमारी के दौरान मेरी माँ की बहुत सेवा की। उन्होंने मुझे भी बहुत उकसाया कि मैं भी माँ की सेवा करूँ।

मैं उन दिनों माँ के साथ खूब रहा। माँ के साथ देर रात तक बैठता, सिर दबाता, दवाई देता और माँ से कहानियाँ सुनता।

माँ जब बीमार नहीं पड़ी थीं, तब मैं स्कूल से आते ही खेलने भाग जाता, पर माँ की बीमारी के बाद मैंने स्कूल से आकर माँ के पास बैठना शुरू कर दिया। पिताजी ने मुझे समझाया था कि माँ के पास बैठोगे, तो माँ को अच्छा लगेगा, तुम्हें भी अच्छा लगेगा।

सचमुच मुझे बहुत अच्छा लगता था माँ के पास बैठना।

माँ के हजारों रिश्ते थे। माँ मुझसे उन रिश्तों को साझा करती थीं। माँ बताती थीं कि जिसके पास रिश्ते नहीं होते, वह अकेला हो जाता है और अकेलापन संसार में सबसे बड़ी सज़ा है।

अपनी बीमारी के साल भर बाद माँ संसार से चली गईं।

❦ ❈ ❦

मेरी एक परिचित की तबीयत कुछ साल पहले खराब हो गई थी। उन्होंने अपने दोनों बच्चों को अपनी बीमारी के विषय में कुछ नहीं बताया। घर में पैसों की कमी नहीं थी, इलाज चलता रहा। दोनों बच्चे इस बात से बेखबर रहे कि माँ को हुआ क्या है। माँ बीमार रही, बच्चे अपने संसार में मस्त रहे। पिता को यही लगता रहा कि बच्चों

को बीमारी के विषय में क्या बताना। बच्चों से ऐसी बातें नहीं करनी चाहिए।

एक दिन मेरी परिचित इस संसार से चली गईं।

दोनों बच्चों की समझ में नहीं आया कि अचानक यह क्या हुआ।
बच्चे संसार की सारी चीजों का मतलब समझते थे, सिवा रिश्तों के। उनके माँ-बाप ने उन्हें यह समझा दिया था कि यह कौन सी कार है, यह कौन सा फोन है, यह कौन सा कंप्यूटर है। बच्चे सब समझ गए, सिवा रिश्तों के। एक ही घर में रहकर भी बच्चे रिश्तों का पाठ नहीं पढ़ पाए।

कुछ दिनों बाद बच्चे बड़े हो गए। उनकी शादी भी हो गई।

आज दोनों बच्चे आपस में भी साथ नहीं। दोनों के भीतर रिश्तों का पौधा खिला ही नहीं। पिछले दिनों मैं अपनी परिचित के एक बच्चे के घर गया था। बहुत आश्चर्य हुआ यह देखकर कि वह अकेला बिस्तर पर पड़ा था। मैंने पूछा कि क्या हुआ, तो उसने बताया कि दो दिनों से बुखार है।

''तुम्हारी पत्नी कहाँ है?''

''वह तो दफ्तर गई है।''

''तुम अकेले पड़े हो?''

''हाँ, दवाएँ टेबल रखी हैं, खाना भी बनाकर रखा है, पर खाने का मन नहीं करता।''

''क्यों?''

''पता नहीं, पर अकेला सा लगता है, संजय अंकल।''

❧ ❊ ❧

मेरी समझ में आया कि पिताजी ने माँ की बीमारी में क्यों मुझे माँ के साथ रहने के लिए उकसाया था। क्यों उन्होंने कहा था कि माँ की सेवा करो, तुम्हें अच्छा लगेगा। दरअसल पिताजी मेरे भीतर रिश्तों के फूल खिलने देना चाहते थे। वे जानते थे कि स्कूल-कॉलेज में जाकर मैं न्यूटन का सिद्धांत, सापेक्षता का सिद्धांत तो पढ़ लूँगा, पर रिश्तों का पाठ कहीं अगर पढ़ाया जाएगा, तो वह माँ की गोद है, बस।

❧ ❊ ❧

मैं उन माँ-बाप की सोच पर हैरान होता हूँ, जो अपने बच्चों से घर के सच को छुपाते हैं। जो घर-परिवार के सुख-दु:ख को अपने बच्चों से इसलिए साझा नहीं करते, क्योंकि वे बच्चे हैं। याद रखिए, बच्चों को अगर घर से बचपन में ही नहीं जोड़ेंगे, उन्हें तकलीफ, बीमारी के विषय में नहीं बताएँगे, तो बच्चे बड़े होकर चाहे जितने बड़े अधिकारी बन जाएँ, संपूर्ण मानव नहीं बन पाएँगे। वे कंप्यूटर की भाषा तो समझ जाएँगे, पर रिश्तों की भाषा नहीं समझ पाएँगे।

जो रिश्तों की भाषा नहीं समझ पाएँगे, उनके पास सबकुछ होगा, पर वे तन्हा होंगे।

अपने बच्चों को ज़िंदगी का पाठ पढ़ाइए। उनसे घर के सुख-दु:ख को साझा कीजिए। उन्हें बचपन से परिवार का अर्थ समझाइए। धन-संपत्ति से अधिक जरूरी है कि आप अपने बच्चों के नाम रिश्तों की विरासत छोड़कर जाएँ।

जिन बच्चों को यह पाठ नहीं पढ़ाया जाता, वे गमले के पौधे बनकर रह जाते हैं।

□

मिश्रा आंटी

मन में हजार कहानियाँ उमड़ती घुमड़ती रहीं।

कल मुंबई में कुछ फोन चोरों को लोगों ने पकड़कर चलती ट्रेन में नंगा करके बेल्ट से पीटा, मोबाइल से उनकी तस्वीरें उतारीं, तस्वीरें मीडिया तक पहुँचाई गईं और इस तरह हमने देखा और दिखाया कि हम किस ओर बढ़ चले हैं।

खैर, सुबह-सुबह बुरी खबरें मुझे विचलित करती हैं।

कल रात में घर लौटा तो पता चला कि हमारे मुहल्ले में रहनेवाली मिश्रा आंटी रात में बिस्तर से पानी पीने के लिए उठीं और उठते ही बिस्तर से गिर पड़ीं। वे कब तक गिरी रहीं, किसी को पता ही नहीं चला। हालाँकि तीन-चार घंटे बाद जब उन्हें ज़रा होश आया तो, किसी तरह वे दरवाजे तक पहुँचीं और उन्होंने बाहर का दरवाजा खोल दिया और फिर गिर पड़ीं।

दरवाजा खोल देने के पीछे उनका मकसद इतना ही था कि सुबह खुले दरवाजे को देखकर कोई तो घर के भीतर आएगा और उन्हें इस तरह गिरा हुआ देखकर इलाज के लिए शायद कहीं ले जाए।

हुआ भी यही। सुबह पड़ोस की कामवाली ने उनके पड़ोसियों को बताया कि मिश्रा आंटी के घर का दरवाजा खुला हुआ है। वे तो अकेली रहती हैं, फिर दरवाजा खोलकर कहाँ चली गई हैं ?

पड़ोसियों ने घर में झाँका तो मिश्रा आंटी जमीन पर गिरी हुई दिखीं।

आनन-फानन में लोग जुट गए। उनके कुछ रिश्तेदार दिल्ली में ही कहीं रहते हैं, उन्हें बुलाया गया। मिश्रा आंटी को वे लोग अपने साथ लेकर चले गए।

❧ ❋ ❧

मिश्रा आंटी कई सालों से इसी मुहल्ले में रहती हैं। अपने पति और दो बच्चों के साथ वे बहुत खुशहाल ज़िंदगी जी रही थीं। उनके दोनों बच्चे हमारे सामने ही बड़े हुए। कुछ दिन पहले बेटी की शादी हो गई, वह अपने ससुराल चली गई। बेटा पढ़ाई करके नौकरी करने विदेश चला गया। इस तरह घर में रह गए मिश्रा अंकल और आंटी। जब तक बच्चे घर में थे, पढ़ाई कर रहे थे, मिश्रा अंकल नौकरी कर रहे थे, यह परिवार खुशहाल था। मिश्रा आंटी को मुहल्ले के लोगों से ज्यादा मतलब नहीं रहा। चार लोग, चार लोगों का परिवार, बस सब खुश!

पिछले साल मिश्रा अंकल लंबी बीमारी के बाद चल बसे। बच्चे आए थे, बाप के क्रिया-कर्म के बाद वे भी चले गए। रह गईं, मिश्रा आंटी।
तीन कमरों का मकान, एक बड़ा सा ड्राइंगरूम और डाइनिंगरूम। दो बाथरूम, एक रसोई, एक बॉलकनी।

मिश्रा अंकल की ज़िंदगी भर की कमाई, दो बच्चों की पढ़ाई और यह मकान। मिश्रा अंकल ने किसी से न बैर लिया, न दोस्ती की। ज़िंदगी गुजरती चली गई, पर जीवन के आखिरी पड़ाव पर पहुँचकर मिश्रा आंटी खुद को बेहद अकेला महसूस करने लगी थीं, पर करतीं क्या?

कल बिस्तर से गिरने के बाद उन्हें काफी चोट लगी। पत्नी ने कल पूरी घटना बताई। मुझे बहुत अफसोस हुआ। मुझे आदमी के अकेलेपन पर हमेशा बहुत अफसोस होता है। मैंने न जाने कितनी बार सीढ़ियाँ चढ़ते-उतरते मिश्रा आंटी की झलक देखी है।

❧ ✻ ❧

सुबह सोचता ही रहा कि मोबाइल चुरानेवाले चोरों की पिटाई पर लिखूँ। अपने तालिबानी हो जाने पर लिखूँ, पर जैसे ही कंप्यूटर ऑन किया, किसी ने फोन करके बताया कि मिश्रा आंटी नहीं रहीं। कल जब वे रात में बिस्तर से उठीं, तब शायद उनका ब्लड प्रेशर बहुत कम हो गया था। वो खुद को सँभाल नहीं पाईं और जमीन पर गिर गईं। सिर में चोट लगने से उन्हें ब्रेन हैमरेज हो गया। घर में तो कोई था नहीं, पड़ोसियों को जब सुबह पता चला, तब तक बहुत देर हो चुकी थी।

मिश्रा आंटी मेरी आँखों के आगे घूम रही हैं, घूमती रहेंगी।

संसार के ढेरों लोग, जो रिश्तों की भाषा नहीं समझते, जो अकेलेपन का दंश नहीं समझते, वे सब मेरी आँखों के आगे घूमते रहेंगे। ऐसे लोग जो पूरी ज़िंदगी बस

ज़िंदगी जीने की तैयारी करते रह जाते हैं कि एक दिन ज़िंदगी जी लेंगे, वे एक दिन भी ज़िंदगी नहीं जी पाते।

❦ ❊ ❦

नफरत की हजार वजहें हो सकती हैं, मुहब्बत की भी कुछ वजहें ज़िंदगी में तलाश लेनी चाहिएँ। आदमी अकेला ही पैदा होता है, अकेला ही मर जाता है, पर जीने के लिए कुछ रिश्ते बना ही लेने चाहिएँ।

मुझसे माँ ने कहा था, मैं आपसे दुहरा रहा हूँ कि इस संसार में अकेलेपन से बड़ी कोई सज़ा नहीं।

□

चुटकी बजा के

अपनी पत्नी से कल यूँ ही बातचीत में मैंने कह दिया कि यह काम तो मैं चुटकी बजाते ही कर सकता हूँ। उसने पूछा कि चुटकी बजाते ही काम करने का अर्थ क्या होता है?

अजीब सवाल था।

मैंने कहा, ''संसार में सबसे आसान काम होता है चुटकी बजाना।''

''इतना भी आसान नहीं। देखो, मैं ही चुटकी बजाना नहीं जानती और मुझे उम्मीद है कि इस संसार में बहुत से लोग मेरी तरह होंगे, जिन्हें चुटकी बजाना नहीं आता होगा। जिन्हें चुटकी बजाना नहीं आता, उनके लिए तो यह बहुत मुश्किल काम है। मतलब यह मुहावरा जिसने भी बनाया, उसने होमवर्क ठीक नहीं किया।''

लो जी, शादी के पच्चीस साल बाद यह राज खुला कि मेरी पत्नी को चुटकी बजाना नहीं आता। सीटी बजाना न आए तो कोई बात नहीं। बहुत से लोग सीटी नहीं बजा पाते। मैं भी उन बहुत से लोगों में शामिल हूँ, पर चुटकी बजाना तो आना ही चाहिए।

''क्यों? चुटकी बजाना आना चाहिए तो सीटी बजाना क्यों नहीं आना चाहिए?''

''अरे बाबा, सीटी बजाना तो मैं इसलिए नहीं सीख पाया, क्योंकि बचपन से यह सुनता आया हूँ कि सीटी बजाकर लड़की छेड़ी जाती है। हमारे घर में तो मान लिया गया था कि जो लड़के सीटी बजाना जानते हैं, वे किसी काम के नहीं होते, बल्कि सच कहूँ तो सीटी बजानेवाले कैरेक्टरलेस भी माने जाते थे। लोग तो उदाहरण में कहते थे कि फलाँ बाबू के बेटे का कुछ नहीं हो सकता। वह खिड़की पर खड़ा होकर सीटी बजाता है। मैं इसीलिए सीटी बजाना नहीं सीख पाया, पर चुटकी बजाने में ऐसा कोई चारित्रिक दोष नहीं बताया गया, इसलिए चुटकी बजाना सीख गया।''

''तुम्हारा शहर बड़ा गँवार था। वहाँ के लोग बच्चों के चाय पीने को भी चरित्र बिगड़ने से जोड़ देते थे, सीटी बजाना भी चारित्रिक दोष हो गया। कमाल है, संजय।''

ऐसा नहीं है कि सिर्फ लड़कियों को मायके के नाम पर चोट लगती है। लड़कों को भी अपना शहर बहुत प्रिय होता है, खासकर जहाँ उसका बचपन गुजरा है। तो समझ लीजिए कि मुझे भी चोट बड़ी गहरी लगी। पता नहीं किस घड़ी में मैं अपनी पत्नी को बता बैठा था कि हम जब बच्चे थे, तब चाय पीने को हमारे घर में बुरा माना जाता था। आज उसने मेरी उस याद को भी भुना लिया और मेरे साथ-साथ मेरे बचपन के शहर को भी ठोक दिया। क्यों? क्योंकि मैंने कह दिया था कि चुटकी बजाना इस संसार का सबसे आसान काम है। इतना आसान कि इस पर पूरा मुहावरा बन गया। यह काम तो चुटकी बजाकर कर सकते हैं।

अब बताइए, मेरे जैसा सीनियर जर्नलिस्ट, जिसे दुनिया, देश, समाज, मनुष्य—इन सबकी चिंता करनी चाहिए, वह सुबह-सुबह उलझ गया चुटकी बजाने पर।

❁

मैंने पत्नी को सिखाना शुरू किया कि अपने अंगूठे को बीच वाली उँगली से सटाकर इस तरह उसे फिसलने दो कि हल्की सी चट की आवाज आए। यही है चुटकी बजाना।

उसने कोशिश की। उँगली फिसली, पर आवाज नहीं आई। एक बार नहीं, कई बार कोशिश की, पर आवाज नहीं आई। मैंने उससे कहा कि तुम रहने दो। तुम्हारे लिए अब इस उम्र में यह सीखना आसान नहीं होगा।

पत्नी मुस्कुराई, फिर उसने कहा कि इसका मतलब चुटकी बजाना सचमुच आसान काम नहीं। ऐसे में जो यह कहते हैं कि हम तो यह काम चुटकी बजाकर कर लेंगे, वे यूँ ही बातें बनाते हैं। अब देखो न! हमारे मुहल्ले में पिछले साल उस फ्लैट में चोरी हो गई थी। पुलिस आई थी, पुलिस ने कहा था कि वे चुटकी बजाते ही चोर को पकड़ लेंगे, पर क्या आज तक चोर पकड़ा गया?

मैं चुपचाप उसकी तरफ देख रहा था।

''न जाने कब से सुनती आ रही हूँ कि इस बार हमें वोट दो, महँगाई खत्म कर देंगे। हमने वोट दे दिया। महँगाई खत्म हुई क्या? न जाने कितनी सरकारें चुटकी बजाकर

यह करने, वह करने का वादा, दावा करती हैं, पर कर पाती हैं क्या? नहीं न! हर बार नए रेल मंत्री आते हैं, कहते हैं, अब ट्रेन टाइम पर चलेंगी। चलती हैं क्या? पानी 24 घंटे मिलेगा, मिलता है क्या? सबको शिक्षा मिलेगी, मिली क्या? ठीक से याद करो संजय, सबकी बातें ऐसी ही थीं कि हम चुटकी बजाकर काम कर लेंगे, पर मुझे लगता है कि जो लोग चुटकी बजाते ही काम करने का दावा करते हैं, वे सिर्फ चुटकी बजाते रह जाते हैं।''

❧ ❊ ❧

मैं कहाँ उलझ गया। बात तो सच थी। मेरी पत्नी सच में चुटकी बजाना नहीं जानती। वह ऐसे दावे भी नहीं करती कि यह काम तो वह ऐसे कर देगी, वैसे कर देगी, पर जो काम वह हाथ में लेती है, कर देती है। और मैं? जिन कामों को मैंने कहा कि मैं चुटकी बजाते हुए कर सकता हूँ, वे काम कभी पूरे नहीं हुए।

आज चुटकी बजाना सिखाने के चक्कर में मेरी उँगलियाँ दर्द कर रही हैं, इसलिए मुझे माफ कीजिएगा, आज टाइप करने में बहुत मुश्किल हो रही है। आदमी, जिन्हें काम करना होता है, वे कर गुजरते हैं। जो चुटकियों में कुछ करने का दावा करते हैं, चुटकी ही बजाते रह जाते हैं।

❧ ❊ ❧

बहुत से अपराधी बेखौफ घूम रहे हैं, पुलिस उन्हें नहीं पकड़ पा रही, क्योंकि पुलिस चुटकी बजा नहीं पा रही। बहुत से निर्दोष अंदर हैं, वे छूट नहीं पा रहे, क्योंकि पुलिस ने चुटकी बजाते हुए पकड़ लिया।

आज के बाद मैं यह बात किसी से नहीं कहूँगा कि यह काम मैं चुटकी बजाते ही कर सकता हूँ।

□

कर्ज, फर्ज और मर्ज

जब मैं छोटा था, मैंने पिताजी को इस बात के लिए कभी चिंता करते हुए नहीं देखा कि उनका बेटा स्कूल में क्या पढ़ता है। वे कभी-कभी मुझे अपने पास बैठाते, पर मैंने कभी उन्हें यह पूछते हुए नहीं पाया कि मैं स्कूल में कौन सा विषय पढ़ रहा हूँ। कॉलेज में तो मैं कब साइंस छोड़कर कला का विद्यार्थी बन गया, पिताजी को पता तक नहीं चला। यही नहीं, इकोनॉमिक्स ऑनर्स पढ़ता हुआ मैं इतिहास में ऑनर्स करने लगा, तो भी पिताजी ने कुछ नहीं कहा। वे मुझसे कभी पढ़ाई के विषय में कुछ नहीं कहते थे।

एक बार मैंने उनसे कहा भी था कि आप मेरे भविष्य, मेरे कैरियर की बिल्कुल चिंता नहीं करते। पिताजी ने कहा था कि उसकी चिंता ईश्वर को करनी है। मैं तो इतना ही जानता हूँ कि जो व्यक्ति अपने कर्ज, फर्ज और मर्ज को ठीक से समझता है, उसे कभी किसी चीज की चिंता करने की जरूरत नहीं पड़ेगी।

कभी-कभी पिताजी मुझे पास बैठाकर अगर बातचीत करते भी थे, तो उनका फोकस चारित्रिक गुण-दोष पर अधिक होता। जवानी में भले ही उन्होंने मुझे पैसों के कर्ज का गुण-दोष समझाया हो, पर बचपन में वे मुझे फर्ज का पाठ समझाया करते थे। वे मुझे बहुत पहले यह बताया करते थे कि कर्ज सिर्फ पैसों का लेन-देन नहीं होता, रिश्तों का भी कर्ज होता है। आदमी को कभी अपने उस कर्ज को नहीं भूलना चाहिए।

मैं पूछता था कि पिताजी रिश्तों का कर्ज क्या होता है और इसे कैसे उतारा जाता है ?

पिताजी समझाते थे कि रिश्तों का कर्ज व्यवहार से होता है। कर्तव्य से होता है और इसे फर्ज से उतारा जाता है। मान लो, माँ ने तुम्हें पैदा किया, तुम्हें पाला, पोसा, प्यार किया, तो यह तुम पर मातृत्व का कर्ज है। तुम उसे पैसों से नहीं उतार सकते। तुम उसे सिर्फ फर्ज से उतार सकते हो।

इसी तरह तुम्हारे ढेरों रिश्ते होते हैं, जिन्हें तुम अपने व्यवहार से समय-समय पर उतारते हो। कभी-कभी पिताजी कर्ज का बहुत व्यापक अर्थ समझाने लगते थे। कहते कि यह कर्ज आदमी के घर-परिवार से निकलकर मुहल्ले, शहर, देश और दुनिया तक फैला हुआ है। सबका हम पर कुछ-न-कुछ कर्ज होता है और हमें उसी अनुपात में उस कर्ज को अपने फर्ज से चुकाना चाहिए।

मैं पूछता कि बाकी बच्चों के पिताजी तो अपने बच्चों को पास बिठाकर पूछते हैं कि वे डॉक्टर, इंजीनियर कैसे बनेंगे। आप तो कभी पूछते ही नहीं।
पिताजी कहते कि आदमी को सिर्फ इस बात की चिंता करनी चाहिए कि उसका बेटा एक अच्छा इंसान बन जाए। डॉक्टर, इंजीनियर बनना आसान होता है, आदमी बनना मुश्किल होता है।

मैं तब पिताजी की बातें बहुत गंभीरता से सुनता था, पर बहुत ज्यादा बातें मेरी समझ में नहीं आती थीं।

मैं जैसे-जैसे बड़ा होता गया, यह बात मेरी समझ में आने लगी कि पिताजी क्यों कहते थे कि आदमी को अपने कर्ज और फर्ज का खूब ध्यान रखना चाहिए।

⁂

अभी कुछ दिन पहले मेरे एक दोस्त की तबीयत बहुत खराब हो गई।

मैं उनसे अक्सर कहा करता था कि आपको अपने खाने-पीने का ध्यान रखना चाहिए, पर कौन किसकी सुनता है, जो वे मेरी सुनते। उन्हें टोकता हुआ मैं बार-बार खाने और पीने की बात कहता था। मेरा जोर पीने पर अधिक होता, पर उन्होंने मेरी एक न सुनी। धीरे-धीरे उनकी तबीयत अधिक खराब हो गई। डॉक्टर को दिखलाकर कल ही लौटे हैं। शरीर में लीवर नामक एक अंग होता है, जो खराब हो गया है।

कल मैं उनके घर गया था। वे कहने लगे, संजयजी, आपकी बात मुझे मान लेनी चाहिए थी। मैंने अपने मर्ज को गंभीरता से नहीं लिया।

⁂

आज मैं बीमारी पर अधिक बात नहीं करना चाहता। मैं सिर्फ इतना ही कहना चाहता हूँ कि आप भी अपने कर्ज, फर्ज और मर्ज को समझने की कोशिश कीजिए। जो इन तीन शब्दों का अर्थ ठीक से समझते हैं, वे खुश रहते हैं।
कभी-कभी सोचता हूँ तो खुद में उलझ जाता हूँ कि हमारे बड़ों ने हमें पढ़ाने का जो

तरीका चुना था, वह सही था या जो तरीका हम अपने बच्चों को पढ़ाने के लिए चुन रहे हैं, वह सही है ?

मुझे नहीं लगता कि हम अपने बच्चों को कभी पास बैठाकर नैतिकता का पाठ पढ़ाते हैं।

शायद इसीलिए देश में डॉक्टर, इंजीनियर तो खूब पैदा हो रहे हैं, पर आदमी की बड़ी कमी हो रही है अपने देश में।

□

दिल है कि मानता नहीं

मेरी एक परिचित ने मुझे बताया कि उनकी बेटी, जिसकी शादी उन्होंने कुछ ही दिन पहले एक अमीर घर में की थी, वह किसी और से प्यार करने लगी है। जाहिर है, शादी के बाद बेटी का किसी और से प्यार करना मेरी परिचित को नागवार गुजर रहा है। उन्होंने अपनी तकलीफ मुझसे साझा की। उनकी तकलीफ अब मेरी तकलीफ बन गई है। मैं सारी रात सोचता रहा कि मैं इस विषय पर लिखूँ या नहीं।

मैंने अपनी परिचित से पूछा कि अब आप क्या करेंगी?

''संजयजी, करूँगी क्या? मैं तो मर जाऊँगी या मार दूँगी।''

बहुत अजीब परिस्थिति है। जिस बेटी से माँ इतना प्यार करती है, वह कह रही है कि उसे मार देगी या मर जाएगी।

❧ ✻ ❧

मुझे बिल्कुल ठीक से याद है, जब मेरी परिचित ने अपनी बेटी की शादी तय की थी, तब उन्होंने बेटी की राय भी ली थी। बहुत सोच-विचार का दौर चला था। लड़का बहुत पैसेवाला था। उसकी नौकरी बहुत अच्छी थी, इसलिए थोड़े सोच-विचार के बाद लड़की ने यही कहते हुए हाँ कह दी थी, लेकिन शादी के साल भर बाद ही लड़की को किसी और से प्यार हो गया।

अब क्या हो? कुछ दिनों तक तो लुक-छुपकर प्यार चलता रहा, पर एक दिन लड़की की माँ को शक हो गया और उन्होंने थोड़ी बहुत तहकीकात की तो सबकुछ पता चल गया। उन्होंने सीधे-सीधे बेटी से बात की। बेटी ने सारा सच कबूल कर लिया।

माँ का तो मानो दिल ही बैठ गया। कुछ दिन रोना-धोना चला, पर समस्या जस-की-

तस खड़ी रही। समस्या की इसी घड़ी में माँ ने मुझसे संपर्क किया और पूछा कि अब क्या होगा?

❦ ✻ ❦

मैं कुछ देर सोचता रहा, फिर मैंने कहा कि आप अपनी बेटी से कहिए कि वह अपनी शादी तोड़ ले और उस लड़के के साथ रहने लगे।

''संजय सिन्हा, आप इतनी क्रांतिकारी सलाह मत दीजिए। मैं जिस समाज में रहती हूँ, वहाँ मेरा जीना मुश्किल हो जाएगा। लोग मुझसे बात करना बंद कर देंगे। आप यह क्यों नहीं कहते कि बेटी को चार तमाचे मारकर मैं प्यार का भूत उतार दूँ।''

''प्यार का भूत थप्पड़ मारने से नहीं उतरता।''

''फिर क्या करें?''

''आप वही कीजिए, जो मैं कह रहा हूँ। जिस शादी में प्यार नहीं होता, वह शादी दुनिया की निगाहों में भले ही निभती चली जाए, पर वह हर रोज़ की मौत होती है।''

''फिर उसने शादी के लिए हाँ क्यों कहा था?''

''उसने पैसा देखकर, घर देखकर हाँ कहा था। उसे ऐसा नहीं करना चाहिए था, पर अब आप उससे यही कहिए कि तुम अपने पति को छोड़ दो।''

❦ ✻ ❦

मेरी बातों से मेरी परिचित इत्तेफाक नहीं रखतीं। उनका कहना है कि ऐसा होना संभव ही नहीं, फिर क्या किया जाए?

मेरी परिचित ने कहा कि अगर मैं थप्पड़ मारकर नहीं रोक सकती, तो क्या मैं उसके प्रेमी से बात करूँ? क्या पता वही मेरी बेटी को छोड़ दे। हो सकता है, शादी के नाम पर वह खुद ही भाग जाए।

मैंने कहा कि इससे समस्या का समाधान नहीं होगा। अगर वह भाग भी जाए, तो क्या होगा? आपकी बेटी तो मन-ही-मन पति के पास से भाग गई है। वह फिर कभी-न-कभी किसी और की तलाश करेगी।

''तो मुझे अब क्या करना चाहिए?''

फिर मैंने उनसे कहा कि आप कुछ दिन इंतजार कीजिए। मैं आपकी समस्या अपने परिजनों के बीच रख दूँगा। वे आपकी समस्या का समाधान अपने तरीके से आपको बताएँगे।

मेरे प्यारे परिजनों, यह समस्या अपने परिवार के ही एक सदस्य के घर चली आई है। उनकी बेटी, जो खूब पढ़ी-लिखी है, आत्मनिर्भर है, वह अपनी शादी में छल कर रही है। बात अभी ससुरालवालों तक नहीं पहुँची है। पति को भी नहीं पता, पर यह एक सच है कि लड़की किसी और से प्यार करती है। छुप-छुपकर मिलती है।

मैंने तो कह दिया है कि छुप-छुपकर मिलना, प्यार करना ज्यादा दुःखद है, बजाय इसके कि सच को कबूल करके दुनिया का एक बार सामना किया जाए।
आप क्या कहते हैं ?

आप जो भी राय देंगे, मेरी बात पर मेरी परिचित की निगाह रहेगी। उसमें से जो फैसला उन्हें ठीक लगेगा, वे उसे चुन लेंगी।

❦ ✳ ❦

यह सब लिखकर पोस्ट करने जा ही रहा था कि नीमच से सुभाष ओझाजी का एक संदेश मेरे पास आया—

''रास्ते पर कंकड़-ही-कंकड़ पड़े हों, तो भी एक अच्छा जूता पहनकर उस पर चला जा सकता है। लेकिन उस अच्छे जूते के भीतर एक भी कंकड़ घुस जाए, तो चाहे सड़क कितनी भी अच्छी हो, हम एक कदम नहीं चल सकते।''

मतलब हम बाहर की चुनौतियों से नहीं, बल्कि भीतर की कमजोरियों से हारते हैं।

□

जली हुई रोटियाँ

घर में गैस का चूल्हा आ चुका था। लाल सिलेंडर और नीली लौ वाली गैस का चूल्हा।

माँ उस पर रोटियाँ सेंकती और मैं हैरान होकर फूलती हुई रोटियों को देखता। जब सारी रोटियाँ सिक जातीं, तो माँ आखिरवाली रोटी ज़रा छोटी बनातीं, उसमें गुड़ मिलातीं और कहतीं कि यह रोटी मेरे संजू बेटे के लिए है।

माँ पहले सब्जी बनाती थीं। जब तक सब्जी की कड़ाही चूल्हे पर रहती, माँ फटाफट आटा गूँध लेतीं और सब्जी के पूरी तरह पकते-पकते माँ रोटियाँ भी सेक लेतीं। जब माँ थीं, तब रसोईघर में खड़े होकर खाना बनाने का रिवाज नहीं था। माँ लकड़ी के पीढ़े पर बैठकर खाना पकातीं और मैं माँ की बगल में बैठकर आटे की लोई बनने से लेकर चकले पर सधे हुए हाथों से बेलन को चलते हुए देखता। ऐसा लगता, जैसे कोई शिल्पकार आटे की उस लोई पर अपनी कल्पनाओं को आकार दे रहा है। माँ की रोटी एकदम गोल होती थी।

रोटी सिकती रहती, मेरा मन मचलता रहता कि माँ पहले गुड़वाली रोटी सेक लें, फिर दूसरी रोटी बना लें, फिर दूसरी रोटी बनाए। माँ मुझे समझाती कि पहले गुड़वाली रोटी सेंक लेने से तवे पर गुड़ चिपक जाएगा, फिर बाकी रोटियाँ चिपकने लगेंगी और कच्ची रह जाएँगी।

मैं माँ से कहता कि माँ, रोटी थोड़ी कच्ची भी रह जाए तो क्या फर्क पड़ेगा ? एक दिन ज़रा कच्ची रोटी खा लेंगे।

माँ के हाथ बेलन पर चलते रहते और माँ मुझे कहानी सुनाने लगतीं। कभी राजा-रानी की, कभी तोता-मैना की, पर एक दिन जब मैं अड़ गया कि माँ ज़रा सी कच्ची रोटी से कोई फर्क नहीं पड़ेगा, मैं खा लूँगा, तो माँ ने मुझे रोटी की कहानी सुनाई।

एक बच्चा बड़ा होकर शहर पढ़ने जा रहा था। माँ की चिंता यह थी कि बेटा खाना कहाँ खाएगा। अगर रोज़ बाहर खाएगा तो तबीयत ही खराब हो जाएगी। बेटे ने कहा कि तुम चिंता न करो माँ, मैं खुद खाना पकाऊँगा। मैं बाहर नहीं खाऊँगा। माँ खुश हो गई।

बेटा जब गाँव से शहर चलने लगा तो माँ ने उसे सीने से लगा लिया और कहा, बेटा जब रोटी पकाना तो उसके ऊपर की, जो परत होती है, उसे थोड़ा जला देना। जली हुई उन रोटियों की परत का थोड़ा सा हिस्सा तुम तोड़कर मेरे लिए रख लेना।

''पर माँ तुम उन रोटियों की जली हुई परत का क्या करोगी?''

''मैं खाऊँगी, बेटा। मुझे रोटियों की जली हुई वह परत बहुत पसंद है। तुम मेरे लिए लेते आना।''

''पर माँ...''

''मुझे कुछ नहीं सुनना। मैंने तुम्हें तुम्हारी पसंद के इतने खाने खिलाए। अब मैं उन रोटियों के ऊपर की जली हुई परत का थोड़ा सा हिस्सा अपने लिए माँग रही हूँ, तो तुम सवाल करने लगे?''

''नहीं माँ। कोई सवाल नहीं। आप जैसा चाहती हैं, वैसा ही होगा।''

❧ ✻ ❧

बेटा महीनों बाद घर आया। उसने घर आते ही माँ के पाँव छुए और रोटियों की परत भरी पोटली माँ के सामने रख दी। ''माँ, ये परतें सूख गई हैं। रखे-रखे खराब हो गई हैं। आप कैसे खाएँगी?''

''मुझे ये खाना नहीं बेटा! यह तो मैंने तुमसे इसलिए कहा था, ताकि तुम अपनी रोटियों को पकाते हुए थोड़ा जला लो। बेटा, रोटियाँ थोड़ी जल जाएँ, उसमें कोई बुराई नहीं, पर कच्ची रोटियों से पेट खराब हो जाता है। मैं जानती थी कि तुम रोटी बनाना नहीं जानते। इसीलिए मैंने तुमसे जली रोटियों की परत लाने को कहा था। अब तुम रोटी बनाना सीख गए हो। अब उन्हें जलाने की जरूरत नहीं पड़ेगी।''

❧ ✻ ❧

खाना बनाना सीखने का यह मेरा पहला अध्याय था। रोटी चाहे थोड़ी जल जाए, पर कच्ची नहीं रहनी चाहिए।

माँ का कहना था कि खाना बनाना सबको आना चाहिए। खाना बनाना एक कला है।

मैंने ज्यादातर माँओं को देखा है कि बेटियों को तो रसोई में घुसेड़ देती हैं, पर बेटों को नहीं आने देतीं। मेरी माँ ने मुझे रसोई में आने से कभी नहीं रोका।
माँ मुझे बहुत जल्दी छोड़कर चली गईं, पर मैं आज भी रसोई में जाता हूँ तो मुझे माँ की खुशबू आती है। मैं आज भी जब मौका मिलता है, रसोई में जाकर कुछ-कुछ करता हूँ। मुझे संसार की हर रसोई में माँ की खुशबू आती है। किसी के घर भी जाऊँ, तो भी रसोई में खड़े होकर खाना बनते देखना या उसमें हाथ बंटाना मुझे अच्छा लगता है।

⁂

दुनिया के हर पुरुष को नौकरी करनी पड़ती है, इसलिए मैं भी नौकरी करता हूँ। कोट-टाई पहनकर, बाबू बनकर दफ्तर जाता हूँ, पर क्योंकि आप मेरे अपने हैं, आपसे कुछ नहीं छिपाता, इसलिए आपके सामने स्वीकार करता हूँ कि मेरा दिल रसोई में, खाना पकाने में, खिलाने में और बरतन धोने में खूब लगता है।

मैं पत्रकार बन गया। उन दिनों मुझे पता नहीं था कि शेफ की पढ़ाई भी होती है, नहीं तो मैं किसी बड़ी रसोई की शान बना बैठा होता। मुझे ढेर सारी चीजें पकानी आती हैं। जैसे मैंने कभी गाड़ी चलानी नहीं सीखी, बस ड्राइवर को चलाते देखकर गाड़ी चलाने लगा था, वैसे ही माँ को खाना पकाते देखकर मैं काफी कुछ सीख सीख गया।

मैं दावे से कहता हूँ कि मैं एक अच्छा कुक हूँ।

इसलिए भविष्य में अगर कभी सुनने को मिले कि संजय सिन्हा ने अपना सबकुछ छोड़कर रसोईघर को सँभाल लिया है, तो आप हैरान मत होइएगा।

⁂

कल मेरे दफ्तर में शेफ की प्रतियोगिता हुई। मैंने अपनी पूरी टीम तैयार की और ढेर सारी चीजें पकाईं। चीज रोल, पुदीना की चटनी, पनीर कोरमा, बेसन का हलवा। घंटे भर में इतनी चीजें तैयार करनी थीं। रोटी नहीं बना सका, क्योंकि इंडक्शन चूल्हे पर रोटी पकाना नहीं आया।

माँ का कहा याद आ रहा था, रोटी जल जाए तो कोई बात नहीं, पर कच्ची नहीं रहनी चाहिए।

वैसे, मेरी पत्नी पता नहीं कैसे तवे पर ही रोटी फुला लेती है, पर मैं अभी वह विद्या नहीं सीख पाया हूँ। यकीन कीजिए, संसद् में बहस चलती रहेगी। जेएनयू में नेता का निर्माण होता रहेगा, पर संजय सिन्हा इन चीजों से परे तवे पर रोटी पकाने का पाठ पढ़कर आप लोगों को खाने का न्योता देंगे।

□

मेरी दीदी उफक

मेरी दीदी की सास ने दीदी को बहुत तकलीफ दी थी। इतनी कि दीदी बिलख उठती थी। दीदी जब भी अपनी बात किसी को बताने की कोशिश करती, तो कोई यकीन नहीं कर पाता कि सचमुच उसके साथ ऐसा हुआ होगा। हम जब भी दीदी के घर जाते, उसकी सास हमें बहुत विनम्र और समझदार नजर आती।

दीदी की शादी जब हुई थी, तब मेरी उम्र बहुत कम थी। इसलिए मुझे तो बहुत समय तक पता ही नहीं चला कि दीदी को किस तरह की तकलीफ हुई होगी। उसने अपनी कहानी कई लोगों से कहने की कोशिश की थी, पर लड़की जब एक बार ब्याह दी जाती है तो उसकी कौन सुनता है ? सबने उसे ज़िंदगी के साथ तालमेल बिठाने की ही सलाह दी थी।

जब बहुत साल बीत गए, तो सुनने में आया कि दीदी की सास बहुत बीमार हो गई हैं।

मैं उनकी बीमारी के दिनों में एक बार उनके घर गया था। उनका चेहरा अजीब सा हो गया था। मुझे नहीं पता कि उन्हें बीमारी क्या थी, पर वे एक कमरे में जमीन पर पड़ी रहतीं और जो भी उनसे मिलने जाता, उनकी स्थिति देखकर शोक में डूब जाता।

⁂

कल मैंने टी.वी. सीरियल वाली एक लड़की उफक की कहानी आपको सुनानी शुरू की थी। मेरी दीदी जितनी ही जहीन, उतनी ही लंबी, उतनी ही खूबसूरत उफक की कहानी को मैं पूरी शिद्दत से देखता रहा।

उफक की सास उसे लगातार परेशान करती रहीं। सास ने आखिर में उफक को पागल करार दे दिया और बेटे की दूसरी शादी भी करा दी।

उफक बिलखकर रह गई। यहाँ तक तो कहानी मैंने आपको कल सुनाई ही थी, फिर मेरी कहानी आगे बढ़कर ये बयाँ करने लगी कि किसी ने उसकी कहानी के सच को समझने की कोशिश नहीं की। यहाँ तक कि उफक के पति ने भी मान लिया कि उफक पागल है, बददिमाग है। माँ पर उसे पूरा यकीन था। माँ ने अपने षड्यंत्रों से साबित कर दिया था कि सारा कसूर उफक का है।

ज़िंदगी टी.वी. पर इस सीरियल को देखते हुए मेरे मन में अक्सर यह सवाल उठता था कि आखिर उफक का होगा क्या?

मेरे मन के एक कोने में उफक की कहानी के साथ-साथ दीदी की कहानी भी चलती रहती।

उफक का पति अपनी पत्नी को पागल करार कर छोड़ देता है, तो कुछ पल के लिए मुझे लगा कि ज़िंदगी और सीरियल में अंतर होता है। मैं मन-ही-मन सोचने लगा था कि उफक की कहानी का अंत कुछ अलग होगा। दीदी दु:ख सहती रही, पर शादी तोड़ने की हिम्मत नहीं जुटा पाई। पति के हाथों शोषित होती रही, सास का दु:ख सहती रही, पर उसे सिर्फ ईश्वरीय न्याय पर यकीन करना पड़ा, लेकिन यहाँ तो उफक को घर छोड़कर मायके आना पड़ गया।

उफक के साथ जो हो रहा था, उसमें मैं बहुत भीतर तक समाहित हो गया था। शायद दीदी की वजह से ही, पर मैं लड़कियों पर होनेवाले अत्याचार से भीतर तक आहत हो जाता हूँ। यहाँ बात एक काल्पनिक कहानी की थी। पर मेरा मन अटका था, शहर-ए-अजनबी की नायिका की किस्मत के उस पक्ष को जानने में, जो अभी गुप्त था।

आखिर क्या होगा? क्या होगा उफक का? क्या होगा उसकी सास का?

क्या यह सब सिर्फ कहने की बातें हैं कि बुरे काम का नतीजा बुरा होता है? क्या हमने जिस ईश्वरीय विधान की कल्पना की है, उसके कोई मायने नहीं होते?

❦ ✻ ❦

परसों यह सीरियल खत्म हो गया।

आप में से जिन लोगों ने इस सीरियल को देखा है, उन्हें तो पूरी कहानी पता होगी ही। जिन्होंने इस सीरियल को नहीं देखा, उनके लिए मैं इसे आगे बढ़ाकर बता दूँ कि उफक की सास ने अपने बेटे की दूसरी शादी बहुत अमीर घर में कर दी। इत्तेफाक

से जिस लड़की से उफक के पति की शादी हुई, वह लड़की उफक की बचपन की सहेली थी। उसे जब सच का पता चलता है, तो वह बहुत आहत होती है। वह अपनी सास और शौहर से नफरत करने लगती है। इसी बीच उसे बच्चा होता है। डॉक्टर कहते हैं कि बच्चा नॉर्मल नहीं है।

बच्चा नॉर्मल नहीं है, यह सुनकर उसकी सास अपना दिमागी संतुलन खो बैठती है। वह पागल हो जाती है। अपने पागलपन में बुदबुदाती है कि उसने अपनी बहू उफक के लिए यही तो कहा था कि वो नॉर्मल नहीं है।

❧ ✻ ❧

मुझे ज्यादा नहीं पता, पर सुना है कि दीदी की सास भी पागल हो गई थीं। वे बंद कमरे में खुद को कोसतीं। जो जाता, उससे कहतीं कि उनके गुनाहों की सज़ा उन्हें मिल रही है और एक दिन ऐसे ही जमीन पर रेंगते-रेंगते वे इस संसार से चली गईं।

परसों रात जब उफक की सास का वही हश्र मैंने देखा तो मुझे यकीन हो गया कि ज़िंदगी हो या कहानी, ईश्वरीय विधान होता है।

मुझे यकीन हो गया कि आदमी को अपने कर्मों का हिसाब चुकाना पड़ता है। हम दुनिया से छुप सकते हैं, पर खुद से नहीं। दीदी की सास से जो मिलने जाता, उसके सामने वे खुद ही बुदबुदातीं कि उन्हें उनके कर्मों की सज़ा मिल रही है। उफक की सास भी अपने मिलनेवालों से यही बुदबुदाती दिखीं कि उन्हें उनके कर्मों की सज़ा मिली है।

कहानियाँ इसलिए सुनाई जाती हैं, ताकि हम अपने कर्म सुधार लें। जो नहीं सुधारते, उन्हें बाद में बुदबुदाना ही पड़ता है। वहाँ देर हो सकती है, पर अँधेर नहीं है।

□

गुड न्यूज है

कल रात घर आया तो पत्नी बहुत खुश दिखी। आमतौर पर वह घर आने पर खुश ही मिलती है। मन में चाहे हजार शिकायतें हों, पर दरवाजा खोलते हुए वह मुस्कुराकर ही मिलती है। भले ही बाद में उसे अपनी शिकायतों का पुलिंदा खोलना भी पड़े, पर दरवाजे पर आपको भान तक नहीं होगा कि उसके मन के किसी कोने में शिकायतों का गुबार भी आकार ले रहा है।

मुझे नहीं पता कि ज्यादातर घरों में पति-पत्नी के बीच किन-किन बातों पर शिकायतों के वृक्ष पर फल पकते हैं, पर मेरे घर में दो परिस्थितियों में शिकायतों के फूल फल बनकर टपकते नजर आते हैं। पहली बात तो यह कि अगर मुझे दफ्तर से आने में देर हो रही है, तो मुझे यह बात फोन करके बता देनी चाहिए कि आज देर होगी। दूसरी बात यह कि घर आए मेहमानों की आवभगत मैं पूरी तरह पत्नी के हवाले करके खुद को मुक्त कर लेता हूँ।

इन दोनों परिस्थितियों में मुझे शिकायती फलों के सलाद खाने को मिलते हैं, पर तुरंत नहीं। हो सकता है कि पिछले हफ्ते की शिकायत उससे अगले हफ्ते मिले।

खैर, कल महाशिवरात्रि थी और सारी दुनिया जब पर्व-त्योहार मना रही होगी, तब मैं दफ्तर में खबरें बना रहा था। कायदे से देर होने पर मुझे फोन करना चाहिए था कि देर हो रही है, पर दुनिया के तमाम पुरुषों की तरह मैं भी भूल गया कि फोन करूँ।

घर आया तो देर हो चुकी थी। पत्नी ने दरवाजा खोला, मुस्कुराते हुए।
मैं कमरे में आया, सोफे पर बैठा। अचानक पत्नी मेरे पास आई और पूछा, ''संजय, तुम्हें एक अच्छी खबर सुनाऊँ?''

मैं चौंका। महिलाएँ जब अच्छी खबर सुनाने की बातें करती हैं, तो मन में पहला

ख्याल यही आता है कि इतनी बड़ी खबर थी, जिसे मेरे आते ही सुनाने की जरूरत आ पड़ी है, तो फोन पर ही सुना देती। मेरे घर आने का इंतजार किस बात के लिए? फिर मुझे ख्याल आया कि आज घर आने में देर हो गई है, कहीं उसका प्रतिफल व्यंग्य के रूप में तो सामने नहीं आ रहा।

मैं मन-ही-मन सोच रहा था कि पिताजी जब घर आते थे, तो माँ गिलास में पानी लेकर उनके सामने आतीं। पिताजी पहले पानी पीते, फिर माँ उनसे कहती कि आप कपड़े बदलिए, मैं खाना लगा रही हूँ, पर यहाँ तो संजय सिन्हा तीसरे माले के अपने फ्लैट में सीढ़ी चढ़कर आए हैं, अभी जूते भी नहीं उतारे, साँस भी चढ़ी हुई है, कहाँ पानी पूछना चाहिए, पर यहाँ सबसे पहले गुड न्यूज इंतजार कर रही है।

मैंने लंबी साँस ली और कहा क्या है गुड न्यूज?

पत्नी ने इठलाते हुए कहा, ''तुम सोचो।''

''यार, अभी इतनी खबरें बनाकर आ रहा हूँ, मैं कैसे सोचूँ कि कौन सी खबर तुम्हारे लिए गुड न्यूज है?''

पत्नी ने कहा, ''अरे मैं तुम्हारे दफ्तर की उटपटांग खबरों की बात नहीं कर रही। मैं जिस खबर की बात कर रही हूँ, वह सचमुच गुड न्यूज है।''

पल भर को मेरा माथा ठनका। कहीं कोई चूक तो नहीं हो गई? इस उम्र में वैसी वाली गुड न्यूज तो शाहरुख खान और आमिर खान ही अफोर्ड कर सकते हैं, संजय सिन्हा नहीं। हे भगवान! लोग क्या कहेंगे? अरे बेटे की उम्र शादी की होने वाली है और मेरी भोली पत्नी मुझे गुड न्यूज देने पर आमदा है। मैं मन-ही-मन भगवान को याद करने लगा। सोचने लगा कि आज शिवरात्रि है, यह क्या हुआ?

❦ ❊ ❧

मैं कुछ पूछने की स्थिति में रह ही नहीं गया था। एक पल में हजार ख्याल मन में आए और चले गए। सेकंड के हजारवें हिस्से में मन में यह बात कौंध उठी कि कई साल पहले अपने बेटे के दाखिले के लिए मैंने दिल्ली के किन-किन स्कूलों के चक्कर लगाए थे। दिल्ली पब्लिक स्कूल, मॉडर्न स्कूल और न जाने कितने स्कूल!

तब तो स्कूल में दाखिला हो भी जाता था, आजकल तो नौकरी लगने से ज्यादा

मुश्किल काम है स्कूल में दाखिला दिलाना।

फिर मैं मन-ही-मन अपनी उम्र जोड़ने लगा। आज की गुड न्यूज जब तक अपने पाँव पर खड़े होने लायक होगी, तब तक मेरे सारे बाल सफेद ही नहीं होंगे, उड़ भी जाएँगे। हे भगवान!

❁

कुल मिलाकर एक मिनट में एक लाख चिंताओं ने मेरा पीछा कर लिया। अब मेरी हिम्मत ही नहीं हो रही थी कि मैं उससे कुछ पूछूँ। मैं सोच में डूबा ही था कि पत्नी रसोई में गई और अपने हाथ में चार छोटे-छोटे टमाटर लिये चली आई। चार छोटे-छोटे टमाटर। आधा पाव से भी कम।

पानी, चाय-खाना भूलकर मुझे वह टमाटर दिखा रही थी, ''संजय, ये देखो टमाटर।''

मैं अपनी चिंता से बाहर निकला, ''हाँ, ये टमाटर हैं। इनका क्या करूँ?''

''मैंने कब कहा कि कुछ करो? मैं तो कह रही हूँ कि तुम टमाटर खाओ।''

''अरे यार, यहाँ कमाकर खाने की चिंता हो रही है, तुम टमाटर खिलाने में लगी हो। अब इन टमाटरों में क्या है?''

''यही तो है वह अच्छी खबर, जिसे मैं तुम्हें सुनाना चाहती थी।''

''टमाटर?''

''अरे, ये वे टमाटर हैं, जिनका पौधा मैंने अपनी छत पर गमले में लगाया है। उसमें टमाटरों का गुच्छा उग आया है। आज मैं चार टमाटर तोड़कर लाई हूँ। देखो तो सही। ये हमने पैदा किए हैं।''

❁

बाकी की बातें यहीं छोड़ दीजिए। मैंने रात में कितने बजे खाना खाया, कितने बजे सोया।

बस आप यही सोचिए कि महिलाएँ ऐसी क्यों होती हैं? उनके भीतर ऐसी कोमलता आती कहाँ से है? कभी चिड़िया के बच्चे को दाना खिलाकर वो अपना जीवन धन्य

मान बैठती हैं, तो कभी चार टमाटर उपजाकर। मेरी पत्नी दिल्ली वाली है। यहीं पढ़ी-लिखी है। अंग्रेजी वाली है। नौकरी करती है। जब वह टमाटरों की पैदाइश पर सारा दिन खुश हो सकती है, तो बाकियों के लिए मैं क्या कहूँ? मुझे लगता है कि प्यार करना और जन्म देना उनका मूल स्वभाव है। जो महिला चार टमाटरों के जन्म पर इतना इतरा सकती है, उसे गुड न्यूज बता सकती है, उसके लिए मैं और क्या कह सकता हूँ, सिवा इसके कि संसार की सारी महिलाओं को मेरी ढेर सारी शुभकामनाएँ!

□

माँ! तुझे सलाम

पिछले कई दिनों से मुझे खाँसी थी। दिनभर तो ठीक रहता, पर रात में खाँसी आती तो नींद खुल जाती।

पत्नी ने कई बार कहा कि डॉक्टर को दिखा दो। मैं कहता कि खाँसी भी डॉक्टर को दिखाने की चीज है? अरे यह तो मौसमी बीमारी है। आती है, चली जाती है।

खाँसी आए और चली जाए तो कोई बात नहीं, पर कमबख्त जा नहीं रही थी।

किसी ने कहा कि यह वाली गोली खा लो, वह वाला सिरप पी लो। मैं मन-मर्जी से दवाएँ लेता रहा, पर खाँसी नहीं गई।

पत्नी ने अपनी नानी-दादी के नुस्खों का भी इस्तेमाल किया। मुँह में काली मिर्च लेकर सो जाओ, मुलैठी की गोली चूसो। आराम मिलता, पर खाँसी ठीक नहीं हो रही थी।

परसों रात जब खाँसी की वजह से नींद खुली तो अचानक पत्नी भी जागी और उसने जागते ही मुझसे कहा, "संजय, जब तुम छोटे थे और तुम्हें खाँसी आती थी, तब तुम्हारी माँ देसी घी में प्याज को गरम करके तुम्हारे गले पर लगाती थीं और तुम उससे ठीक हो जाते थे।"

मेरी माँ? पर तुम उनसे कब मिली? वे तो तुम्हारे आने से बहुत पहले संसार से जा चुकी थीं।

मेरी पत्नी पल भर को रुकी, फिर उसने कहा, "हाँ, तुम्हारी माँ से तो मैं नहीं मिली, फिर मुझे यह कैसे याद आ रहा है कि प्याज को घी में जलाकर लगाने से तुम ठीक हो जाते थे?"

यह सच है कि बचपन में मुझे जब कभी मौसमी खाँसी हो जाती थी, तब माँ देसी घी में प्याज को जला देतीं, फिर उसे मेरे गले, छाती पर लगातीं। ठीक से मुझे ढककर सुला देती। और मेरी खाँसी सुबह तक छू-मंतर हो जाती। मेरी माँ डॉक्टर नहीं थीं, वे वैद्य भी नहीं थीं, पर पता नहीं कहाँ से उनके पास ऐसे ढेरों नुस्खे थे, जिनसे बड़ी-बड़ी बीमारियाँ चुटकियों में गायब हो जातीं। एक बार मेरी बहन के पेट में बहुत तेज दर्द उठा था, माँ ने फौरन अजवाइन खिलाकर पानी पिलाया और दस मिनट में बहन एकदम ठीक। लूज मोशन होने पर कच्ची चाय की पत्ती को पानी के साथ पिला देने पर लूज मोशन से तुरंत आराम। कहीं चोट लगने पर हल्दी पीसकर लगा दी तो चोट गायब।

यह ठीक है। महिलाओं को ऐसी विद्या विरासत में मिलती है। मैंने पहले भी लिखा है, फिर से लिख रहा हूँ कि महिलाओं में स्वाभाविक तौर पर एक दादी-नानी-माँ छिपी रहती है पर देसी घी में प्याजवाला नुस्खा तो एकदम अजूबा था। मेरी पत्नी ने तो पहले कभी इस विद्या का इस्तेमाल नहीं किया।

फिर वह ऐसा कैसे कह रही थी कि यह तुम्हारी माँ की विद्या है।

❋

मेरी माँ बहुत साल पहले इसी मार्च के महीने में इस संसार को अलविदा कहकर चली गई थीं। वे जब इस संसार से गई थीं, तब मेरी पत्नी ज्यादा-से-ज्यादा पाँचवीं या छठी कक्षा में पढ़ती होगी। सास-बहू का कभी मिलन हुआ ही नहीं, पर उसने नींद से जागकर मुझे बताया कि तुम प्याज जलाकर गरम घी को गले पर लगवा लो। ठीक हो जाओगे।

मैं बहुत देर तक सोचता रहा। याद करता रहा कि सचमुच माँ ऐसा करती थीं, पर तब मैं बहुत छोटा था। क्या मैंने कभी पत्नी से इस बात की चर्चा की होगी?

क्या मैंने उसे कभी बचपन के इस नुस्खे को बताया होगा? या फिर मेरी तकलीफ देखकर माँ उसके पास सपने में आई होंगी और उसे बता गई होंगी कि तुम ऐसा करो।

मेरी पत्नी ने परसों घी में प्याज को जलाकर मेरे गले और छाती पर लगाया। मैं कल बहुत आराम में रहा। कल मुझे खाँसी नहीं आई, पर दुबारा यह खाँसी न आए, इसलिए उसने कल फिर वही घी मेरे गले और छाती पर लगाकर मुझे ठीक से ढककर सुला दिया। यकीन कीजिए, रात में एक बार भी मेरी नींद नहीं खुली। एक

बार भी मैं नहीं खाँसा। सुबह जागा तो याद भी नहीं रहा कि दो दिन पहले तक मैं नींद से खाँसता-खाँसता उठता था।

❧ ❊ ☙

खैर, मैं आज इस विषय पर नहीं लिख रहा हूँ कि हर महिला में एक माँ छिपी होती है। आज तो मैं यह आपसे पूछना चाहता हूँ कि क्या सचमुच मेरी माँ इस संसार से चले जाने के बाद भी मेरे आस-पास है? क्या जब मैं सो गया था, तो वे चुपके से मेरी पत्नी के सपनों में आई होंगी? आज कुछ सवाल अनुत्तरित हैं।

पर एक सवाल का जवाब मेरे पास है कि अगर आप अपनी माँ को हमेशा याद करते हैं, उसे अपने भीतर समाहित करके रखते हैं, तो वे हर मुसीबत और बीमारी से आपको बचाती रहेंगी।

□

कहानी गीता की

यह कहानी है गीता की। यह कहानी है परी की। यह कहानी है हैवानियत की। यह कहानी है इंसानियत की।

आपने मेरी न जाने कितनी तस्वीरें ढेरों फिल्मी नायिकाओं के साथ देखी होंगी, आपने मुझे ढेरों खूबसूरत और मुस्कुराती नायिकाओं के बीच घिरे पाया होगा। पर आज यहाँ जिस लड़की की मैं चर्चा करने जा रहा हूँ, वह बेहद खास है।
इस तस्वीर में जिस लड़की को आप देख रहे हैं, उसका नाम गीता है।
आइए, आज आपको मैं पहले गीता की कहानी सुनाता हूँ, फिर सुनाऊँगा परी की कहानी।

गीता, शायद यह उसका नाम नहीं। दरअसल उसे अपना नाम पता ही नहीं। उसे तो यह भी नहीं पता कि वह कब और कहाँ पैदा हुई। वह कब बड़ी हुई। वह कब अपने घर से निकली। उसे कुछ भी नहीं पता। उसकी मानसिक हालत ठीक नहीं।

अपनी कहानी की नायिका गीता तक मैं कभी पहुँच ही नहीं पाता, अगर मैं हरदोई नहीं जाता। दो दिन पहले हरदोई में चल रहे सर्वोदय आश्रम की संचालिका उर्मिला श्रीवास्तव के बुलावे पर मैं हरदोई गया। वहाँ मैं उनके सर्वोदय आश्रम गया। कभी-न-कभी मैं उस आश्रम की चर्चा करूँगा, पर आज मैं सिर्फ और सिर्फ गीता और परी की कहानी सुनाऊँगा।

मैं सर्वोदय आश्रम गया था, वहाँ चल रहे स्कूलों को देखने के लिए, वहाँ पढ़ रहे बच्चों से मिलने के लिए, वहाँ पढ़ानेवाली शिक्षिकाओं से मिलने के लिए। मैं बरामदे में बैठा था, अचानक अपने दोनों हाथ जोड़े हुए गीता मेरे सामने आकर खड़ी हो गई। मैंने बहुत गौर से उसे देखा। यह कौन है ?

मेरे मन के सवाल को भाँपते हुए मेरे साथ आश्रम तक आए हरदोई (शाहजहाँपुर) के

एसडीएम अशोक कुमार शुक्ला ने मुझे बताया कि यह गीता है और आपको प्रणाम कह रही है। मैंने अपने हाथ गीता की ओर जोड़ दिए।

मेरे मन में एक नहीं, हजार कहानियों ने जन्म ले लिया था।

कौन है यह? मुझसे मिलने क्यों आई? क्या यह बोल नहीं सकती, पर इसकी आँखों में इतनी चमक है, यह कोई खास महिला है।

अशोक शुक्लाजी ने मुझे बताना शुरू किया कि यह कौन है, कोई नहीं जानता। हमने इसका नाम गीता रखा है। यह ठीक से बोल नहीं पाती, पर बातें सब समझती है। इसे आज आपके यहाँ आने की पूरी जानकारी थी। यहाँ आपके आने की चल रही तैयारियों को देखकर यह सुबह से बहुत खुश है।

''पर यह है कौन?''

''संजयजी, मैं भी नहीं जानता। एक दिन यह हमें हरदोई रेलवे स्टेशन पर पड़ी मिली थी। कुछ दरिंदों ने इसके साथ बलात्कार कर इसे गर्भवती करके छोड़ दिया था। जब यह हमें स्टेशन पर यूँ ही लावारिस हालत में मिली थी, तब इसे खुद भी नहीं पता था कि इसके साथ क्या हुआ था। इसके पेट में आठ महीने से अधिक का बच्चा पल रहा था। किसका बच्चा है, किसने एक लाचार लड़की के साथ ऐसी हरकत की, यह इतना भी बताने की स्थिति में नहीं थी।

''हम इसे अस्पताल लेकर गए। वहाँ इसकी एक बेटी हुई। मानसिक रूप से विक्षिप्त एक महिला के माँ होने की जानकारी हमने अखबारों के जरिए लोगों तक पहुँचाई कि शायद कोई इसे पहचान ले, अपने साथ ले जाए। कुछ लोग आगे तो आए, लेकिन बच्ची को गोद लेने के लिए। बच्ची को तो आप देख ही रहे हैं, एकदम परी की तरह है।

''हमारे सामने समस्या थी कि अगर बच्ची को हम किसी को दे दें, तो माँ का क्या होगा? माँ को साथ ले जाने के लिए कोई तैयार नहीं था, फिर हमने उर्मिलाजी से संपर्क किया। उन्होंने कहा कि माँ और बेटी दोनों को इस आश्रम में ले आइए। पिछले दो साल से दोनों यहीं हैं। हमने माँ को नाम दिया गीता और बेटी को परी। आज परी इस आश्रम में सबकी चहेती है। इसे यहाँ कई माँएँ मिल गई हैं। यह सारा दिन इस गोद से उस गोद में उछलती फिरती है।

''गीता अपनी बेटी को बड़ी होती हुई देख रही है। इलाज के बाद इसकी भी स्थिति कुछ सुधरी है। इसे मालूम है कि संजय भइया यहाँ आ रहे हैं। उसने हमसे कई बार इशारे में कहा कि भइया को नमस्ते करूँगी।''

❦ ✻ ❦

मैं गौर से गीता की ओर देख रहा था। मेरे सामने संसार की सबसे सुंदर दो आँखें चमक रही थीं। दोनों हाथ जुड़े हुए थे। बहुत धीमी और रुकी हुई आवाज में वह कहने की कोशिश कर रही थी, नमस्ते।

मैंने गीता को अपने साथ कुर्सी पर बैठने का इशारा किया। गीता बैठी।
मैं संजय सिन्हा, जिसने न जाने कितनी सुंदर फिल्मी हीरोइनों के साथ तस्वीरें खिंचवाई हैं, आज पीछे खड़ा था, संसार की इन दो सबसे खूबसूरत आँखों के साथ तस्वीर खिंचवाने के लिए।

अगर लियोनार्दो द विंची होते, तो इस तस्वीर को देखकर कह उठते, यही है मोनालिसा।

❦ ✻ ❦

गीता के साथ तस्वीर खिंचवाने के बाद परी भी मेरे पास आई। अपनी एक और माँ की गोद में।

मैंने उसकी तस्वीर खींचनी चाही तो उसने मेरी ओर देखा और मचलने लगी, मानो कह रही हो, 'मामा, मेरे लिए खिलौने नहीं लाए?'

❦ ✻ ❦

मैं हरदोई से दिल्ली लौट आया हूँ, पर गीता और परी की कहानी भी मेरे साथ चलकर आई हैं।

यौन शोषण की शिकार महिलाओं की तस्वीरें हम आमतौर ढककर, छुपा कर ही अखबारों में और टी.वी. पर दिखलाते हैं।

मुझे लगता है कि ढकना और छुपना तो उसे चाहिए, जिसने इस दुष्कर्म को अंजाम दिया है।

मैं झुककर सलाम करता हूँ उन लोगों को जिन्होंने गीता को एक नई ज़िंदगी दी। मैं

झुककर सलाम करता हूँ उस प्रशासनिक अधिकारी को, जिन्होंने गीता को मेरी माँ तक पहुँचाया।

हर काल की कहानी में रावण है, तो राम भी हैं।

मेरा प्रणाम राम को। मेरा संदेश रावण को, देखो रावण, इस तस्वीर को गौर से देखो। अगर पहचान पाओ, तो पहचानो अपनी दरिंदगी को। तुम मर सको तो मर जाओ अपनी शर्मिंदगी के आँसुओं में डूबकर। तुम्हें मर ही जाना चाहिए।

□

दो दिल मिले

मेरी शादी तय हो चुकी थी। मुझे पता था कि मेरी होनेवाली पत्नी का नाम दीपशिखा है, पर आगे क्या?

मेरे पिताजी ने मुझसे नहीं पूछा कि तुम्हारी होनेवाली पत्नी का पूरा नाम क्या है। मुझे नहीं पता कि उनके मन में इस बात की हलचल रही होगी या नहीं, क्योंकि अपनी जाति में ढूँढ़-ढूँढ़कर अपनी बेटियों की शादी करनेवाले पिताजी के अरमान अपनी बहू को लेकर क्या थे, उन्होंने मुझे यह कभी जाहिर नहीं होने दिया।

पच्चीस साल पहले 31 मार्च को जब मैं अपनी होने वाली पत्नी से पहली बार मिला था, तब मुझे सिर्फ इतना पता था कि वह दिल्ली की रहनेवाली है, अंग्रेजी वाली है। 31 मार्च को पहली मुलाकात में ही एकदम फिल्मी अंदाज में यह बात तय हो चुकी थी कि हम 20 दिनों के बाद, यानी 20 अप्रैल को शादी करेंगे।
मैंने सबसे पहले अपने पिता को खबर दी थी कि मुझे लड़की पसंद आ गई है, मैं शादी करना चाहता हूँ, फिर मैंने अपने दोस्तों को यह जानकारी दी। मेरे दोस्तों में सबसे करीबी संजय कुमार सिंह, सत्येंद्र रंजन और अरुण कुमार त्रिपाठी थे। तीनों जनसत्ता में ही थे और तीनों दीपशिखा से मिल चुके थे। हालाँकि तीनों को उसके विषय में उतना ही पता था, जितना मैं जानता था।

अरुण त्रिपाठी के एक मित्र वकील थे और तय हुआ कि शादी से पहले हम कोर्ट में एक शपथ पत्र दाखिल करें, ताकि शादी के वक्त कोई कानूनी अड़चन न आए। हम दिल्ली के पटियाला हाउस कोर्ट में पहुँचे। वहाँ वकील ने पूछा, लड़की का पूरा नाम क्या है?

हम सब बगलें झाँकने लगे।

"लड़की का पूरा नाम मतलब क्या?"

''उनका सरनेम ?''

मैंने होनेवाली पत्नी की ओर देखा। उसने कहा, मेरा सरनेम 'सेठ' है।

अब बिहार, उत्तर प्रदेश और मध्य प्रदेश में 'सेठ' सरनेम किसका होता है, मैं नहीं जानता था। मेरी होनेवाली पत्नी किस जाति की है, मुझे नहीं पता था।

वकील ने पूछा, ''पिता का नाम ?''

''के.एल. सेठ।''

''पूरा नाम ?''

पत्नी थोड़ा सकुचाई। कहने लगी, ''सर्टिफिकेट में यही लिखा है।''

''नहीं-नहीं यह पूरा नाम नहीं है। यह नाम का शॉर्ट फार्म है।''

मैं सोच में डूबा था कि आखिर वह पूरा नाम क्यों नहीं बता रही। मैंने मजाक में पूछा कि कन्हैया लाल सेठ ? मेरी पत्नी चहक उठी।

''तुम्हें कैसे पता ?''

''मुझे नहीं पता था। मैंने तो बस गेस किया।''

*

हमारी शादी हो गई। मेरी पत्नी ने मेरी जाति नहीं पूछी। मैंने पत्नी की जाति नहीं पूछी।

आप जानते हैं कि मेरा सरनेम सिन्हा है। अब तक आप यह भी जान ही गए हैं कि मेरी पत्नी का सरनेम सेठ है।

पर क्या आप जानते हैं कि मेरी पत्नी का सरनेम आज भी सेठ ही है। उसने अपने नाम में मेरा सरनेम कभी नहीं जोड़ा, मैंने उससे कभी नहीं कहा कि तुम्हें आम भारतीय पत्नियों की तरह पति का सरनेम अपने माथे पर लगाना चाहिए।
मेरी शादी को पच्चीस साल हो गए। मुझसे मेरे किसी दोस्त ने नहीं पूछा कि संजय, तुम्हारी पत्नी तुम्हारा सरनेम क्यों नहीं इस्तेमाल करती ? मेरा बेटा जो सेठ माँ और सिन्हा पिता से पैदा हुआ है, वह ठीक से नहीं जानता कि उसकी जाति क्या है ? उससे भी किसी ने आज तक नहीं पूछा कि बेटा, तुम्हारी जाति क्या है ?

और तो और मैं खुद नहीं जानता कि मेरी पत्नी की जाति क्या है ?

रही बात मेरी, तो पत्नी ने भी मुझसे कभी नहीं पूछा कि मेरी जाति क्या है ? उसके लिए सिन्हा सरनेम नया था, अजूबा था। उसके खानदान में कोई सिन्हा नहीं है। मेरे खानदान में कोई सेठ नहीं है। मेरे यहाँ सेठ सरनेम अजूबा है।

❊

आप सोच रहे होंगे कि आज मैं जाति पुराण लेकर क्यों बैठ गया ?

ऐसा इसलिए कि मेरी बात पर कल किसी ने जानना चाहा कि मेरे परिजनों में कोई दलित या ओबीसी है कि नहीं ?

कमाल करते हो, साहब ! पता नहीं, कहाँ-कहाँ की कौड़ी ढूँढकर लाते हो ? अरे, जब मुझे इस बात से फर्क नहीं पड़ता कि मेरी वाल पर लड़का-लड़की बनकर मुझसे चैट-चैट खेलता है, तो इस बात से क्या फर्क पड़नेवाला है कि कौन दलित है, कौन उच्च जाति का।

मैं सफाई नहीं दे रहा हूँ, पर इतना कहना चाहता हूँ कि जिस किसी को मेरी पत्नी की जाति का पता चले, प्लीज मुझे बता दे। मेरी हिम्मत नहीं है कि शादी के पच्चीस साल बाद मैं उससे पूछ सकूँ, जानू, तुम कौन जाति की हो ?

बड़ा चिंतित हूँ। जिस चीज की चिंता मेरे पिता ने नहीं की, मेरे दोस्तों ने नहीं की, उसकी चिंता मेरे एक फेसबुक परिजन को है।

आप ही बताइए मैं क्या कहूँ ?

❊

मेरी शादी जाति, धर्म, कुंडली मिलाकर नहीं हुई, साहब ! मेरी शादी दिल मिलाकर हुई है। रिश्ते दिल मिलाकर बनते हैं, हमारा यह परिवार भी ऐसे ही बना है।

□

बड़ा घर चाहिए

ड्राइवर गाड़ी चला रहा था, मैं अपनी पत्नी के साथ पीछे बैठा था।

कल बहुत दिनों के बाद पत्नी के बार-बार कहने पर मैं नया मकान देखने जा रहा था। मैंने पहले भी आपको बताया है कि पत्नी का कहना है कि मुझे बड़े घर में शिफ्ट होना चाहिए। एक ऐसे घर में जहाँ मेरे सोने के लिए अलग कमरा हो, पढ़ने के लिए अलग। जहाँ चार मेहमान अगर आ जाएँ, तो हम ठीक से उनकी मेहमाननवाजी कर पाएँ।

उसका ऐसा सोचना लाजिमी भी है। हम पिछले दस साल से एक ही फ्लैट में रह रहे हैं और जिस फ्लैट में रह रहे हैं, उसमें लिफ्ट भी नहीं है। ऐसे में एक बार मैं अमिताभ बच्चनजी को अपने घर बुलाना चाहता था, तो पत्नी कहने लगी कि यहाँ कैसे लाओगे? बात ठीक भी है।

बहुत दिनों से उठ रही बड़े घर की माँग को ध्यान में रखते हुए कल हम दोनों निकल पड़े थे एक नए फ्लैट को देखने।

❦ ✻ ❦

गाड़ी अपनी रफ्तार से चली जा रही थी, अचानक ड्राइवर ने जोर का ब्रेक मारा। गाड़ी रुकी, फिर ड्राइवर ने गाड़ी का शीशा खोला और सामने खड़े रिक्शा वाले को डाँटने लगा। हम बड़े घर में जाने की तैयारी की बातचीत में इस कदर मशगूल थे कि हमारा ध्यान ही इस बात पर नहीं गया कि क्या हुआ। हम समझ नहीं पाए कि ड्राइवर ने अचानक एक रिक्शेवाले को क्यों डाँटना शुरू कर दिया, पर गाड़ी इतनी तेजी से रुकी थी कि हमारा ध्यान उधर चला गया।

ड्राइवर गुस्से में लाल था। रिक्शेवाले को कह रहा था, "अंधा है क्या? अभी गाड़ी

तुम्हारे ऊपर चढ़ जाती तो पता चलता।''

रिक्शावाला समझ नहीं पा रहा था कि वह क्या कहे। गलती किसकी थी, पता नहीं चल रहा था, पर वो चुप था और मेरा ड्राइवर उसे लगातार डाँटे जा रहा था।

थोड़ी देर गुस्सा करने के बाद ड्राइवर फिर चल पड़ा, पर वह बहुत देर तक रिक्शेवाले पर बुदबुदाता रहा।

❧ ❊ ☙

कभी-कभी हम ड्राइवर को भी ऐसे ही डाँटते हैं। उसकी गलती पर उसे बुरी तरह झाड़ देते हैं। मैंने महसूस किया है कि ड्राइवर मेरी डाँट का प्रतिवाद नहीं करता। वह चुप होकर मेरी डाँट को वैसे ही सुनता है, जैसे रिक्शावाला उसकी डाँट को सुन रहा था।

❧ ❊ ☙

मैंने पत्नी से पूछा कि आखिर हुआ क्या था? ड्राइवर इतना गुस्सा तो नहीं करता। फिर वह रिक्शावाले पर इस कदर क्यों भड़क गया था?

पत्नी मेरी ओर देखकर मुस्कुराई। उसने धीरे से कहा कि कोई बात नहीं थी। रिक्शा वाला अचानक सामने आ गया था।

''पर इतनी सी बात के लिए रिक्शावाले को उसने एकदम धो दिया। और सच बात तो यह है कि गाड़ी रिक्शे से लगी भी नहीं, फिर ड्राइवर को इतना गुस्सा क्यों आया?''

पत्नी ने बताया कि ड्राइवर को गुस्सा इसलिए आया, क्योंकि वह रिक्शावाले की इज्जत नहीं करता।

''तुम भी अजीब हो। अब इसमें रिक्शावाले की इज्जत की बात कहाँ से आ गई?''

''जब आदमी किसी की इज्जत नहीं करता तो उस पर अपना गुस्सा ऐसे ही निकालता है। अब तुम बताओ, आदमी इज्जत किसकी नहीं करता?''

''आदमी उसकी इज्जत नहीं करता, जिसे वह पसंद नहीं करता।''

''नहीं संजय, आदमी उसकी इज्जत नहीं करता, जिसे वह अपने से छोटा मानता है। वह उसे चाहे जिस रूप में छोटा लगे, उसकी वो इज्जत नहीं करता। यह बड़ाई-छोटाई उम्र, परिस्थिति, नौकरी, पैसा किसी भी चीज पर निर्भर कर सकती है। तुम

ड्राइवर को कई बार डाँट देते हो, तो यही सोचकर कि वह छोटा है। वह तुमसे उम्र में छोटा है, पैसों में छोटा है। इसलिए तुम ड्राइवर को जब चाहते हो, फटकार देते हो। ड्राइवर की निगाह में वह रिक्शावाला हैसियत में उससे छोटा है। उसने उस पर अपना गुस्सा निकाल लिया। दरअसल ड्राइवर का कोई गुस्सा था ही नहीं। वह तुम्हारा गुस्सा था, जो ड्राइवर के गुस्से के रूप में उस रिक्शेवाले पर निकल रहा था। बहुत मुमकिन है कि रिक्शावाला घर जाकर अपने बच्चे या अपनी पत्नी पर उसी गुस्से को निकाले।''

''इसका मतलब यह हुआ कि वह रिक्शावाला, जो शायद अपनी पत्नी को डाँटेगा, दरअसल वह नहीं डाँटेगा, मैं डाँटूँगा।''

''हाँ, ऐसा ही है। तुम भी भला कहाँ से इस गुस्से को लेकर आते हो? तुम अपने किसी बड़े से लेकर आते हो। मुमकिन है, कोई तुम पर तुम्हारी गलती पर इसी तरह नाराजगी को निकालता होगा, तभी तो तुम कभी-कभी अपने से छोटे को डाँटते हो।''

मैं सोच में पड़ गया।

क्या यह सच है?

❧ ❊ ❧

पत्नी कहे जा रही थी। तुम अपने से छोटों को न सिर्फ प्यार दो, बल्कि उन्हें इज्जत देकर देखो। वह आगे उसे वैसे ही ट्रांसफर करने लगेंगे। यह पूरा सिद्धांत आदमी के कर्म सिद्धांत की वापसी जैसा ही है। तुम इसे कॉलेज की रैगिंग सिद्धांत से भी जोड़ सकते हो। जूनियर बच्चों की रैगिंग पहले सीनियर करते थे। वे जिस तरह का व्यवहार अपने जूनियर से करते थे, ठीक वही व्यवहार वे जूनियर सीनियर बनने के बाद अपने जूनियर से करते थे।

जब हम उसके शिकार होते थे, तब हम अफसोस करते थे, पर जब हम शिकार करते थे, तब खुश होते थे। हम वही देते थे, जो हम पाते थे या फिर ऐसे समझ लो कि हम जो पाते थे, वही देते थे।

''फिर इससे मुक्ति का उपाय?''

''उस कड़ी को तोड़ दो। तुम्हारी रैगिंग हुई, तुम मत करो। तुम नहीं करोगे, तो तुम्हारे जूनियर आगे नहीं करेंगे। उस कड़ी को तोड़ दोगे तो आगे की कड़ियाँ सुधर जाएँगी। तुम अपने से छोटों की इज्जत करने लगो, तुमसे छोटे अपने से छोटों से इज्जत करने

लगेंगे। समाज का निर्माण ऐसे ही होता है। सड़कों पर बढ़ रहा असंतोष भी इस बात से खत्म हो सकता है कि हम छोटी–मोटी भूल या गलती को माफ करना सीखें। कारवाले स्कूटरवाले को इज्जत दें। स्कूटरवाले पैदलवाले को, फिर देखना, तुम्हारा ड्राइवर बीच सड़क पर गाड़ी रोककर उस रिक्शावाले पर रौब नहीं गाँठेगा।

❧ ❋ ❧

मेरी पत्नी कभी–कभी एक बौद्ध सभा में जाती है। मुझे लगता है कि वहीं से वह यह सब सीखकर आती है। यह सच है कि एकाध दफा वह मुझ पर भले ही अपना रौब झाड़ ले, पर मैंने उसे कभी कामवालियों, ड्राइवर, प्रेसवाले पर रौब झाड़ते नहीं देखा है। उसका कहना है कि इन्हें इज्जत देनी चाहिए। इसलिए इज्जत देनी चाहिए, ताकि वे उस इज्जत को आगे बढ़ा सकें। ताकि यह संसार सभी को आदर भाव से देखने लगे। आज भले ही अंतर पता न चले, पर जब तुम्हारी संतान बड़ी हो जाएगी, तो ये लौटकर तुम्हारे पास ही आएगा।''

मकान बड़ा मिलेगा कि नहीं, अभी फाइनल नहीं हुआ है, पर ज्ञान बड़ा मिल गया।

□

नया घर मतलब नया संसार

दो हफ्ते बाद हम नए घर में शिफ्ट हो जाएँगे। नया घर, नया संसार।

पत्नी की वर्षों पुरानी मुराद पूरी हुई। हम एक ऐसे घर में शिफ्ट हो जाएँगे, जहाँ ज्यादा जगह होगी, जहाँ लिफ्ट होगी, जहाँ स्विमिंग पूल होगा, जहाँ अपना गार्डन होगा। वह सब होगा, जिसकी उसे चाहत थी।

करीब बीस साल पहले हम इस अपार्टमेंट में रहने आए थे, जहाँ अभी हैं। इसी अपार्टमेंट में हमने तीन घर बदले। अभी जिस फ्लैट में हैं, उसमें पिछले दस वर्ष से हैं। बीस साल पहले जब हम इस अपार्टमेंट में रहने आए थे, तब यह जगह नई थी, तब बहुत कम लोग यहाँ रहते थे, तब बहुत कम घरों में गाड़ियाँ थीं। मेरे पास एक फिएट कार हुआ करती थी। हम उसी में न जाने कहाँ-कहाँ घूम आया करते थे, तब हमारे पास सामान कम था। समय बहुत था।

हम हर हफ्ते कम-से-कम एक बार बाहर खाना खाने जाते थे। हर हफ्ते मेरे कई-कई दोस्त हमारे घर आकर रह जाया करते थे।

धीरे-धीरे काम बढ़ता गया। हम दफ्तर जाते, घर के काम करते और इस तरह चुपचाप हमारी ज़िंदगी गुजरती चली जा रही थी। हमने न जाने कितनी बार सोचा कि इस घर को बदलते हैं, पर हम रुक जाते। इस आपाधापी में सामान ज्यादा आने लगा, समय जाने लगा।

अब जब दो हफ्ते बाद हम इस घर को छोड़कर चले जाएँगे, तब मेरी यादों की यात्रा शुरू हो गई। पिछले साल हमने इस आलमारी को खरीदा था। जहाँ जा रहा हूँ, वहाँ पहले से कई आलमारियाँ हैं, मतलब अब वहाँ इसकी जरूरत नहीं। वहाँ पलंग, कुर्सी, टेबल, लैंप सब तो हैं, फिर हमने ये सारी चीजें, जो खरीदी हैं, सब यहीं छूट जाएँगी। जिस गद्दे पर अभी मैं लेटकर आपके लिए यह पोस्ट लिख रहा हूँ, उस

गद्दे को महीना भर पहले हमने न जाने कितने अरमानों से खरीदा था। कई-कई बार बदलने के बाद यह गद्दा मेरे घर आया था, पर अब हमें नए घर में इसकी जरूरत ही नहीं।

दीवार पर लटका एयर कंडीशनर भी मेरी पत्नी काफी शोध के बाद खरीद कर लाई थी। कुल दो गरमियाँ अभी गुजरी हैं, इस एसी के साथ। अब हम जहाँ जा रहे हैं, वह पहले से वातानुकूलित घर है। हमें यह एसी भी यहीं छोड़ना पड़ेगा। हमने ये सारी चीजें काफी मेहनत से कमाए पैसों से खरीदी हैं। अगर हम इस सच को स्वीकार कर लें कि इन सामान को खरीदने के पीछे हमने ज़िंदगी को जीना ही छोड़ दिया था, तो ये अतिशयोक्ति नहीं होगी। हमें हमेशा लगता रहा कि अभी हम अगर यह खरीद लेंगे तो ज़िंदगी और आसान हो जाएगी, पर ज़िंदगी आसान नहीं हुई। हमारे अरमान बढ़ते गए, हमारी जरूरतें बढ़ती गईं। हमारी मेहनत बढ़ती गई। हम यही सोचते रहे कि एक दिन हम जिएँगे, पर वह एक दिन नहीं आया।

अब सोचने बैठा हूँ तो याद आ रहा है कि ऐसी सैकड़ों चीजें हमने बहुत मेहनत से कमाए पैसों से खरीदी हैं, जिनकी हमें दरअसल कभी जरूरत ही नहीं थी। हमने कभी इन बातों पर ध्यान नहीं दिया, पर अब जब हम घर बदलने जा रहे हैं, तो सारी चीजें सामने नजर आ रही हैं।

अगर हमें इन चीजों की जरूरत नहीं थी, तो हमने इतनी सारी चीजें खरीदी ही क्यों?

अगर हमारे मन में इतनी हसरतें न होतीं, तो हमें शायद उससे कम मेहनत करनी पड़ती, जितनी हमने की। मैं थोड़ा और वक्त अपनी पत्नी को दिया होता, अपने बेटे को दिया होता, पर हसरतों के समंदर से कौन बचा है, जो मैं बच जाता।

❊

बहुत साल पहले जब हमारे पास कम पैसे थे, कम सामान था, तब हमारे पास समय था। मैं और मेरी पत्नी दोनों एक ही ऑफिस में काम करते थे, हम साथ ऑफिस जाते, साथ आते, तब हम रोज़ सुबह चाय साथ पीते थे, हम नाश्ता साथ करते थे, हम दोपहर का भोजन साथ करते और रात में साथ मिलकर खाना पकाते-खाते।

जैसे-जैसे पैसों की इच्छा बढ़ती गई, हमारी मेहनत बढ़ती गई। हम और पैसे कमाते गए। हमने पहले नाश्ता साथ करना छोड़ा, फिर लंच और कई-कई बार डिनर भी। हमारे पास बहुत सामान हो गया, पर उससे ज्यादा समय निकल गया।

❊

अब मैंने समझ लिया है कि हम जीने की तैयारी में ज़िंदगी को गुजार देते हैं। हम सोचते हैं कि एक दिन जी लेंगे, पर वह एक दिन कभी नहीं आता। अब जब इस घर में पड़े सामान को देख रहा हूँ, तो मन बार-बार पूछ रहा है कि क्या सचमुच हमें इतनी मेहनत की दरकार थी, जितनी हमने की? क्या ज़िंदगी में आदमी को इतनी चीजों की जरूरत रहती है, जितनी आदमी जुटा लेता है?
अब जब घर बदल रहा हूँ, तो यह भी ख्याल आ रहा है कि सब तो यहीं छोड़ना पड़ता है, फिर क्या फायदा इतनी मारामारी का!

आदमी को उतना ही सामान जुटाना चाहिए, जितने की उसे वाकई जरूरत हो। कई बार पहले भी कह चुका हूँ, फिर से कह रहा हूँ कि जरूरत से ज्यादा की इच्छा करनेवाले हमारी तरह ज़िंदगी भर सामान जुटाते रह जाते हैं और फिर एक दिन उसे खुद ही छोड़कर निकल पड़ते हैं, नए घर की ओर।

□

मिलना धूमकेतु से

शायद पच्चीस साल पुरानी बात है, हमारे अखबार के संपादक प्रभाष जोशी क्रिकेट का मैच देखने न्यूजीलैंड गए हुए थे। वहाँ से मैच का आँखों देखा हाल वे रोज़ जनसत्ता में छाप रहे थे, तब मैं जनसत्ता में उप संपादक के पद पर काम करने लगा था। प्रभाष जोशी हमारे नायक हुआ करते थे। हमें लगता था कि संसार में प्रभाष जोशी से बड़ा कोई आदमी नहीं हो सकता है। उन्होंने अखबार में अगर कुछ लिख दिया, तो मुझे लगता था कि अब इसके आगे कुछ और नहीं लिखा जा सकता है। जैसे छोटा बच्चा अपने पिता को संसार का सबसे शक्तिशाली व्यक्ति मानता है, उसी तरह मैं तब प्रभाष जोशी को संसार का सबसे बड़ा पत्रकार मानता था।

एक दिन प्रभाष जोशी ने पता नहीं किस मैच के संदर्भ में लिखा कि एक दुबला पतला छोटे कद का बच्चा जिसका नाम सचिन तेंदुलकर है, आज भले ही दुनिया उसे नहीं पहचान रही, पर एक दिन वह क्रिकेट के आसमान में धूमकेतु बनकर चमकेगा।

मैं स्कूल-कॉलेज में क्रिकेट भले ही खेलता रहा होऊँ, लेकिन धीरे-धीरे क्रिकेट से मेरा मोहभंग हो गया। मैं क्रिकेट मैच को फॉलो नहीं करता, कभी इक्का-दुक्का मैच मैंने टी.वी. पर देख लिया तो और बात है, वरना मेरे लिए क्रिकेट में हार-जीत खबर से अधिक कुछ भी नहीं। मैं कोई मैच आँख गड़ाकर नहीं देखता, न ही उसके बारे में किसी से कोई चर्चा करता हूँ। मेरे पास न जाने कितने मैच के पास आए, जिन्हें मैंने कभी अपने दोस्तों को दे दिया या ड्राइवर को। कुल मिलाकर मैं इतना कबूल करना चाहता हूँ कि क्रिकेट मेरी दिलचस्पी का विषय नहीं।

प्रभाष जोशी ने जिस दुबले-पतले, छोटे कद के बच्चे के विषय में भविष्यवाणी की थी, उससे मिलने का मेरा बहुत मन था।

प्रभाष जोशी ने अपनी उसी रिपोर्टिंग में मेरे दिल में न्यूजीलैंड के प्रति भी दिलचस्पी

पैदा कर दी थी। उन्होंने न्यूजीलैंड और वहाँ क्राइस्टचर्च के मैदान की इतनी तारीफ अपने लेखों में की थी कि मेरे मन में इच्छा बैठ गई थी कि मैं कभी-न-कभी क्राइस्टचर्च शहर जरूर जाऊँगा।

❊

मैं न्यूजीलैंड गया। मैं क्राइस्टचर्च शहर भी गया। मैं उस मैदान में भी गया, जिसकी प्रभाष जोशी ने कभी तारीफ की थी। कीवियों के देश की प्रभाष जोशी ने जितनी तारीफ की थी, मैंने उसे वैसा ही पाया। इससे मेरा यकीन इस बात में और बढ़ गया कि प्रभाष जोशी ने सचिन के लिए जो लिखा है, वह भी एक दिन सच होकर रहेगा।

❊

अब आज सचिन तेदुंलकर के विषय में मैं जो भी लिखूँगा, आप मुझसे कहीं बहुत अधिक उसके विषय में जानते होंगे। मैं तो सिर्फ इतना ही लिख रहा हूँ कि प्रभाष जोशी की कलम से निकली उस भविष्यवाणी के सच को दुनिया ने साकार होते हुए देखा है। उन्होंने इतना ही लिखा था कि यह क्रिकेट के आसमान में धूमकेतु बनकर चमकेगा। मैंने क्या, दुनिया ने इसे सच होते हुए देखा। बस, मेरे मन में बैठ गया था कि मुझे सचिन से मिलना है।

किसी अखबारवाले या टी.वी. वाले के लिए सचिन से मिलना कौन सी बड़ी बात है! किसी मैच में चले जाइए, इंटरव्यू लेने के बहाने मिल लीजिए, पर नहीं, मुझे इंटरव्यू लेते हुए नहीं, ऐसे ही मिलना था।

❊

टी.वी. का संसार अजीब होता है। यहाँ जो जीता, वही सिकंदर होता है। जी न्यूज में रिपोर्टिंग के दौरान एक बार मुझे अमेरिका के राष्ट्रपति बिल क्लिंटन के साथ बाँग्लादेश जाने का मौका मिला था। मुझे बाँग्लादेश जाने का वीजा मिला और मैं क्लिंटन के साथ ढाका चला गया। वहाँ से वापसी के बाद ढाका में ही क्रिकेट का कोई एशिया कप मैच होनेवाला था और क्योंकि मेरे पास ढाका जाने का वीजा था, इसलिए मुझ जैसे क्रिकेट अप्रेमी को ढाका भेज दिया गया कि वहाँ जाकर मैच कवर करो।

सोचिए, पूरी दुनिया में उन दिनों मैच फिक्सिंग को लेकर बवाल मचा हुआ था और मुझे भेज दिया गया क्रिकेट कवर करने के लिए।

मैं ढाका पहुँचा। वहाँ मुझे क्रिकेट मैच देखने के लिए जो पास मिला, वो पवेलियन का था। सभी क्रिकेट खिलाड़ी वहीं बैठकर मैच देखा करते थे। मैंने पहली बार सचिन को वहीं देखा, बिल्कुल साथ में बैठकर मैच देखते हुए। मैं पहली बार वहीं सुनील गावस्कर से मिला। मियांदाद से मिला। अब तो याद भी नहीं कि किन-किन खिलाड़ियों से मिला। पर उन दिनों मैच फिक्सिंग का इतना खौफ था कि कोई क्रिकेट खिलाड़ी पत्रकारों से बात करने को तैयार नहीं होता था।

खैर, तेंदुलकर से मिल तो चुका था, पर मुलाकात नहीं हुई थी।

मैं धीरे-धीरे तेंदुलकर के विषय में काफी कुछ पढ़ चुका था। पर जिस दिन मैंने अखबारों में यह पढ़ा था कि सचिन तेंदुलकर के पिता का निधन हो चुका था। वे मैच छोड़कर पिता की अंत्येष्टि में शामिल होने मुंबई आए थे और अंत्येष्टि के तुरंत बाद वे मैच खेलने लौट गए थे, तो मैं भौचक्क रह गया था।

मैं हैरान था मन-ही-मन, पर फिर मैंने पढ़ा कि उसी मैच में तेंदुलकर ने सौ रन बनाए थे और मैदान में ही अपने दोनों हाथ आसमान की ओर लहराकर उन्होंने अपने पिता को आदर अर्पित किया था। उस मैच के बाद का उनका इंटरव्यू पढ़ने के बाद मेरे मन में विश्वास हो गया कि सचिन सिर्फ बेहतरीन खिलाड़ी ही नहीं, एक बेहतरीन इंसान भी हैं।

मेरी इस चाहत को आनेवाले दिनों में और बल मिला, जब मुझसे उनके किसी जाननेवाले ने कहा कि सचिन शायद इकलौते ऐसे खिलाड़ी हैं, जो अपने लिए क्रिकेट नहीं खेलते, वे देश के लिए खेलते हैं।

अब तो मुझे सचिन से मिलना ही था। क्रिकेट के ग्राउंड पर नहीं, यूँ ही कहीं।

❧ ✻ ☙

मुझे लगता है कि तीन लोग आज ऐसे हैं, जिनसे मिलने की इच्छा सभी को होनी चाहिए।

लता मंगेशकर, अमिताभ बच्चन और सचिन तेंदुलकर।

अभी दो दिन पहले गुड फ्राइडे की छुट्टी थी, पर सचिन हमारे दफ्तर आ रहे थे। मैं सचिन से मिलने दफ्तर गया। वहाँ शो के लिए उन्हें तैयार होना था, मैं पहली बार अपने दफ्तर के ग्रीन रूम में किसी से मिला। ग्रीन रूम में इसलिए क्योंकि इससे ज्यादा व्यक्तिगत मुलाकात और भला कहाँ हो सकती है। सचिन मेकअप के

लिए कुर्सी पर बैठ चुके थे और मैं सामने खड़ा था।

मुझे उनसे मिलना था, क्रिकेट के ग्राउंड पर नहीं, ऐसे ही और वे वैसे ही मेरे सामने थे।

देश का खिलाड़ी, पिता की संतान और एक बेहतरीन इंसान। सचिन मुझसे उम्र में काफी छोटे हैं, पर उनके पास इतनी सकारात्मक उर्जा है कि कोई भी उनके संपर्क में उस जादू को महसूस कर सकता है, जिसे पच्चीस साल पहले प्रभाष जोशी ने महसूस किया था।

मैं कभी-न-कभी इस बात की चर्चा करूँगा कि लता मंगेशकर होने का अर्थ क्या होता है। मैं इस बात की चर्चा भी जरूर करूँगा कि कोई कैसे अमिताभ बच्चन बन जाता है, कोई कैसे सचिन तेंदुलकर बन जाता है।

□

अधूरे सपने

मेरे एक परिचित हैं, जो अपने बेटे के पीछे इस बात के लिए हाथ धोकर पड़े रहते हैं कि वह पढ़ता नहीं। हालाँकि उनका बेटा पढ़ने में अच्छा है, मेहनती भी है, लेकिन उसे अपने ही घरवालों से पढ़ाई को लेकर इतनी हिकारत मिलती है कि वह हमेशा उदास दिखता है।

मैं जब भी अपने परिचित के घर जाता हूँ, उनका बेटा मुझे किताब हाथ में लिए पढ़ने का अभिनय करता नजर आता है।

अभिनय?

हाँ, अभिनय! मैंने एक बार अपने परिचित के बेटे से पूछा था कि तुम सारा दिन पढ़ते रहते हो? उसने कहा था कि नहीं, बिल्कुल नहीं, पर मम्मी-पापा को इसी में खुशी मिलती है कि मैं सारा दिन पढ़ता नजर आऊँ।

''तो तुम सचमुच में क्यों नहीं पढ़ाई करते?''

''जितना मेरी समझ में आता है, उतना तो मैं पढ़ता ही हूँ।''

''तुम्हें ज्यादा मेहनत करनी चाहिए। आजकल प्रतिस्पर्धा का जमाना है। जिस वक्त तुम ज़िंदगी में आगे बढ़ने की तैयारी कर रहे होगे, उसी वक्त कोई और तुमसे अधिक मेहनत से उसी ज़िंदगी को जीने की तैयारी कर रहा होगा।''

''आपकी बात सही है, अंकल। मैं पढ़ाई करता भी हूँ, पर जितना समझ में आता है, उतना ही तो पढ़ सकता हूँ।''

''जो नहीं समझ में आता, उसके लिए अलग से टीचर रख लो।''

''बात टीचर की नहीं। पापा ने तो मेरे लिए तीन-तीन ट्यूशन लगा रखे हैं। पर जब

मेरी समझ में कुछ नहीं आता, तो टीचर भी कहते हैं कि तुम कुछ समझते क्यों नहीं? जब वे ऐसा कह देते हैं, तो फिर मेरी आँखों के आगे किताबों के ये काले अक्षर धुँधले होने लगते हैं। मैं खुद में उलझ जाता हूँ।''

❧ ❊ ❧

आप लोग मेरी पोस्ट रोज़ पढ़ते हैं। उम्मीद है कि आप उस पर आए कमेंट भी पढ़ते होंगे।

कल मेरी पोस्ट पर किसी ने कमेंट में एक कहानी लिखी थी। किसी ने क्या, अपने परिजन दीपक कपूर ने लिखी थी। उस कहानी को पढ़कर मैं कल बहुत देर तक सोच में डूबा रह गया था।

आज आपको जस-की-तस कहानी सुनाता हूँ। अगर आपने कहानी पहले ही पढ़ी होगी, तो आप इसे आत्मसात् कर चुके होंगे, नहीं तो आज इसे आत्मसात् कीजिएगा। कोई जरूरी नहीं कि इस कहानी को आप मेरे परिचित के बेटे के संदर्भ में ही पढ़ें। इसे आप इस संदर्भ में भी समझ सकते हैं कि प्यार और सकारात्मक सोच में कितनी शक्ति होती है।

एक दिन थॉमस अल्वा एडीसन, जो प्राइमरी स्कूल का विद्यार्थी था,अपने घर आया और कागज का एक टुकड़ा उसने अपनी माँ को दिया। उसने माँ को बताया कि उसके शिक्षक ने इसे दिया है और कहा है कि इसे अपनी माँ को ही देना।

माँ ने कागज को पढ़ा और उसे पढ़कर उसकी आँखों में आँसू आ गए। आँसू क्या, वह जोर-जोर से रोने लगी।

बालक एडीसन ने जब माँ से पूछा कि इसमें क्या लिखा है, तो आँसू पोंछ कर माँ ने कहा, ''इसमें लिखा है कि आपका बच्चा जीनियस है। हमारा स्कूल छोटे स्तर का है और शिक्षक बहुत प्रशिक्षित नहीं है, इसलिए इसे आप स्वयं शिक्षा दें।''

❧ ❊ ❧

कई वर्ष के बाद उस बच्चे की माँ का निधन हो गया। वह बच्चा बड़ा होकर बहुत बड़ा वैज्ञानिक बन गया था। वह कई बड़े-बड़े आविष्कार कर चुका था। एक दिन वह अपने घर की सफाई कर रहा था। आलमारी के एक कोने में उसने कागज का

एक टुकड़ा पाया। उत्सुकतावश उसने उसे खोलकर देखा और पढ़ने लगा। अरे यह तो वही कागज था, जिसे बहुत साल पहले उसके टीचर ने उसकी माँ के नाम दिया था।

एडीसन उस कागज को पढ़ने लगे। लिखा था, ''आपका बच्चा बौद्धिक तौर पर कमजोर है। हमारे स्कूल में वह पढ़ने योग्य नहीं है। उसकी वजह से बाकी बच्चों पर बुरा असर पड़ता है। कृपया इसे आप हमारे स्कूल में नहीं भेजें। यह पढ़ ही नहीं सकता।''

एडीसन अवाक् रह गए और घंटों रोते रहे।

फिर एडीसन ने अपनी डायरी में लिखा, ''एक महान माँ ने बौद्धिक तौर पर कमजोर अपने बच्चे को सदी का महान वैज्ञानिक बना दिया।''

यही है सकारात्मकता। यही है वह सोच जिसकी जरूरत है आपके सभी रिश्तों को, बड़ी हो रही आज की पीढ़ी को!